beck'sche reihe

bsr

In Tunesien, Ägypten, Libyen und anderen arabischen Ländern kämpfen Bürger für die Demokratie – aber für welche? Steht am Ende eine «islamische Republik» oder ein säkularer Staat nach westlichem Muster? Ist ein demokratischer Rechtsstaat auf der Basis der Scharia überhaupt denkbar? Gudrun Krämer beschreibt eindrucksvoll, wie Muslime seit Jahren über Demokratie, Toleranz, Menschenrechte und das Verhältnis von Religion, Recht und Staat diskutieren und welche Bedeutung diese Debatten für die gegenwärtige Entwicklung in den arabischen Ländern haben. Sie zeigt, welche reformistischen Ansätze es im Islam gibt, und macht mit den aktuellen islamistischen Strömungen bekannt. Das Buch ist ein «Muss» für alle, die die Demokratiebewegungen in den arabischen Ländern besser verstehen wollen.

Gudrun Krämer ist Professorin für Islamwissenschaft an der Freien Universität Berlin und Mitglied der Berlin-Brandenburgischen Akademie der Wissenschaften. Sie war von 1982 bis 1994 als Nahost-Referentin bei der Stiftung Wissenschaft und Politik tätig und lehrte u. a. in Hamburg, Bonn, Bologna, Paris, Kairo, Beirut und Jakarta. 2010 wurde sie mit dem Gerda-Henkel-Preis ausgezeichnet. Bei C. H. Beck erschienen von ihr «Geschichte Palästinas» (5. Auflage 2006) sowie «Geschichte des Islam» (2005).

Gudrun Krämer

Demokratie im Islam

Der Kampf für
Toleranz und Freiheit
in der arabischen Welt

Verlag C.H.Beck

Das siebte Kapitel «Antisemitismus in
der arabischen Welt» wurde von Rita Seuß aus
dem Englischen ins Deutsche übersetzt.

Originalausgabe

© Verlag C. H. Beck oHG, München 2011
Satz, Druck u. Bindung: Druckerei C.H.Beck, Nördlingen
Umschlaggestaltung: malsyteufel, willich
Umschlagabbildung: Silhouette von Kairo, © ullstein bild/Joker/Eglau
Printed in Germany
ISBN 978 3 406 62126 0

www.beck.de

Inhalt

Einleitung

Die arabische Welt ist in Bewegung, und niemand kann derzeit sagen, wohin die Bewegung führen wird – zu einer echten Transformation, die nicht nur, was für sich genommen ja schon viel ist, einzelne Diktatoren stürzt, sondern die eigenen Staaten und Gesellschaften umfassend demokratisiert? Zu einer Anpassung der Regime, die einzelne Forderungen der Demonstranten aufgreift, ohne ihre Strukturen grundlegend zu verändern? Beides ist möglich, und nichts spricht dafür, dass die Entwicklung im gesamten arabischen Raum und über diesen hinaus gleichförmig verlaufen wird. Der Funke des Aufbegehrens ist 2011 von Land zu Land übergesprungen. Was er vor Ort entfachte, hing und hängt von den lokalen Bedingungen ab, den gesellschaftlichen Strukturen und der Einbindung der einzelnen Staaten in das regionale und das globale Machtgefüge. Die Querverbindungen zwischen den arabischen Gesellschaften sind offenkundig, die Dominotheorie aber greift heute so wenig wie zur Zeit der Militärputsche, die nach dem Zweiten Weltkrieg und der Gründung des Staates Israel in einer Reihe arabischer Staaten Regime neuen Typs an die Macht brachten, die alle autoritär herrschten, mit Blick auf die Rolle der Religion in Staat, Recht und Gesellschaft aber unterschiedliche Wege einschlugen, von erklärtermaßen säkular bis islamistisch.

So offen die Entwicklung in den einzelnen Ländern und der Region als Ganzer auch ist, drängen sich einige Beobachtungen doch auf: Die Menschen, die in Tunesien und Ägypten, Bahrain und Syrien, Algerien und Jemen den Protest getragen haben und weiterhin tragen, sind mehrheitlich Muslime, ihre Forderungen aber haben nichts spezifisch Islamisches an sich. Sie fordern weder einen islamischen Staat noch die «Anwendung» der Scharia. Sie formulieren überhaupt keinen kulturell oder religiös begründeten Gegenentwurf zu bestehenden Modellen, auch keinen zu westlichen Konzepten. Sie wollen die Werte, Prinzipien und Institutionen verwirklicht sehen, die international als Kernbestand «guter Regierungsführung» gelten: Rechtsstaatlichkeit und eine Verfassung, Partizipation, Transparenz und den Kampf gegen Korruption in all ihren Erscheinungsformen. Auf den einfachsten Punkt gebracht, verlangen sie ein Leben in Sicherheit, Anstand und Würde. Hier handeln Bürger, die ihre Bürgerrechte einklagen. Vielleicht zeigt ja die Selbstverständlichkeit, mit der auf den Straßen von Tunis, Kairo oder Lattakia für Recht und Freiheit demonstriert wurde, den Abschluss der Dekolonisierungsprozesse an?

Natürlich wird sich eine demokratisch-rechtsstaatliche Ordnung, wenn sie denn realisiert werden kann, lokalen Bedingungen und Erwartungen anpassen und in den einzelnen Staaten je eigene Formen annehmen. Nicht anders ist es in Europa, den Vereinigten Staaten von Amerika, Australien oder Neuseeland. Der Ruf nach kultureller Selbstbestimmung, nach Identität und Authentizität wird selbst im Fall einer gelungenen Transformation, ja Revolution nicht mit einem Schlag verstummen. Wie Selbstbestimmung und Authentizität inhaltlich gefüllt werden, darauf wird es ankommen. Jedem, der die arabische Protestbewegung über Wochen und Monate beobachtet hat, muss die nationalistische Sprache und Ikonographie ihrer Träger aufgefallen sein: die Fahnen, die Slogans, die Bilder, die Bekenntnisse zur Nation und zur nationalen Einheit. Der Nationalismus ist im Nahen Osten nicht tot. Er scheint auch durch die islami(sti)schen Bewegungen hindurch, die, nimmt man das transnationale Netzwerk *al-Qa'ida* aus, von jeher enger mit nationalen Bestrebungen verquickt waren, als der Bezug auf den Islam «an sich» erkennen ließ, der ihre Rhetorik kennzeichnet.

In Ägypten und in Tunesien ruht die Demokratiebewegung auf einer breiten gesellschaftlichen Basis, die alle Schichten der städtischen Gesellschaft umschließt. In beiden Ländern sind und waren Frauen sichtbar an den Protesten beteiligt, in Ägypten neben Muslimen auch Christen. Die nationale Einheit, die hier im wahrsten Sinn des Wortes demonstriert wurde, hat Tradition: In Ägypten kam sie in verblüffend ähnlicher Weise in der sogenannten Nationalen Revolution von 1919 zum Tragen, die sich, kurz nach Ende des Ersten Weltkriegs, gegen die britische Präsenz im Lande richtete und gleichfalls nicht mit religiösen, sondern mit nationalen Forderungen auftrat. Fast überall – der Jemen mit seinen ausgeprägten tribalen Strukturen bildet möglicherweise eine Ausnahme – fällt allerdings auf, dass die ländliche Bevölkerung kaum oder jedenfalls kaum sichtbar in das Geschehen eingebunden war und ist.

Die städtischen Protagonisten der Demokratiebewegung in Ägypten, Tunesien und Syrien treten weitgehend säkular auf, vertreten jedoch, soweit sich das in diesem frühen Stadium erkennen lässt, keine dezidiert säkularistische Linie. In Ägypten wurde im Zuge der Verfassungsrevision, die im März 2011 per Referendum angenommen wurde, Artikel 2 der Verfassung nicht aufgehoben, der den Islam zur Staatsreligion erklärt und die «Prinzipien der Scharia» zur «Hauptquelle» der Gesetzgebung. Den Vorsitz der Kommission führte mit Tariq al-Bishri ein in allen Lagern respektierter Jurist, der in den Jahren nach der arabischen Niederlage im Junikrieg von 1967 seine nationalistische Orientierung gegen eine moderat-islamistische eingetauscht hatte und seitdem für beides einstand – den modernen Rechtsstaat und die Anwendung der Scharia. Der Islam wird in der arabischen Welt wohl auch weiterhin als Referenz dienen. Viel wird davon abhängen, wie er von den maßgeblichen Kreisen definiert wird. Dabei steht nicht die Reformfähigkeit des Islam zur Debatte, sondern der Reformwille gesellschaftlicher und politischer Eliten. Entscheidend wird sein, ob es gelingt, die Dynamik der ersten Wochen und Monate aufrechtzuerhalten und auf zentralen Feldern über (konservative) Positionen hinauszugehen, die bislang unter Berufung auf Tradition und Religion legitimiert wurden – und dies nicht nur von Islamisten. Die Gleichberechtigung von Mann und Frau und von Muslimen und Nichtmuslimen steht ganz oben auf der Agenda.

Moderate islami(sti)sche Kräfte haben sich, wie nicht nur der genannte Jurist belegt, in Tunesien und Ägypten hinter die Demokratiebewegung gestellt, und sie können sich bei freien Wahlen beachtliche Chancen ausrechnen. Die *Nahda*-Partei in Tunesien und die Muslimbruderschaft in Ägypten propagieren seit Jahren eine rechtsstaatliche, republikanische Ordnung, wobei die Muslimbruderschaft stärker auf die Durchsetzung der Scharia abzielt, als dies *an-Nahda* tut. Was mit «Scharia» im Einzelnen gemeint ist, bleibt abzuwarten. Die Debatte um Form, Funktion und Inhalt der Scharia wird seit Jahren nicht nur in religiösen, sondern in weiten Kreisen einer politisch engagierten Öffentlichkeit geführt. Noch geht die Demokratiebewegung nicht mit einer reflektierten Traditionskritik einher, die manche unter den Schlagworten Reformation und Aufklärung erhoffen. Aber auch auf diesem Feld könnte eine Dynamik entstehen, die sich unter autoritären Vorzeichen nicht entfalten konnte, die der Meinungs- und Redefreiheit sehr enge Grenzen setzten.

Der Sieg der Demokratiebewegung ist zu diesem Zeitpunkt nicht ausgemacht. Viele Faktoren erschweren den Übergang zu einer rechtsstaatlich-demokratischen Ordnung: die Fortdauer von Institutionen und Repräsentanten der alten Regime, die mangelnde Vorbereitungszeit freiheitlich-demokratischer, womöglich säkular ausgerichteter Kräfte auf Wahlen und nicht zuletzt die hohen Erwartungen breiter Bevölkerungskreise auf eine rasche Befriedigung ihrer – vorwiegend, aber nicht ausschließlich materiellen – Ansprüche und Interessen. Aber die Erfahrung, mit Mut und Beharrlichkeit autoritäre Führer zum Rückzug gezwungen zu haben, die ihre Macht über Jahrzehnte mit allen Mitteln verteidigt hatten, kann den Demonstranten niemand mehr nehmen: Das «Könnensbewusstsein», das ihnen als Arabern und Muslimen verschiedentlich abgesprochen worden ist, haben sie unter Beweis gestellt und zugleich den Nachweis erbracht, dass es nicht der Islam ist, der sie in ihrem Freiheitsstreben behinderte und weiterhin behindert, sondern repressive Regime und deren internationale Verbündete.

Berlin, 1. Mai 2011   *Gudrun Krämer*

1. Einheit und Vielfalt: Eine Einführung in den Islam

«Es gibt keinen Gott außer Gott und Muhammad ist sein Prophet.» Diese knappen, klaren Worte umreißen das Glaubensbekenntnis aller Musliminnen und Muslime. Deutlich zeigt es die Selbstverortung in einer monotheistischen Tradition, die weit vor den Islam zurückreicht, ebenso deutlich aber die Absage an die anderen Repräsentanten dieser monotheistischen Tradition – die Christen auf der einen Seite («es gibt keinen Gott außer Gott»), die Juden auf der anderen («und Muhammad ist sein Prophet»). Bereits im Glaubensbekenntnis findet sich das Nebeneinander von bewusster und reflektierter Einordnung in ein religiöses Erbe und die Abgrenzung gegenüber seinen Trägern, die an einen bestimmten Platz verwiesen und, wie eine genauere Betrachtung des Verhältnisses von Muslimen und Nichtmuslimen, Gläubigen und Ungläubigen zeigt, in bestimmten Punkten auch aus diesem geteilten Erbe ausgeschlossen werden. Dieses Muster von Anknüpfen und Abgrenzen ist charakteristisch für das muslimische Selbstverständnis – ebenso aber auch für das christliche, das sich in vergleichbarer Weise in die ältere, israelitisch-jüdische Tradition einordnet, von ihr absetzt und ihre Träger, die Juden, in wichtigen Punkten ausgrenzt.

Der Islam als dritter und jüngster Vertreter der breiten monotheistischen Strömung unterhält ein Netz von Referenzen auf Judentum und Christentum, das dicht ist, aber nicht immer eindeutig, in vielem sogar ausgesprochen uneindeutig. Aus dieser Vielschichtigkeit der Hinweise und Bezüge erwächst die Möglichkeit, ja Notwendigkeit der Auswahl und damit unausweichlich die Vielzahl der Deutungen. Das Gegenüber von (scheinbarer, von vielen Muslimen postulierter und erstrebter) Einheit und Eindeutigkeit islamischer Lehren und der Pluralität muslimischer Denk- und Lebensformen mit all den Spannungen, die jeglicher Pluralität innewohnen, wird als Leitmotiv dieses Buch durchziehen.

Ausgangspunkte

Von welchem Islam ist hier die Rede? Das arabische Wort *islam* bedeutet ganz allgemein Hingabe, gemeint ist die Hingabe an Gott. Wie diese Hingabe erfolgt, was sie erlaubt und erfordert, in welchen Formen religiösen Denkens und Handelns sie sich manifestiert, bleibt zunächst offen. Wer in dieser Weise nach dem Islambegriff fragt, macht sich bereits als Vertreter oder Vertreterin einer («kritischen») Islamwissenschaft kenntlich. Die Frage stellt sich für viele bekennende Musliminnen und Muslime nicht, für die es (nur) den *einen* wahren und authentischen Islam gibt, der sich aus seinen Textfundamenten erschließt – dem Koran, der nach ihrer Überzeugung Gottes Wort direkt und unverfälscht wiedergibt, und der Sunna als Überlieferung dessen, was Muhammad in seiner Eigenschaft als Prophet, inspiriert durch die koranische Botschaft, für alle Muslime vorbildlich und verbindlich gesagt und getan hat. Es ist dies eine in der islamischen Tradition gut verankerte und zugleich spezifisch moderne Position.

Neben diesem textorientierten Islamverständnis haben sich in Vergangenheit und Gegenwart aber immer auch andere Formen des religiösen Denkens und der religiösen Praxis behauptet, die zwar ebenso den Koran als Gottes Wort und den Propheten Muhammad als Rollenvorbild der Gläubigen anerkennen, bei der Vermittlung religiösen Heils und Wissens jedoch auf charismatische Persönlichkeiten setzen – Sufimeister vor allem als Vertreter der islamischen Mystik und heilige Männer und Frauen ganz allgemein, die gewissermaßen neben die Schrift treten, an manchen Orten sogar an die Stelle der Schrift. Von früher Stunde an lässt sich eine Vielfalt muslimischer Lebensweisen, Denkschulen und Sensibilitäten nachweisen, die sich nicht auf die großen Strömungen der Sunniten und Schiiten beschränken. Dennoch soll im Folgenden Islam nicht in den Plural gesetzt und von den Islamen oder Islams gesprochen werden, wie manche von den Christentümern reden. Islam soll im Singular stehen, ohne immer und immer wieder zu betonen, dass es nicht nur eine einzige Art und Weise gibt, den Islam zu verstehen und zu leben, und dass es gerade für Musliminnen und Muslime, die ihre Religion ernst nehmen, stets unterschiedliche Möglichkeiten gegeben hat, über den Islam zu sprechen und ihn zu praktizieren.

Der Islam ist eine der wenigen Weltreligionen, die sich gleichsam im Lichte der Geschichte entwickelt haben und deren Ursprünge wir halbwegs genau bestimmen können, wenngleich auch darüber in der Wissenschaft gestritten wird – weit weniger freilich unter gläubigen Musliminnen und Muslimen. Die Mehrheit der Muslime und die Mehrheit der Islamwissenschaftler, gleichgültig welcher Religionszugehörigkeit, geht davon aus, dass um 610 n. Chr. ein Mann namens Muhammad b. 'Abdallah («der Gepriesene, Sohn des Gottesknechtes» – beides in ihrer Zeit etablierte arabische Eigennamen) in seiner Heimatstadt Mekka mit einer Botschaft auftrat, die seinen paganen Zeitgenossen Neues bot, Aufrüttelndes, für sie Provozierendes, wenn nicht gar Schockierendes – der Botschaft, dass sie ihre auf Tradition und Ahnenbindung gegründete Religion aufgeben, an den Einen Gott als allmächtigen Schöpfer dieser Welt glauben und aus diesem Glauben heraus ihr

Leben umgestalten und auf diesen Einen Gott hin ausrichten sollten.[1]

Was hier «Botschaft» genannt wurde, erlebte Muhammad, wenn man hierfür den Koran als Zeugnis nimmt, als Abfolge von Auditionen und Visionen, die er nach anfänglichem Zögern als Offenbarungen deutete. Über einen Zeitraum von rund zwei Jahrzehnten wurden diese Offenbarungen auf ihn «herabgesandt», wie es im Arabischen heißt; er trug sie der wachsenden Schar von Gläubigen vor. Der arabische Begriff für diese offenbarten Texte lautet *qur'an* (Koran), wörtlich Lesung oder Rezitation. Das unterstreicht den Charakter des mündlichen Vortrags. Einzelne dieser Texte wurden möglicherweise schon zu Lebzeiten Muhammads niedergeschrieben; in einem Buch gesammelt und – analog zur Bibel der Juden und Christen – als verbindlicher Text kanonisiert wurde der Koran erst einige Zeit nach dem Tod Muhammads (632 n. Chr).

Sehr früh – noch zu Lebzeiten Muhammads und seiner unmittelbaren Nachfolger an der Spitze der muslimischen Gemeinschaft, der sogenannten rechtgeleiteten Kalifen – wurde der Islam in einer Verbindung von religiöser Verkündigung, politischem Handeln und militärischer Gewalt über die Grenzen von Mekka und Medina hinausgetragen. Er brach sich gewissermaßen aus seinen engen Anfängen frei. Innerhalb weniger Generationen entstand ein Reich, das zu Beginn des 8. Jahrhunderts, unter dem Kalifat der Umayyaden, vom heutigen Spanien am einen Ende bis zum heutigen Pakistan am anderen reichte und die Eroberer – in ihrer Mehrzahl arabische Muslime – an Horizonte führte, von deren Existenz sie vorher nicht einmal gewusst hatten. Die Expansion verlief rasant und sie beruhte, wie jede Eroberung, auf Gewalt oder der Androhung von Gewalt. Aber sie war, von Ausnahmen abgesehen, nicht mit Zwangsbekehrungen verbunden, sondern zielte auf die Etablierung einer islamischen Herrschaft. Die Mehrzahl der Untertanen der Kalifen waren zu dieser Zeit Nichtmuslime. Erst in einem langsamen Prozess, den wir im Einzelnen nicht dokumentieren können, traten sie mehrheitlich zum Islam über; in Ägypten beispielsweise erstreckte sich dieser Prozess bis ins 14. Jahrhundert.[2]

Die weitere Ausbreitung des Islam auf das subsaharische Afrika, den Kaukasus, Zentralasien, den Indischen Subkontinent und Südostasien ging nicht mehr von den arabischen Kernlanden aus und stand auch nicht in unmittelbarem Zusammenhang mit den frühen Eroberungen. Ihre Träger waren in der Regel Kaufleute, Prediger, Sufis und «Heilige», die in vielen Fällen aus eigenem Antrieb handelten, gelegentlich aber auch im Dienst lokaler Mächte standen, die sich des Islam bedienten, um ihre Stellung zu festigen. Muslime aus dem Maghreb trugen den Islam ins subsaharische Afrika, Muslime aus Iran und Anatolien missionierten in Zentralasien, indische in Südostasien. Dieser hochkomplexe Prozess der Mission und Konversion intensivierte sich unter kolonialen Vorzeichen im 19. Jahrhundert und wurde durch die Migrationsbewegungen des 20. Jahrhunderts noch einmal beschleunigt. Zu Beginn des 21. Jahrhunderts bekennt sich weit über eine Milliarde Menschen zum Islam, und zwar überall auf der Welt und nicht nur in dem Teil, den wir als islamische Welt bezeichnen. Umso wichtiger die Frage, wie sich bei dieser Vielfalt der Lebenswelten verbindliche Grundelemente identifizieren lassen, die über alle Unterschiede hinweg das konstituieren, was, jedenfalls von der Mehrheit der Muslime, als Islam anerkannt wird.

Das Erbe der Spätantike

Dass der Islam in der Spätantike entstand, ist seit langem bekannt. Die weitreichende Bedeutung dieser Tatsache wird von der (westlichen) Wissenschaft aber eigentlich erst in den letzten Jahren richtig zum Tragen gebracht.[3] Für die Entwicklung islamischer Lehren und Praktiken war die spätantike Welt so prägend wie der Hellenismus für das frühe Christentum.

Muhammad und der Koran sind – davon geht zumindest die Mehrzahl der Forscher aus – in das spätantike nordwestliche Arabien einzuordnen, in eine Gesellschaft, die in Teilen sesshaft, ganz überwiegend aber nomadisch war und vor allem über den Handel mit Regionen jenseits der Arabischen Halbinsel in Kontakt stand, von Äthiopien (Abessinien) und Südarabien bis zu den von Byzanz und den persischen Sassaniden beherrschten Gebieten Palästina, Syrien, Ägypten, Irak und Iran. In dem lebendigen, kreativen, in vieler Hinsicht offenen religiös-kulturellen Umfeld des spätantiken Vorderen Orients musste der Islam seinen Platz erst finden.

Die Interaktion, die diese Selbstverortung voraussetzt, lässt sich bereits im Koran nachweisen.[4] Der Koran umfasst Elemente unterschiedlicher Struktur – poetisch verdichtete Erzählungen von Schöpfung und Gericht, Paradies und Hölle, Prophetengeschichten, moralische Regeln, alltagspraktische Weisungen und rechtliche Vorschriften. Er greift dabei ganz offen auf biblische Erzählungen zurück, die Muhammads Zeitgenossen – im koranischen Sprachgebrauch «Polytheisten» (*mushrikun*) oder «Heiden» – so vertraut gewesen sein müssen, dass sie auch knappe Andeutungen verstanden. Über die im Umfeld Mekkas und in Medina lebenden Juden und Christen hinaus müssen sie also einer breiteren Bevölkerung bekannt gewesen sein, die nicht an den biblischen Gott glaub-

te und die Schriften der Juden und Christen nicht lesen konnte. Dass der Koran dabei nicht nur auf Erzählungen des Alten
Testaments/der Hebräischen Bibel und des Neuen Testaments
verweist, sondern auch auf apokryphe Schriften, ist bemerkenswert und in der Wissenschaft noch nicht erschöpfend
ausgeleuchtet worden.

Im Zuge der Eroberungen bildete sich innerhalb des islamischen Machtbereichs eine spezifisch islamische Gelehrsamkeit
heraus, die es zu Lebzeiten Muhammads nicht gegeben hatte und nicht geben konnte. Die Gelehrten entwickelten die
Grundzüge dessen, was wir heute als Islam kennen: islamische
Theologie, islamisches Recht, islamische Wirtschaft und Verwaltung, islamische Vorstellungen vom richtigen Verhältnis zwischen Politik, Recht und Religion. Viele dieser Männer
waren Konvertiten oder die Söhne von Konvertiten. Selbstverständlich brachten sie ihre bisherigen Erfahrungen in ihr
neues Umfeld ein – und sei es, indem sie islamische Lehren als
Widerlegung christlicher, jüdischer, manichäischer oder zo-
roastrischer Doktrinen formulierten. Die Polemik ist ja ebenso Teil der interreligiösen und interkulturellen Begegnung wie
der um Verstehen bemühte Dialog.

Der Islam kann mithin nicht länger als Religion gedeutet
werden, die auf der Arabischen Halbinsel unter heidnischen
Kriegernomaden geformt wurde (so hatte es zu Beginn des
20. Jahrhunderts noch Max Weber verstanden).[5] Er wurde, auf
dieser arabischen Grundlage aufbauend, in den städtischen
Zentren Syriens, des Irak und Ägyptens im steten Austausch
mit Vertretern spätantiker Traditionen entwickelt und verfei-
nert. Islamische Lehren sind – nicht anders als jüdische und
christliche – das Ergebnis komplizierter Austauschprozesse
und damit ein Musterbeispiel für die in so vielen Kontexten
wichtige Beziehungsgeschichte.

Der Eine Gott

Das kompromisslose Bekenntnis, «Es gibt keinen Gott außer Gott», findet sich viele Male im Koran. Sure 112,3–4 fasst es knapp zusammen: «Er hat nicht gezeugt und er wurde nicht gezeugt. Keiner ist ihm ebenbürtig». Eine der frühesten islamischen Inschriften, an der Außenwand des um 692 n. Chr. erbauten Felsendoms in Jerusalem angebracht, zitiert Sure 17,111, «Er hat sich kein Kind genommen». Die Stoßrichtung ist unverkennbar: Sie zielt auf die Christen, deren Dogma von der Gottessohnschaft Jesu der Koran entschieden ablehnt. Für die Muslime gibt es nur den Einen Gott mit Namen Allah. Sprachlich gesehen, so lautet zumindest die vorherrschende Auffassung, heißt Allah einfach «der Gott» (*al-ilah*). Theophore Namen wie etwa ʿAbdallah (so hieß der muslimischen Überlieferung zufolge Muhammads Vater) legen nahe, dass eine Gottheit dieses Namens bereits in vorislamischer Zeit auf der Arabischen Halbinsel bekannt war und dort möglicherweise als eine Art Hochgott verehrt wurde. Im Einzelnen liegt hier mangels unabhängiger zeitgenössischer Zeugnisse vieles im Dunkeln. Allah ist auf jeden Fall die Selbstbezeichnung Gottes im Koran, der wiederum, modern gesprochen, ein Selbstzeugnis ist, Gottes Rede, mit der er zu den Menschen über sich und die Schöpfung spricht.

Das islamische Glaubensbekenntnis enthält eine strikte Absage an all das, was man im Arabischen *shirk* nennt, etwas schwerfällig ins Deutsche übersetzt als «Beigesellung», soll heißen, jegliche Vorstellung, die davon ausgeht, dass es eine oder mehrere Kräfte gibt, die neben Gott oder gar unabhängig von Gott Macht haben. Das können andere Gottheiten sein – in der altarabischen Gesellschaft etwa wurden drei «Töchter Allahs», al-Lat, Manat und al-ʿUzza, verehrt; es kann die christliche Trinitätslehre sein. Im modernen Kontext fallen darunter aber auch politische Ideologien, die Normen vorgeben, die nicht auf Gott zurückgeführt werden. Für manche zeitgenössischen Musliminnen und Muslime, gerade solche islamistischer Couleur, ist es *shirk*, «Beigesellung», marxistische Ideen zu vertreten, den Konsum zu vergötzen oder der Verwirklichung von Demokratie und Menschenrechten höheren Rang zuzuweisen als der Durchsetzung der Scharia.

Gott ist nach islamischer Lehre transzendent, nicht zu begreifen und auch nicht adäquat zu beschreiben und doch unmittelbar präsent; in einem eindringlichen Bild gesprochen ist er dem Menschen «näher als seine Halsschlagader» (Sure 50,16). Wenn aber Gott ganz und gar anders und für den Menschen schlechterdings nicht fassbar ist, wie kann dann menschliche Sprache in ihrer Begrenztheit überhaupt Begriffe finden, die das Unsagbare benennen?[6] Muslime gehen davon aus, dass der Koran das Vokabular zur Verfügung stellt, dass Gott selbst über sich Aussagen trifft, die den Menschen verständlich sind. Gott stattet sich mit Beiwörtern aus (die Theologie spricht von Attributen), er nennt sich gerecht, barmherzig, allmächtig, gnädig usw. Aus diesen Selbstbezeichnungen wurden in der muslimischen Tradition die sogenannten 99 schönen Namen Gottes (*asma' allah al-husna*) entwickelt. Zugleich verwendet der Koran Bilder, die fassbar machen sollen, was an sich nicht fassbar ist. Sie sprechen zum Beispiel davon, er – Gott ist im Koran immer Er, der König, der Herr – habe Augen und Hände, sein Thron umfasse alles, was in den Himmeln und auf Erden ist. Die Bilder waren den Hörern der Spätantike verständlich, und sie sind es auch heutigen Hörern noch.

Dennoch sahen Muslime von früher Stunde an die Gefahr des Anthropomorphismus, die Gefahr also, dass Gott in körperlicher Gestalt gedacht wird und, noch konkreter, in menschlicher Gestalt. Über die Frage, welchen Status die im Koran verwandten Bilder besitzen, ob den einer Metapher, Allegorie oder reiner Beschreibung, gab es in der islamischen Theologie heftige Debatten, von denen wir heute nur noch einen Abglanz sehen. In der heutigen muslimischen Welt stehen theologische Debatten im weitesten Sinn nicht mehr im Zentrum der Auseinandersetzung. Eine Möglichkeit, den Konflikt um die Bildersprache zu lösen, formulierte im 10. Jahrhundert der Theologe Abu l-Hasan al-Ash'ari (gest. 935/36). Er empfahl, einfach hinzunehmen, wie Gott über sich spricht, ohne nach dem «Wie» zu fragen, ohne also den Versuch zu unternehmen, gleichsam hinter die Worte und Bilder zu gehen und ihren wahren Sinn entschlüsseln zu wollen, wie es philosophische oder mystische Koranauslegungen tun. Das Diktum Ludwig Wittgensteins «Was sich überhaupt sagen läßt, läßt sich klar sagen, und wovon man nicht reden kann, darüber muß man schweigen» (Tractatus logico-philosophicus) kommt dieser Position bemerkenswert nahe. Die ash'aritische Formel konnte allerdings nicht verhindern, dass Musliminnen und Muslime genau das taten, wovor sie gewarnt wurden, nämlich den tieferen Sinn des Gemeinten zu ergründen, um herauszufinden, was Gott meint, wenn er sagt, sein Thron umfasse die Himmel und die Erde, und sich auszudenken, wie diese Himmel und die Erde beschaffen sind und in welchem Verhältnis sie zueinander stehen.

Gott ist dem Koran zufolge sich selbst genug und doch dem Menschen zugewandt. Eine zentrale Rolle spielt in diesem Zusammenhang die Erzählung von dem Urbund, den Gott noch vor der Schöpfung mit den Menschen schloss: Er sammelte sie um sich, fragte sie, ob sie ihn als Herrn anerkannten, und sie bezeugten es (Sure 7,172). Die muslimische Theologie leitet daraus die Annahme ab, alle Menschen seien von ihrer natürlichen Veranlagung (*fitra*) her Muslime (Sure 30,30). Islam dient hier nicht als Bezeichnung für eine bestimmte Religionsgemeinschaft, sondern für die Hingabe an Gott schlechthin. Der Islam ist demnach die ursprüngliche Religion aller Menschen, die erst durch ihre Umwelt in eine andere Richtung gebogen, ja regelrecht verbogen werden. Konversion zum Islam bedeutet in diesem Sinn eine Rückkehr, der Kon-Vertit ist in Wahrheit Re-Vertit.

Der Koran und seine Auslegung

Gott teilt sich den Menschen mit. Über die Zeiten hinweg hat er nach koranischer Lehre immer wieder Männer ausgewählt und zu ihren Völkern gesandt, um ihnen sein Wort zu überbringen – in unterschiedlichen Sprachen, wie der Koran berichtet, übernommen aus einer Urschrift (der «Mutter aller Bücher», *umm al-kitab*), wobei die letzte der Offenbarungen Muhammad anvertraut wurde, der den Koran seinem Volk überbrachte, und zwar «in klarer arabischer Sprache» (Sure 16,103; 26,195). Das wirft eine Vielzahl von Fragen auf. Zunächst die große Frage, was aus der Existenz einer Urschrift folgt, in der bereits alles, was sein wird, festgehalten ist und aus der dann gewissermaßen verschiedensprachige Abschriften an bestimmte Völker gesandt werden. Was sagt das über Vorbestimmung, Willens- und Handlungsfreiheit aus – eines der großen Themen nicht nur der islamischen Theologie. Was sagt es über das Verhältnis zwischen historischer Einbettung und immerwährender Gültigkeit der Offenbarung?

Was bedeutet es, dass die letztgültige Offenbarung in «klarer arabischer Sprache» erfolgte? Kultur- und religionshistorisch bedeutsam ist die Lehre von der unnachahmlichen (sprachlichen) Schönheit des arabischen Koran, die in der islamischen Tradition geradezu als Beglaubigungswunder Muhammads gewertet wurde.[7] Kulturgeschichtlich ebenso bedeutsam ist die Folgerung, die Offenbarung sei nur in arabischer Sprache authentisch, es dürfe daher keine Koranübertragungen in andere Sprachen geben; vorstellbar seien allenfalls «Annäherungen» an die Bedeutung des allein verbindlichen arabischen Textes. Was bedeutet das aber, wenn – und dies ist nicht erst im Zeichen der Globalisierung der Fall – die Mehrheit der Musliminnen und Muslime gar nicht Arabisch spricht? Gelegentlich kommt hier eine besondere Form des Arabozentrismus zum Ausdruck, die arabische Muslime mit einer gewissen Geringschätzung auf anderssprachige Gläubige blicken lässt, die keinen direkten Zugang zum Korantext haben und aus diesem Grund möglicherweise nicht alles verstehen, was dem Muttersprachler unmittelbar verständlich ist. Die Scheu vor Übersetzungen ist mittlerweile weitgehend überwunden, wobei die Übersetzer ihr Werk in der Regel tatsächlich nicht Übersetzung nennen, sondern Annäherung an den Wortlaut des Koran, wohl wissend, dass das Arabische eine überaus reiche Sprache ist, die einsinnige Übersetzungen nicht zulässt.

Aber was heißt «klare» arabische Sprache? Die Überzeugung vieler Muslime, «klar» bedeute an dieser Stelle «ausschließlich und rein» und daher gebe es im Koran keine Fremdwörter, ist von der Wissenschaft widerlegt worden, ohne dass dies den Glauben der Muslime erschüttern müsste. Wichtiger ist die Annahme, der Text des Koran sei ganz klar und einfach und jedem, auch dem ungebildeten Menschen ohne die Vermittlung religiöser oder politischer Autoritäten zugänglich. Die Aussage ist von großer Tragweite. Sie lässt sich zunächst einmal als Widerspruch gegen diejenigen interpretieren, die glauben, dass es besonderer Kenntnis und Gelehrsamkeit bedürfe, um den Koran auszulegen. In der Gegenwart ist aus dieser Ablehnung verschiedentlich die Nähe zu einem protestantischen Schriftverständnis abgeleitet worden und weitergehend noch ein egalitär-demokratisches Religionsverständnis, das jedem Muslim und jeder Muslima, die guten Willens sind und mit einem gewissen Maß an Intelligenz ausgestattet, nicht nur die Befähigung, sondern die Berechtigung zur eigenständigen Koranauslegung zuerkennt; religiöser oder sonstiger Instanzen der Rechtleitung bedürften sie nicht.

Die Bedeutung, ja Sprengkraft dieser Auffassung erweist sich heute mehr denn je. Unter dem Eindruck islami(sti)scher Kräfte, die ihre radikale Koranlektüre in eine militante Praxis umsetzen und mit dem Koran selbst den *jihad* gegen Muslime rechtfertigen, gewinnt die Frage nach Qualifikation und Autorität bei der Koranauslegung an Gewicht. Sayyid Qutb (1906–1966), der Mentor des radikalen Islamismus, war Lehrer und Literaturkritiker, Usama bin Laden Ingenieur und Bauunternehmer. (Ingenieur ist im Übrigen auch der Syrer Muhammad Shahrur, der in bestimmten Kreisen als moderate, ja liberale Stimme geschätzt wird.[8]) Müssten vor allem die Extremisten nicht doch von qualifizierten Rechtsgelehrten angeleitet werden, die ihnen zeigen, was Islam ist und was er nicht ist? Gerade im Widerstand gegen einen militanten Islam wird der Ruf nach einer im weitesten Sinne klerikalen Autorität laut – nicht einer kirchlichen Organisation, denn eine Kirche gibt es im Islam nicht, nicht einmal in seiner zwölferschiitischen Variante, die in Iran dominiert, wohl aber nach einer Leitung durch qualifizierte Religions- und Rechtsgelehrte. Wie diese Autorität institutionalisiert und auf breiter Ebene durchgesetzt werden könnte, bleibt vorerst freilich unklar.[9]

Die Rolle des Propheten

Es ist immer wieder betont worden, dass im Islam – anders als im Christentum – die Botschaft im Mittelpunkt steht und nicht ihr Überbringer; der Koran als göttliche Rede (*kalam allah*), nicht Muhammad als Gesandter Gottes (*nabi* oder *rasul allah*); der Text, nicht die Person. Muhammad genießt in der islamischen Tradition – und zwar keineswegs nur in der sogenannten Volksfrömmigkeit – hohe Wertschätzung, die in Vergangenheit und Gegenwart durchaus den Charakter der Prophetenverehrung annehmen konnte.[10] Muhammad ist nach muslimischer Lehre vorbildlich, und was er gesagt und getan hat, ist – soweit er es als Prophet getan hat – über alle Zeiten hinweg und an allen Orten verbindlich für die Muslime. Er stiftet die rechte Art, etwas zu tun; der arabische Begriff hierfür ist *sunna* («gebahnter Pfad», «normatives Beispiel»). Die Gesamtheit dessen, was Muhammad gesagt und getan hat, heißt dementsprechend Sunna (hier: Prophetentradition), die in Einzelberichten, arabisch *hadith*, überliefert und in einer Anzahl von Sammlungen kanonisiert ist. Hadith-Studien bilden noch immer einen der wichtigsten Zweige islamischer Gelehrsamkeit.[11]

Hochachtung vor dem Propheten ist das eine, ein regelrechter Prophetenkult etwas anderes. Die Theologen haben in ihrer Mehrheit versucht, der Prophetenverehrung Grenzen zu setzen. Gott, so berichtet der Koran, hat Muhammad als seinen Gesandten erwählt und vor den Menschen ausgezeichnet (sein Beiname Mustafa, ein gebräuchlicher muslimischer Eigenname, heißt «der Auserwählte», «Ausgezeichnete») – aber Muhammad ist ein Mensch wie alle anderen: Er isst, er trinkt, er tut recht und er macht Fehler, er wirkt nicht durch Wunder, und er stirbt wie alle Menschen auch. Er ist der Bote, auf den die Offenbarung «herabgesandt» wurde; vielleicht ließe sich sogar sagen, dass sie durch ihn gefiltert wurde. Der Koran ist von ihm verkündet, aber nicht von ihm verfasst worden.

Die Bedeutung der Scharia

Gott hat den Menschen nach islamischer Lehre seine Offenbarung zukommen lassen und als Überbringer der letztgültigen Botschaft Muhammad gewählt, das «Siegel der Propheten» (Sure 33,40). Aber Gott hat sich aus der Welt nicht zurückgezogen. Er greift kontinuierlich in die Schöpfung ein, die durch sein Wirken am Leben erhalten und unaufhörlich erneuert wird. Gott hat den Menschen aus Ton und Erde geschaffen, und er wird ihn am Jüngsten Tag wieder auferstehen lassen oder, genauer gesagt, ihm einen neuen Leib erschaffen, nachdem der irdische im Grab verwest ist. Die Mekkaner, so berichtet der Koran, haben über Muhammads Erzählung von der Auferweckung der Toten gelacht, deren Knochen sie im Sand liegen sahen. Der Koran lehrte sie, dass Gott, anders als die Juden und Christen glauben, von der Schöpfung nicht ermüdet war, dass er am siebten Tage nicht ruhen musste und auch nicht zu erschöpft ist, um die gesamte Menschheit am Jüngsten Tage körperlich neu zu erschaffen und zum Jüngsten Gericht zu versammeln.

Der Mensch ist das Geschöpf Gottes, wie alles, was den Menschen umgibt, Gottes Schöpfung ist, wobei dem Menschen die Fähigkeit gegeben ist, mit seinen Sinnesorganen die Schöpfung wahrzunehmen und durch den Verstand, den Gott ihm verliehen hat, als solche zu erkennen. Der Koran enthält zahlreiche Aufforderungen an seine Hörer und Leser, zu denken und zu erkennen – in den Bahnen der Offenbarung, nicht über sie hinausgehend. Die Schöpfung ist den Theologen der

Beweis für die notwendige Existenz des Schöpfers, und das Geschöpf ist seinem Schöpfer zu Dankbarkeit und Gehorsam verpflichtet – das ist *islam*. Gehorsam zieht die Verpflichtung zum rechten Handeln nach sich. Was das für das Verhältnis von Glauben und Handeln, Gnade und Heil bedeutet (*sola fide? sola gratia?*), war und ist dennoch umstritten.

Dem Koran zufolge ist Gott barmherzig, gnädig und gerecht, doch zugleich ganz frei rechtzuleiten, wen er will, und in die Irre zu führen, wen er will. Die Theodizee, die Frage nach der göttlichen Gerechtigkeit, hat auch muslimische Theologen intensiv beschäftigt; vom Problem der Handlungsfreiheit und Vorbestimmung war oben schon kurz die Rede. Man wird nicht sagen können, dass diese Fragen gelöst wären. Das gilt auch für das Verhältnis von Glauben und Handeln: Nach vorherrschender Theologenmeinung ist der Muslim dadurch Muslim, dass er das Glaubensbekenntnis, die *shahada*, spricht («Es gibt keinen Gott außer Gott und Muhammad ist sein Prophet»). Der Muslim soll den rechten Glauben jedoch zu jeder Zeit auch durch die rechte Tat bekunden. Die Gesamtheit der zu befolgenden ethischen, moralischen und rechtlichen Bestimmungen wird unter den Begriff der Scharia gefasst, des Pfades, der zum Heil führt. (Von «Erlösung» sollte besser nicht gesprochen werden, da im Erlösungsgedanken die Idee der Erbsünde und des Sündenfalls mitschwingt, die der Islam nicht kennt). Ob schwere Sünden – darunter die bewusste Übertretung oder Vernachlässigung der Scharia – den Muslim aus der Gemeinschaft der Muslime ausschließen, wird unter Theologen und Juristen nicht einheitlich beantwortet.

Die Scharia fußt nach muslimischer Überzeugung auf dem Koran und der prophetischen Sunna; in diesem Sinne ist sie göttliches Recht.[12] Das islamische Recht, das nach gängigem Verständnis aus Koran und Sunna «abgeleitet» wurde (Rechtshistoriker haben eine Vielzahl außerkoranischer Elemente identifiziert, namentlich des jüdischen, römischen und sassanidischen Rechts), heißt auf Arabisch *fiqh*, eine Nominalform des Verbs *faqiha*, «verstehen» – ein deutlicher Hinweis darauf, dass es sich hier um eine von Menschen erbrachte Verstandesleistung handelt. Menschen sind fehlbar, folglich ist auch das Juristenrecht, *fiqh*, nicht unfehlbar. Nun wird man gerade von Islamisten – solchen Muslimen also, die den Islam als umfassende Weltanschauung sehen, als System oder Ordnung – hören, der Islam erfasse den Menschen in seiner Gesamtheit und die Scharia regele alles, was den Menschen überhaupt nur angehen könne; es gebe nichts, was Gott gleichgültig sei, alles werde von der Scharia erfasst und reguliert. So vehement diese Auffassung vertreten wird, repräsentiert sie doch nicht die einzige in der islamischen Tradition verankerte Lehre.

Die klassische islamische Theologie und Rechtslehre gehen selbstverständlich davon aus, dass Gott allmächtig und allwissend ist und dass er den Menschen feste Regeln vorgegeben hat, an die sie sich zu halten haben. Der Erzählung vom Urbund zufolge haben sie sich hierauf vor Anbeginn der Zeit verpflichtet. Aus Gottes Allmacht und Allwissen folgt aber nicht zwingend der allumfassende Charakter der Scharia. Mehr als eine theologische und juristische Schule sind davon ausgegangen, dass es durchaus Themen und Lebensbereiche gibt, zu denen Gott (oder der Prophet) keine klaren, verbindlichen Weisungen erlassen hat. Was Gott aber nicht verbindlich regelt, ist neutraler Grund (der islamrechtliche Fachterminus lautet *mubah*), auf dem Muslime – im Rahmen des Islam und der Scharia – nach Maßgabe des Nützlichen agieren können. Daraus ergeben sich Freiräume, in denen sich Staatsräson und Alltagsvernunft entfalten können. Hier offenbart sich ein grundlegend anderes Schariaverständnis als das strenger Islamisten, für die nichts gleichgültig ist – ob sie sich die Haare färben oder eine Perücke tragen, ob sie zur Wahl gehen oder nicht, ob sie Nichtmuslimen die Hand geben und sie mit «Friede sei mit euch» (*as-salamu ʿalaikum*) grüßen. Die florierende Fatwa- und Ratgeberliteratur legt ein beredtes Zeugnis ab für die Suche nach Rechtleitung auch im Kleinen, Banalen, die nicht nur strengen Islamisten ein Anliegen ist. Immer aber hat es Muslime gegeben, die in dem, was sie als Äußerlichkeiten bezeichnen, nicht den Kern ihrer Religion erkennen mochten.[13]

Festes und Dynamisches

Die von allen Muslimen geteilte Auffassung, der Koran sei zu einem bestimmten Zeitpunkt an einem bestimmten Ort offenbart worden, bedeutet, dass er historisch eingebettet ist. Ob er damit kontingent ist, ist eine ganz andere Frage und würde von den meisten Muslimen entschieden abgelehnt. Aber in einem Kontext steht er, und deswegen sind die Muslime mit derselben Grundproblematik konfrontiert wie die Christen und Juden, der Schwierigkeit nämlich, zwei Dinge miteinander zu vereinbaren – die unstrittige Einbettung der Offenbarung in einen konkreten historischen Kontext und die unverbrüchliche Gültigkeit der Botschaft für alle Orte und Zeiten, ungeachtet einer zum Teil radikalen Veränderung der Lebensumstände, Denkweisen und Aspirationen. Muhammad war Araber, ein Einwohner von Mekka und Medina, der den Menschen seiner Zeit in der Sprache ihrer Zeit eine Botschaft überbrachte, die diese Menschen ansprach, indem sie Vorstellungen, Praktiken und historische Ereignisse thematisierte, die für sie von Bedeutung waren. Dazu gehört die im Koran verurteilte Sitte, weibliche Säuglinge zu verscharren, da Mädchen so unerwünscht waren, dass die Väter ein finsteres Gesicht machten, wenn ihnen von der Geburt einer Tochter berichtet wurde (Sure 16,57–59). Zugleich ist im Koran mit Selbstverständlichkeit von Geschlechterbeziehungen, Sklaverei und Konkubinat die Rede, die eindeutig zeitgebunden sind, durch den Koran jedoch nicht aufgehoben werden.

Wie also kann dieser historisch verortete, in arabischer Sprache formulierte und an ein bestimmtes Publikum gerichtete Text für alle Zeiten und Orte gültig sein? Zwei Arten des Umgangs mit dieser Problematik finden sich in Vergangenheit und Gegenwart: Die eine liegt in dem Versuch, die Urgemeinde in allen Dingen so getreu wie möglich nachzuahmen, sich ihr, obgleich in einer anderen Welt lebend, gleichsam anzuverwandeln. Wie bestimmte christliche Gruppen sich bemüht haben, das Urchristentum wiederzubeleben, so haben Muslime versucht, den Geist der um Muhammad gescharten «frommen Altvorderen» (as-salaf as-salih) zu neuem Leben zu erwecken. Tatsächlich gab und gibt es Gruppierungen, die sich so kleiden, wie sie glauben, dass Muhammad gekleidet war, die Speisen zu sich nehmen, die Muhammad zu sich genommen hat, oder auf jeden Fall das nicht essen, von dem sie annehmen, dass Muhammad es nicht gegessen hat, oder die – um ein häufig zitiertes Beispiel zu nennen – keine Zahnbürste benutzen, weil Muhammad keine Zahnbürste besaß, sondern ein Hölzchen. Indem sie im Kleinen versuchen, dem Propheten nachzueifern, hoffen sie, den Geist der frühen Gemeinde zurückzugewinnen, um mit seiner Hilfe zur Größe und Einheit der glaubensstarken Anfänge zurückzufinden.

Aber es hat immer Kritiker dieser rückwärtsgewandten Haltung gegeben, die nicht einsehen, warum Muslime in Jakarta, Kairo oder Berlin sich kleiden sollten wie Muhammad und seine Zeitgenossen und essen, was Muhammad und seine Zeitgenossen (möglicherweise) gegessen haben. Die strikte Befolgung des prophetischen Vorbilds müsste an sich ja selbst die Institutionen der Sklaverei und des Konkubinats einbeziehen, die in Koran und Sunna zwar nicht gefordert, wohl aber als Teil der vorgefundenen Realität behandelt werden. Nicht die Befolgung des Buchstabens kann aus kritischer Sicht die Lösung sein, sondern die Wahrung des Geistes der Offenbarung. Dies aber setzt einen gewissen Grad der Abstraktion voraus, die unterschiedliche Formen annehmen kann.[14]

Ein vor allem im rechtlichen Zusammenhang verfolgter Ansatz besagt, der Koran enthalte zwar eine Vielzahl detaillierter, alltagspraktischer Regelungen, das Wesentliche liege jedoch nicht in diesen konkreten Regelungen, sondern in der in ihnen enthaltenen Zielsetzung, die über sie hinausweist und auch unter veränderten Rahmenbedingungen ihre Gültigkeit behält. Die koranische Weisung wird nicht aufgehoben, sondern auf ihre Dynamik hin überprüft, die zur Wahrung der ursprünglichen Intention auch eine andere Umsetzung erfordern kann. Die Juristen sprechen in diesem Zusammenhang von den *maqasid ash-shari'a*, der Finalität der Scharia. Die Logik ist bestechend, aber auch riskant, öffnet sie doch einer radikalen Revision des überbrachten Koranverständnisses Tür und Tor. Hochgradig selektiv ist sie überdies. Selektiv sind aber auch die Verkünder einer strikten Nachahmung Muhammads, die zur Zahnreinigung zwar das Hölzchen propagieren, für die Kriegsführung aber nicht Pfeil und Bogen, sondern die jeweils modernste Kommunikations- und Militärtechnologie; nur die wenigsten Traditionalisten und Islamisten verschließen sich gänzlich der modernen Lebenswelt.

Der Reiz der Pluralität

All diese Auseinandersetzungen verweisen einmal mehr auf die Bedeutung religiöser Autorität: Wer kann darüber entscheiden, ob eine bestimmte Weise, den Koran zu lesen und den Islam zu leben, legitim ist, akzeptabel und islamkonform? Es gibt im Islam keine Kirche als Heils- und Lehranstalt, wie sie die katholische Kirche bildet, sondern lediglich Religions- und Rechtsgelehrte sowie charismatische Persönlichkeiten, die einen Anspruch auf Autorität erheben, der sich entweder auf Buchwissen stützt oder auf esoterisches Wissen, das nicht primär auf Schriftkenntnis ruht. Sufis und Heilige gibt es noch heute; im Zeichen der Globalisierung haben sich manche ihrer Netzwerke weiter ausgebreitet denn je. Die große Frage lautet dennoch, wie heute religiöse Autorität verhandelt werden kann und ob es nicht, zumal auf einzelstaatlicher Ebene, Instanzen geben sollte, die hier für eine gewisse Ordnung sorgen. Das Thema hat in den europäischen Staaten einschließlich der Bundesrepublik in den vergangenen Jahren an Dringlichkeit gewonnen. Aber auch anerkannte Instanzen könnten die Vielfalt allenfalls bündeln und in diesem Sinne ordnen; aufheben können sie sie nicht. Muslime teilen bestimmte Überzeugungen, die man durchaus als festen Kern «des Islam» bezeichnen kann. In ihren Denk- und Lebenswelten sind sie plural. Pluralität ist bereichernd – für die Beteiligten aber auch stets in mehr als einer Hinsicht spannend.

2. Der islamische Staat: Vision und Kritik

Seit Jahren wird der Beobachter mit Visionen einer «islamischen Alternative» konfrontiert, die in einigen Ländern der islamischen Welt in die Tat umgesetzt worden sind – Iran, Saudi-Arabien, Sudan, Afghanistan oder Pakistan bilden die herausstechenden, auf jeden Fall aber die bekanntesten Beispiele. In anderen Ländern wie etwa Ägypten, der Türkei, Jemen oder Indonesien sind sie zumindest Gegenstand der innenpolitischen Debatte. Unter wissenschaftlichen wie unter gesellschaftspolitischen Gesichtspunkten verdienen sie Aufmerksamkeit, und diese Aufmerksamkeit haben sie auch gefunden. Allerdings sind ernsthafte Auseinandersetzungen mit zeitgenössischen islamischen Staats- und Regierungskonzepten, die auf einer tieferen Kenntnis der Traditionen islamischen politischen Denkens und der politischen Institutionen und Praktiken in islamisch geprägten Gesellschaften beruhen, eher selten. Auf den folgenden Seiten sollen *Texte* im Mittelpunkt stehen, nicht die politisch relevante *Praxis* islami(sti)scher Akteure in unterschiedlichen Kontexten (die selbstverständlich eine intensive, kritische Behandlung erfordern, wenn konkrete Akteure, Institutionen und Strukturen analysiert und bewertet werden sollen). Es geht dabei nicht, oder nicht vorrangig, um die häufig gestellte und sehr kontrovers diskutierte Frage, ob der Islam oder, was etwas deutlich anderes ist, der politische Islam mit Demokratie vereinbar ist,[15] und ob Islamisten in demokratische Prozesse einbezogen werden können und sollen.[16] Es geht auch nicht um Wert und Aussagekraft unterschiedlicher Demokratisierungs- und Transitionstheorien und deren offen oder latent teleologische Ausrichtung. Ziel ist hier, einige Charakteristika des «islamischen Staates» herauszuarbeiten, wie er von zeitgenössischen Theoretikern und Akteuren entworfen wird.

Wer immer sich heute mit islamischen Themen beschäftigt, sieht sich heftigen, emotionsgeladenen Kontroversen und einer erheblichen Verwirrung der Begriffe ausgesetzt. Auch ohne eingehende begriffsgeschichtliche Erläuterung aber lässt sich festhalten, dass Entwürfe eines islamischen Staates zumeist umfassendere Konzepte «guter Regierungsführung» oder *governance* voraussetzen, es sich beim Begriff «Staat» daher lediglich um ein Kürzel handelt. Von einem «islamischen» Staat soll hier die Rede sein, sobald die Autoren ihre Entwürfe als spezifisch islamisch verstanden wissen wollen, ohne dabei stets zu erörtern, ob sie diesem Anspruch nach bestimmten, erst noch offen zu legenden Kriterien gerecht werden. (Auf diese Weise lassen sich Festlegungen vermeiden, die als essentialistisch aufgefasst werden könnten.) Spezifisch islamische Entwürfe werden in aller Regel von *islamistischen* Autoren vorgelegt, die «den Islam» als Bezugs- und Angelpunkt ihres gesellschaftspolitischen Denkens und Handelns wählen, ihn also als politische Ideologie verstehen oder, wenn sie den Begriff der Ideologie als islamwidrig verwerfen, doch als solche verwenden.

Die «Islamisten» (unter denen Fundamentalisten im landläufigen Sinn des Wortes eine wichtige, aber nicht die alles beherrschende Rolle spielen)[17] geben in den innermuslimischen Debatten über das angemessene Verhältnis von Religion, Recht und Politik seit Jahren den Ton an. Von Mauretanien bis Malaysia beeinflussen sie das gesellschaftliche Leben und die Rechts- und Verfassungsordnung ihrer Gesellschaften. Zu ihnen zählen Akademiker und Intellektuelle, Ärzte, Anwälte und Lehrer, Unternehmer und Manager. Der Islamismus bildet heute in den meisten muslimischen Ländern eine breite Strömung, die aus der Mitte der Gesellschaft kommt und sich keineswegs auf eine ausgegrenzte, chancenlose und frustrierte Jugend beschränkt. Islamismus ist nicht einfach das Produkt von Armut und Unterentwicklung, das sich mit einer vernünftigen Sozial- und Wirtschaftspolitik über kurz oder lang beseitigen ließe. Im Übrigen fällt die Abgrenzung nach innen nicht immer ganz leicht, da islamistische Positionen nicht nur in oppositionellen Kreisen vertreten werden, sondern nicht selten auch in denen des religiösen, ja gelegentlich sogar des politischen Establishments. Und wenn sich innerhalb dieser breiten Strömung auch militante Gruppen finden, die den «Heiligen Krieg» (*jihad*) gegen die Feinde des Islam führen oder führen wollen, verfolgt die Mehrheit doch eine gewaltfreie Strategie, die auf Überzeugungs- und Sozialarbeit setzt (sogenannte Mission, arab. *da'wa*), nicht auf den bewaffneten Kampf.[18]

Islamische Reform und westliche Hegemonie

Die islamische Reformbewegung, aus der die zeitgenössischen Islamisten hervorgegangen sind, besitzt mittlerweile eine gut einhundertjährige Geschichte. Dementsprechend vielschichtig und vielgestaltig ist sie. Es ging und geht ihr maßgeblich um die moralische Besserung von Individuum, Gemeinschaft und Gesellschaft, um soziale Gerechtigkeit (ein notorisch schwer zu fassendes Anliegen) und um die Einheit und Vereinheitlichung der von frühester Stunde an plural verfassten und im Laufe ihrer Geschichte immer wieder neu aufgefächerten muslimischen Gemeinschaft (*umma*). Reform durch Erziehung war und ist ein Grundanliegen islamischer

Aktivisten und Theoretiker der Neuzeit. Dies gilt namentlich für den sogenannten indischen Modernismus des 19. Jahrhunderts und den arabischen Reformislam des ausgehenden 19. und frühen 20. Jahrhunderts, der unter der Bezeichnung Salafiyya bekannt wurde – beide im Übrigen von der sunnitischen Mehrheitsströmung getragen. (Die historische Salafiyya ist, um dies vorauszuschicken, nicht identisch mit der gleichfalls als salafitisch bezeichneten, zum Teil radikalen, auf jeden Fall aber strikt konservativen islamischen Strömung, die sich seit den ausgehenden 1980er Jahren herausgebildet hat.)[19] Reformansätze im zwölferschiitischen Iran und in den schiitischen Gemeinschaften der arabischen Welt, namentlich in Libanon, im Irak und am Ostrand der Arabischen Halbinsel, trugen eigene Züge.[20] Damit ist bereits gesagt, dass islamische Reform gewissermaßen im Schatten des Kolonialismus und des Neokolonialismus stand und im Zeichen westlicher Dominanz. «Schatten» und «Zeichen» verweisen auf einen Kontext, der bei der Analyse immer mitzudenken ist; sie sind aber nicht gleichzusetzen mit einem Determinismus, der islamische Entwürfe allein als Reflex oder Abbild westlicher Vorbilder erscheinen lässt.

Jede Reformbewegung, die auf eine Besserung von Individuum, Gemeinschaft und Gesellschaft abzielt, weist eine politische Dimension auf, selbst wenn sie sich nicht als politisch begreift und die politische Bühne meidet. Dies gilt umso mehr in einem kolonialen Rahmen, in dem die Verteidigung islamischer Identität und Interessen – und als deren Verteidiger treten islamische Reformer auf – sehr leicht anti-koloniale Züge annehmen kann (wenngleich sie dies, wie die Kollaboration einzelner islamischer Akteure und Bewegungen mit den Kolonialmächten belegt, nicht zwingend tun muss). Am deutlichsten erkennbar ist die politische Dimension bei den islamischen Reformbewegungen des Vorderen Orients seit den 1930er Jahren, die daher unter dem Vorzeichen «politischer Islam» zusammengefasst werden. Weniger ausgeprägt ist sie bei der Mehrzahl der sufischen Bruderschaften (deren religiöse Praxis und gesellschaftliche Rolle mit «mystisch» nicht immer angemessen erfasst werden)[21] und bei Frömmigkeitsbewegungen wie der aus Indien stammenden *Tablighi Jama'at*, die sich selbst als dezidiert unpolitisch deklarieren (was eine politische Wirkung natürlich nicht ausschließt).[22] Stellvertretend für den politischen Islam der 1930er und 1940er Jahre steht die 1928 gegründete Muslimbruderschaft in Ägypten, deren Ideologie und Praxis von früher Stunde an über Ägypten hinaus in die sunnitische Welt ausgestrahlt hat.

Einem eigenen Rhythmus folgten die Zwölferschiiten in Iran und einzelnen arabischen Ländern, an erster Stelle Libanon: Vor allem in Iran waren schiitische Kleriker prominent in den Widerstand gegen britische und russische Einflussnahme involviert, offen politisch war die sogenannte Verfassungsrevolution von 1905 bis 1911. Allerdings fällt der Mangel an Querbezügen auf, der sich zum Teil mit Sprachgrenzen erklären lässt (freilich nur mit Blick auf arabische Reformer, denn iranische Kleriker sind und waren des Arabischen mächtig), zum größeren Teil aber wohl mit der gerade auf politischem Feld wirksamen Differenz zwischen sunnitischen Kalifats- und zwölferschiitischen Imamatslehren. Im sunnitischen Islam kam es zu einer schrittweisen Ausformulierung islamischer Staatskonzepte in denjenigen Ländern, die bereits zuvor eine intellektuelle Auseinandersetzung mit dem Westen geführt hatten: Ägypten, wo die Muslimbrüder Hasan al-Banna (1906–1949), Sayyid Qutb (1906–1966) und 'Abd al-Qadir 'Auda (gest. 1954) den größten Einfluss ausübten, Indien (nach 1947 auch Pakistan), für die Abu l-A'la Maududi (1903–

1979) und Muhammad Asad (1900–1992) zu nennen sind. Eine nicht zu unterschätzende Rolle als Übersetzer und Mittler spielte der indische Gelehrte Abu l-Hasan ʿAli al-Hasani Nadwi (1914–1999), der seinerseits nicht ohne Weiteres dem politischen Islam zuzurechnen ist.[23]

Die islamische Revolution in Iran sandte 1979 Schockwellen durch die gesamte islamische Welt und wirkte animierend auf die islamischen Bewegungen, schiitische ebenso wie sunnitische. Die politischen Lehren Ayatollah Khomeinis (1902–1989), die um die politische Führung, wenn nicht die Herrschaft des qualifizierten Rechtsgelehrten kreisen (arab. *wilayat al-faqih*; pers. *velayat-e faqih*), avancierten zur Grundlage der neuen iranischen Verfassung – blieben allerdings selbst unter iranischen Klerikern und Intellektuellen umstritten.[24] Unter sunnitischen Muslimen fanden sie keine Zustimmung, ja wurden mehr oder weniger deutlich als spezifisch schiitisch und mit der eigenen, sunnitischen Tradition nicht vereinbar abgelehnt. Das militante islamistische Netzwerk *al-Qaʿida* ist in seiner politischen Sprengkraft und Breitenwirkung nicht zu unterschätzen, hat zur Ausformulierung islamischer Staatskonzepte aber nichts beigetragen. Wohl aber hat sich in Auseinandersetzung mit islamisch legitimierter Gewalt eine neue Tendenz formiert, die sich mit Verweis auf koranische Vorgaben als eine Bewegung der «Mitte» (*al-wasatiyya*) oder als «Neue Mitte» versteht und von namhaften Gelehrten wie Yusuf al-Qaradawi (geb. 1926) sowie politischen Denkern und Aktivisten in so unterschiedlichen Ländern wie Ägypten, Jordanien oder Saudi-Arabien propagiert wird.[25]

Der politische Islam ist, wie diese geraffte Darstellung verdeutlichen sollte, dynamisch und wandelbar. Daher verbietet sich eine ahistorische, auf *den* Islam oder auch nur *den* politischen Islam rekurrierende Betrachtungsweise. Von dem in

Amerika lehrenden Literaturwissenschaftler Edward Said (1935–2003) unter dem Stichwort Orientalismus heftig attackiert (so der Titel seines 1978 veröffentlichten und über Fachkreise hinaus ungemein einflussreichen Buches), ist diese Verallgemeinerung allerdings selbst im ernst zu nehmenden Feuilleton noch immer anzutreffen, wo zeitgenössischen Musliminnen und Muslimen mit Verweis auf einzelne Koranverse nicht selten die Integrationsfähigkeit in eine moderne rechtsstaatliche Ordnung abgesprochen wird. Dem ist energisch zu widersprechen: Bei aller Vereinfachung, die ein Überblick erfordert, darf die Lernfähigkeit islami(sti)scher Akteure, die aus ihr resultierende Modifikation, ja selbst Revision einzelner Annahmen und die Spannbreite der Interpretationen nicht übersehen werden.[26] Das geht am besten, wenn gedanklich und sprachlich Aussagesätze mit Möglichkeitsformen verbunden bleiben.

Bausteine des islamischen Staates

Moderne sunnitisch-arabische Konzepte des islamischen Staates bzw. islamischer Regierungsführung (*governance*) lassen eine enge Verwandtschaft mit islamischen Konzeptionen erkennen, die von Theoretikern wie Abu l-A'la Maududi und Muhammad Asad zunächst auf dem Indischen Subkontinent entwickelt wurden. Demgegenüber fällt auf, dass – obgleich persönliche und auch institutionelle Kontakte durchaus bestehen – islamistische Denker der Türkei im arabischen Sprachraum ebenso selten rezipiert werden wie islamische Intellektuelle Indonesiens oder Malaysias; der Arabozentrismus, der sich auch im gängigen Geschichtsbild arabischer Islamisten spiegelt, die den (von westlichen Orientalisten des 19. und frühen 20. Jahrhunderts so eindringlich beschworenen)

«Niedergang» des Islam mit dem Vordringen von Persern, Türken und Mongolen identifizieren, ist nach wie vor lebendig. Reiches Anschauungsmaterial bietet die islamische Bewegung Ägyptens, namentlich die Muslimbruderschaft (Gemeinschaft der Muslimbrüder, *Jama'at al-Ikhwan al-Muslimin*), deren Vorstellungen besonders dicht und in ihrem unübersehbaren Wandel dokumentiert sind.[27] Sie reichen von den Schriften eines Hasan al-Banna, Sayyid Qutb oder 'Abd al-Qadir 'Auda über weniger bekannte Aktivisten bis zu den Strategiepapieren und Wahlprogrammen der sogenannten Neuen Muslimbruderschaft, die sich in den 1980er Jahren formierte. Beachtung haben neben militanten Untergrundorganisationen auch die Vertreter einer Neuen Mitte einschließlich der von den Behörden bis zum Sturz des Mubarak-Regimes im Frühjahr 2011 nicht legalisierten Partei der Mitte (*Hizb al-Wasat*) gefunden. Der Vorwurf allzu großer Beliebigkeit, der den Islamisten über lange Jahre (zu Recht) gemacht wurde – bloße populistische Aufrufe zu einer moralischen Wende, einem Ruck, der durch die Gesellschaft gehen soll, zu bieten an Stelle realitätsnaher, kohärenter Programme – wird der aktuellen Lage nicht mehr gerecht, wenn viele Punkte auch weiterhin im Ungefähren bleiben. Die Islamisten bewegten sich seit den 1980er Jahren in der Halblegalität; politische Verantwortung konnten sie nicht einmal auf kommunaler Ebene ausüben, ihre Konzepte besaßen daher Entwurfs- und Forderungscharakter und mieden aus diesen Gründen in strittigen Punkten eine allzu genaue Festlegung. Anders als im Fall der islamischen Bewegung in Jordanien und im Jemen lässt sich ihre viel diskutierte Glaubwürdigkeit somit nicht überzeugend an ihrer Praxis messen.

Die Kernannahme und zugleich das Postulat der Islamisten lautete über Jahrzehnte: Der Islam ist ein allumfassendes

System, eine Ordnung (*nizam*), die auf der Grundlage göttlicher Weisung – festgelegt im Koran und in der Tradition des Propheten (Sunna) – die individuelle Lebensführung des Gläubigen ebenso reguliert wie die gesellschaftliche Ordnung. Islam ist damit notwendigerweise politisch: Der rechte Glaube muss sich in frommes Handeln übersetzen, wenn Musliminnen und Muslime denn, wie der Koran es von ihnen fordert, «Zeugen» sein sollen für ihre Religion (und hier wird das semantische Feld des arabischen Verbs *shahida* relevant, das von «Zeugnis ablegen» über «Glaubensbekenntnis» bis zu «Martyrium» reicht).[28] Der Islam ist Religion in dem Sinne, dass er den Gläubigen an Gott bindet und zugleich, so zumindest die Islamisten, sein Verhalten in der Welt bestimmt. Nicht umsonst wird in englischsprachigen Werken das arabische *din* (Religion) häufig als *the Islamic way of life* wiedergegeben.

Die These von der allumfassenden Natur des Islam ist mehrdeutig, und sie wird und wurde von Betrachtern innerhalb wie außerhalb der islamischen Welt sehr unterschiedlich aufgefasst: Gerade mit Blick auf europäische Erfahrungen liegt es nahe, die totalitäre Versuchung eines Ansatzes in den Vordergrund zu rücken, der sich selbst als umfassend, integrierend und ganzheitlich (*shumuli*) versteht – sämtlich Begriffe, die auch in einem europäischen Kontext positiv konnotiert sind. Vor einem kolonialen Hintergrund – und vor diesem wurden die Vorstellungen einer spezifisch «islamischen Ordnung» entwickelt – ist aber auch das Element des *entitlement* und *empowerment* hervorzuheben, das Muslime kraft ihrer Zugehörigkeit zur Religion des Islam «ermächtigt» und ihnen das Recht und die Pflicht zu politischer Mitsprache zuweist, die ihnen die Kolonialmächte mit Verweis auf ihre postulierte Rückständigkeit verweigerten. Über den kolonialen Kontext hinaus hat dieses Moment des *entitlement* und *empowerment* im Rahmen autoritärer Herrschaft nach wie vor Gewicht: Islamisten lassen sich unter Berufung auf Gott und den Propheten nicht das Recht auf politische Mitsprache, ja Mitbestimmung nehmen. Diese Haltung macht einen Teil ihrer Attraktivität in den eigenen Gesellschaften aus, die sich westlichen Beobachtern ansonsten nicht ohne Weiteres erschließt.

Islamische Staats- und Gesellschaftskonzepte sind Gegen-Entwürfe. Sie bilden einen Gegen-Diskurs. Er beruht auf dem in mehrfacher Hinsicht «gewollten» Rückgriff auf das eigene kulturelle Erbe, das in nicht unproblematischer Weise mit dem Islam gleichgesetzt wird: Islam als Religion, Islam als Kultur und Zivilisation, der auch die indigenen Nichtmuslime angehören (und zu der sie im Übrigen viel beigetragen haben). Der in deutschsprachigen Fachkreisen verbreitete Begriff der «islamisch geprägten» Gesellschaften trägt dem Umstand Rechnung, dass islamische Kultur nicht nur Muslime umfasst und nicht nur von ihnen geformt wird; im Englischen konnte sich der analoge Terminus «*Islamicate*», den der 1968 verstorbene Islamhistoriker Marshall Hodgson einführte, um diese Unterscheidung in religiöse und kulturelle Zugehörigkeit zum Ausdruck zu bringen, nicht wirklich durchsetzen.[29] Islamische Staatskonzepte sind auf jeden Fall Teil eines Identitäts- und Authentizitätsdiskurses, der das kulturelle und politische Klima gerade in der aktuellen Phase der Globalisierung (die ja nicht deren erstes Stadium bildet) so markant gestaltet.[30]

Der Gegen-Diskurs setzt die Herausforderung durch den Westen und die Abgrenzung vom Westen voraus, auch dort, wo seine Vertreter dies nicht ausdrücklich erklären. Bei der Lektüre vieler Entwürfe fällt auf, wie stark sie *gegen* andere Konzepte formuliert werden, wie heftig ihre Verfasser polemisieren. Bezugs- und Gegenpol des islamischen Diskurses sind «der Westen» und seine echten oder vermuteten Nachahmer in den eigenen Gesellschaften, zugespitzt auf das Feindbild des Säkularismus und der Säkularisten.[31] In dieser steten Bezugnahme, sei sie nun negativ oder positiv, offen oder latent, zeigt sich die Asymmetrie diskursiver Macht, die das Verhältnis zwischen islamischer und westlicher Welt – wenn diese dichotomische Vereinfachung, die auf keiner geographischen Grenzziehung beruht, an dieser Stelle erlaubt sei – seit Jahrzehnten kennzeichnet.

Der Islamismus des 20. und 21. Jahrhunderts ist – und hierin unterscheidet er sich von den islamischen Reformbestrebungen des 18. Jahrhunderts, mit denen er ansonsten durchaus Gemeinsamkeiten aufweist – ohne die Auseinandersetzung mit westlicher Hegemonie und Dominanz nicht zu verstehen. Die Auseinandersetzung beinhaltet neben Abwehr, Verteidigung, Apologie und Angriff auch die Adaption zentraler Institutionen, Verfahren und Ideen, die in unterschiedlicher Gestalt zunächst im Westen entwickelt wurden. Dieser Prozess des Austauschs ist ganz selbstverständlich; ebenso gut lässt er sich für vormoderne Konzepte von Monarchie und Königtum nachweisen.[32]

Mit Blick auf die Gegenwart sticht die tiefe Ambivalenz ins Auge, die das Verhältnis vieler Muslime und auch vieler Islamisten zum Westen kennzeichnet: Moderne Formen islamischer Mission (*da'wa*) weisen deutliche Parallelen zur christlichen Mission mit ihrer Kombination von Bildungsangebot, Caritas und Verkündigung auf; moderne islamische Tugendkataloge sind von denen christlich oder jüdisch geprägter europäischer und amerikanischer Mittelschichten kaum zu unterscheiden; moderne Konzepte der islamischen Ehe mit ihrer Idealisierung der Kernfamilie als Keimzelle des Staates weisen nachgerade viktorianische Züge auf. Aufschlussreich ist und bleibt dabei, inwieweit diese Parallelen, die westliche Bezüge nicht verleugnen können, auf muslimischer Seite bejaht, negiert oder gar bekämpft werden. Auch die islamistische Strömung zeigt sich dabei nicht so einheitlich, wie es auf den ersten Blick erscheinen mag.

Grundsätzlich gilt für heutige islamische Staatskonzepte, dass sämtliche Komponenten, namentlich aber solche spezifisch modernen Charakters, an das eigene religiös-kulturelle «Erbe» rückgekoppelt, das heißt auf Aussagen des Koran und der Sunna oder auf Begebenheiten der islamischen Frühzeit zurückgeführt werden. Dabei verdient das «Wie» dieser Operation besondere Beachtung (erfolgt sie wortgetreu und kasuistisch oder mit Rekurs auf übergeordnete Ziele, Werte oder Prinzipien des Islam?). Ziel ist in der Regel eine Rechtfertigung moderner Komponenten *qua* ihrer Harmonisierung mit dem islamischen Erbe. Nicht selten ist sie mit der Behauptung verbunden, die fraglichen Ideen, Verfahren oder Institutionen seien keineswegs neu, im Westen entwickelt und nun nach sorgfältiger Prüfung einer authentisch-islamischen Ordnung eingefügt worden, sondern ursprünglich islamisch, von Europa in früheren Jahrhunderten übernommen und als genuin europäisch-christlich-abendländisch vereinnahmt worden (verwiesen wird hier unter anderem auf den Gesellschaftsvertrag oder die Institution der Verfassung). Diese Argumentation negiert den Austauschprozess nicht, verkehrt aber seine Richtung.

Eine detaillierte sprachliche Untersuchung, die den Anforderungen einer Diskursanalyse gerecht wird, könnte das bemerkenswerte Nebeneinander klassisch-islamisch fundierter und eindeutig aus einem modernen westlichen Kontext entnommener Begriffe aufzeigen, das den zeitgenössischen islamischen Diskurs generell charakterisiert.[33] Besonders deutlich wird dies im Zusammenhang von Definitionen des Gemeinwesens (wer ist das «Volk» – die Gemeinschaft der Muslime oder die Gesamtheit der auf einem Territorium lebenden Menschen bzw. Bürger?), der Funktion und Kompetenzen des Staatsoberhauptes (als Imam, Kalif, Monarch, Präsident?) oder Aspekten staatsbürgerlicher Partizipation und Verantwortung. Die Legitimationsfunktion des steten Rekurses auf Koran, Sunna und die frühislamische Geschichte im Rahmen aktueller Identitätspolitik ist zu offensichtlich, um im Einzelnen belegt zu werden.

Der Blick auf zeitgenössische Visionen des islamischen Staates kann sich vor diesem Hintergrund auf einige Punkte beschränken. Vorausgeschickt sei die These (der viele Islamisten widersprechen, obgleich sie erkennbar nicht ausschließlich aus Koran und Sunna schöpfen), dass der Koran zwar zahlreiche Hinweise auf ein «rechtes» Handeln und die Prinzipien einer «gerechten» Ordnung enthält, jedoch kein umfassendes Konzept für das Verhältnis von Individuum, Staat und Gesellschaft bietet; er schreibt den Muslimen auch keine bestimmte Staatsform vor. Entgegen der Überzeugung vieler heutiger Muslime und der Behauptung einzelner Staaten wie etwa Saudi-Arabiens kann der Koran daher auch nicht als «Verfassung» eines islamischen Staates dienen. In noch höherem Maß gilt das für die Sunna, aus der sich gleichfalls politisch relevante Maximen und Verhaltensvorschriften ableiten lassen, jedoch nicht das, was man heute unter einer Verfassung versteht. Bezeichnenderweise gibt es auch keine einheitliche oder gar verbindliche islamische politische Theorie.[34]

Die islamischen Regierungslehren sunnitischer Theoretiker des Mittelalters, die noch heute in einschlägigen Werken herangezogen werden, kreisen um zwei Pole: die Scharia auf der einen Seite und die Person des Kalifen oder Imam auf der anderen. Der Herrscher konnte zwar als «Schatten Gottes auf

Erden» auftreten und eine spezifische Form des Gottesgnadentums für sich in Anspruch nehmen; auch war seine
Herrschergewalt nach klassischer Lehre ungeteilt und konnte
allenfalls an verschiedene Personen (zum Beispiel Wesire) delegiert werden. Aber der Kalif war wie jeder andere Muslim dem göttlichen Gesetz, der Scharia, unterworfen, und die
Scharia wurde durch die Religions- und Rechtsgelehrten (*'ulama'*) interpretiert, die sich zu den «Erben der Propheten» erklärten. Die Aufgabe des Kalifen lag darin, in seinem Herrschaftsbereich die Scharia durchzusetzen. Zu diesem Zweck
besaß er weitgehende Kompetenzen bei der Organisation der
Justiz, verfügte theoretisch gesehen jedoch über keine legislative Gewalt, die allein Gott zukam.

Damit ist das Spannungsverhältnis zwischen religiöser Autorität und politischer Macht angesprochen, das die islamische
Geschichte ebenso geprägt hat wie die europäische – nur eben
in je eigenen Formen und Konfigurationen: Die Institution
der Kirche gab und gibt es im sunnitischen Islam nicht, und
auch im schiitischen Islam kann man seit dem 16. Jahrhundert zwar von einem Klerus sprechen, jedoch nicht von einer
Kirche als Lehr- und Heilsanstalt. Säkularisierungsprozesse,
die auch islamische Gesellschaften durchlaufen haben, folgten
daher zwangsläufig eigenen Mustern.

Institutionen der politischen Repräsentation und Willens-
bildung wie Parteien, Stände oder Parlamente waren in Theorie und Praxis bedeutungslos; eine Feudalordnung entstand
nur an ganz wenigen Orten. Eine wichtige Rolle spielten jedoch konfliktfähige Gruppen wie Stämme, Militäreinhei-
ten, städtische Eliten oder auch die Religions- und Rechtsgelehrten. Insgesamt sagt man nichts Falsches, wenn man die
vormodernen islamischen Imperien und Fürstentümer mit
Rekurs auf Max Weber als patrimoniale oder patrimonial-

bürokratische Ordnungen bezeichnet. Über ihre konkrete Gestaltung und normative Verankerung ist damit aber noch nicht viel gesagt.

Auf Grund der übergreifenden Bindung an das göttliche Gebot, dem nach islamischer Lehre alle unterliegen – «Herrscher» wie «Beherrschte» –, ist der Islam verschiedentlich als (theozentrische) Nomokratie bezeichnet worden. Für die Begründung bürgerlicher und politischer Rechte und Pflichten ergeben sich daraus weitreichende Konsequenzen: Die Idee der Volkssouveränität etwa hat in ihr streng genommen keinen Platz. Souverän ist allein Gott, der für alle Zeiten verbindlich die Werte, Normen und Gesetze menschlichen Lebens festgelegt hat, die von keinem Herrscher und keiner parlamentarischen Mehrheit angetastet oder außer Kraft gesetzt werden können. Hierauf bezieht sich der moderne, von Maududi und Qutb eingeführte und nach anfänglichen Widerständen weithin rezipierte Terminus der *hakimiyya*, der Gott als Souverän bezeichnet, nicht als politisches Oberhaupt der muslimischen Gemeinschaft. Doch sagt die normative Begründung von Rechten und Pflichten nicht unbedingt etwas über deren Inhalt aus. Es bleibt grundsätzlich die Möglichkeit, Elemente einer modernen (und das soll heißen: nicht allein einer demokratisch-rechtsstaatlichen) Ordnung in diesen religiösen Begründungszusammenhang einzuordnen.

1. Der islamische Staat als Rechtsstaat, gegründet auf die Scharia – Die Scharia ist nicht nur nach islami(sti)scher Auffassung im Kern von Gott verfügt, also Gottesrecht, und damit dem Zugriff irdischer Autoritäten entzogen, gleichgültig, wie diese sich legitimieren. Im Grundsatz besagen westliche Vorstellungen von Naturrecht und Menschenrecht nichts anderes: Auch sie sind zwar als Idee anerkanntermaßen historisch eingebettet, gelten dennoch als unantastbar und universell gültig. Damit rückt die Frage nach der Scharia in den Mittelpunkt islami(sti)scher Staats- und Regierungskonzepte, selbst wenn sie diese Problematik in der Regel nicht eingehend thematisieren, sondern suggerieren, Charakter und Gestalt der Scharia ergäben sich gleichsam von selbst aus Koran und Sunna. Nach vorherrschendem Verständnis – und zwar nach muslimischem, nicht nur nach islamistischem – umfasst die Scharia Ethik, Moral und Recht und garantiert, sofern sie von der islamischen Obrigkeit unter der Aufsicht der Gemeinde (des Volkes?) und der kompetenten Autoritäten konsequent durchgesetzt wird, Gesetz und Ordnung einer islamischen Gesellschaft. Der auf die Scharia gegründete Staat ist somit grundsätzlich ein Rechtsstaat – wenn auch, solange die Scharia nicht von Grund auf neu interpretiert wird, kein Rechtsstaat nach modern-westlichem Verständnis.[35]

Grundlegend für alle praktischen Versuche, die Scharia auf einem bestimmten Territorium «anzuwenden», ist allerdings die Unterscheidung zwischen mehreren Aspekten oder Dimensionen: den rechtsrelevanten Bestimmungen in Koran und Sunna, ihrer Interpretation durch qualifizierte Rechts- und Religionsgelehrte, ihrer Umwandlung in positives Recht und ihrer Kodifikation auf territorialer Basis. Juristische Abhandlungen und Lehrbücher wurden schon in den ersten Jahrhunderten islamischer Geschichte in reicher Zahl verfasst; allmählich formierten sich Rechtsschulen (im Singular arab. *madhhab*) mit eigener Methodologie und Terminologie, die zu einzelnen Sachfragen durchaus unterschiedliche Lösungen anbieten konnten.[36] Kodifiziert wurde die Scharia beziehungsweise das aus ihr abgeleitete Juristenrecht, *fiqh*, auf der Grundlage der reichen schriftlichen Überlieferung aber erst vom ausgehenden 19. Jahrhundert an. Der Prozess begann im

Osmanischen Reich, wo die Kodifizierung unter westlichem Einfluss und westlichem Druck stattfand, jedoch durch einheimische Eliten durchgeführt wurde, nicht durch eine Kolonialmacht. Die Kanonbildung innerhalb einzelner Schulen, die Rechtspraxis islamischer Richter und die modernen Kodifikationen beruhten auf der Auswahl und Gewichtung einzelner Textbelege aus Koran und Sunna, wobei immer wieder neue Grundsätze, Verfahren und Institutionen Berücksichtigung fanden. Zeitgenössische Stimmen, die eine «Anwendung der Scharia» zum Allheilmittel aller gesellschaftlichen Missstände und Übel erklären und glauben, sie könne zu einer Vereinheitlichung der muslimischen *umma* beitragen, verschleiern diese Tatsache, wie sie überhaupt in den meisten Fällen der Komplexität und das heißt zugleich dem Reichtum ihrer eigenen Tradition nicht gerecht werden.

Zu den interessantesten Stimmen in der aktuellen Debatte über Staat, Recht und Moral zählen diejenigen, die an Stelle einer kasuistischen, kleinteiligen, wortgebundenen Auslegung von Koran und Sunna auf die «allgemeinen Grundsätze» des Islam bzw. der Scharia abheben und diese allgemeinen Grundsätze (auch bekannt als «Ziele» oder «Finalität der Scharia», *maqasid ash-shari'a*) mit bestimmten Grundwerten identifizieren.[37] Es handelt sich dabei nicht nur um einzelne Denker, die zumindest im Westen als fortschrittlich eingestuft werden, sondern auch um Regierungen, staatliche Gerichte und etablierte Rechts- und Religionsgelehrte, die dieses Etikett in der Regel nicht tragen und auch nicht unbedingt verdienen. Der Ansatz ist der genaueren Betrachtung wert, knüpft er doch an tradierte Elemente theologischer und juristischer Exegese an, die auf bestimmte «Grundgüter» und auf das «Gemeinwohl» rekurrieren. Er geht in methodischer wie in substantieller Hinsicht aber deutlich über die

Tradition hinaus. Beachtung verdienen vor allem die «Grund-sätze» oder «Werte», die in diesem Zusammenhang als genuin islamisch identifiziert werden: In der Regel sind es Gerech-tigkeit, Gleichheit, Freiheit und Verantwortung, ausgedrückt unter anderem im Gebot der Konsultation bzw. Partizi-pation (arab. *shura*). Die Anschlussfähigkeit dieser Prinzi-pien und Werte an die Regeln «guter Regierungsführung», ja weiter gehend an spezifisch moderne Ideen von Menschen-recht und Menschenwürde liegt auf der Hand, wobei An-schlussfähigkeit eine Möglichkeit beschreibt, keinen Auto-matismus.

2. *Der islamische Staat als Verfassungsstaat* – Der Verfassungs-gedanke spielt in der neueren Geschichte des islamisch ge-prägten Vorderen Orients eine bemerkenswerte Rolle. Verfas-sungen wurden auf territorial- oder nationalstaatlicher Basis oktroyiert, obgleich es bereits früh universal, das heißt für die gesamte *umma* konzipierte Entwürfe gab.[38] Den Anfang machte Tunesien, zu dieser Zeit eine weitgehend autonome Provinz des Osmanischen Reichs, das 1861 eine Verfassung einführte. Im Osmanischen Reich selbst arbeitete eine reform-orientierte Gruppe von Intellektuellen und Bürokraten in den 1870er Jahren auf eine Verfassung hin, die 1876 erlassen, vom Sultan allerdings schon zwei Jahre später suspendiert und un-ter dem Druck der Jungtürken erst drei Jahrzehnte später (1908) wieder in Kraft gesetzt wurde. Ebenso wie die parallel einsetzende Kodifizierung schariarechtlicher Bestimmungen war die konstitutionelle Idee und Bewegung von europäischen Vorbildern inspiriert und von europäischem Druck begleitet, aber von einheimischen Eliten getragen. Sie lässt sich daher auch von ihren Kritikern nicht ohne Weiteres als kolonial, un-authentisch und aufgezwungen abwerten. Ähnliches gilt für

die iranische Verfassungsbewegung der Jahre 1905 bis 1911, an der hochrangige schiitische Religions- und Rechtsgelehrte mitwirkten.

In der Folgezeit machten sich islami(sti)sche Bewegungen wie die ägyptische Muslimbruderschaft den konstitutionellen Gedanken zu eigen und traten ihrerseits mit Verfassungsentwürfen hervor; die Islamische Republik Iran gab sich ganz selbstverständlich eine Verfassung; im Irak und in Afghanistan war und ist eine Verfassung, die den islamischen Charakter der Gesellschaft wahrt, Gegenstand anhaltender Verhandlungen. Die große Ausnahme bildete lange das Königreich Saudi-Arabien, dessen Führung sich erst im Gefolge des Zweiten Golfkriegs 1992 zur Verabschiedung eines Grundgesetzes entschloss.

Dem Zweck der Authentisierung dient nicht selten der Verweis auf die sogenannte Gemeindeordnung von Medina, die wohl um 623/24 n. Chr. in Kraft war, um das Zusammenleben unterschiedlicher tribaler und religiöser Einheiten zu regulieren. Nicht wenige Muslime sehen in ihr die erste Verfassung der Menschheitsgeschichte – eines der Beispiele dafür, dass der Islam ein Modell politischer Ordnung bot, das «der Westen» erst Jahrhunderte später aufgriff.[39] Ungeachtet dieses apologetischen Moments bildet die Gemeindeordnung tatsächlich ein interessantes Regulierungsmodell für ein segmentiertes, multiethnisches Gemeinwesen, wenn seine Grundelemente auch nicht ohne Weiteres als Fundament eines auf Bürgerrechte gegründeten modernen Staatswesens dienen können. «Bürger» im modernen Sinn waren die Einwohner Medinas nicht, sondern Mitbewohner eines umgrenzten Territoriums (arab. *watan*), die sich unter der Oberhoheit Muhammads zu politischer Solidarität und militärischem Beistand verpflichteten.

Während die Verfassungen des 19. und 20. Jahrhunderts keineswegs alle auf der Scharia basierten, bildet sie nach islamistischer Auffassung selbstverständlich ihr normatives Fundament; auf sie sind alle Verfassungsorgane verpflichtet. Der Unabhängigkeit der Justiz kommt in den einschlägigen Texten ein hohes Gewicht zu, muss sie doch über die Einhaltung der für Gesellschaft und Staat konstitutiven Normen und Werte wachen. Wie das geschieht, kann sehr unterschiedlich konzipiert werden. Die Vorstellungen reichen von einem islamischen Verfassungsgericht bis zu einem klerikalen Wächterrat iranischen Musters. Entscheidend für die Praxis ist auf jeden Fall nicht allein das Verständnis von Scharia und Juristenrecht, *fiqh*, das die Richter zur Anwendung bringen, sondern die Art und Weise, wie sie selbst ausgewählt und abgewählt werden.

3. Partizipation und Repräsentation – Der islamische Staat, so die islamistische Grundannahme, ist Teil und zugleich Garant einer islamischen Ordnung (*nizam islami*), die auf der Scharia als Fundament, Rahmen und Maßstab ihrer Legitimität und Ausgestaltung ruht. Die Scharia wird damit zum Merkmal des islamischen Staates; an ihr misst sich seine Islamizität – nicht an seiner konkreten Ausformung, die funktional bestimmt wird. (Das berührt erneut die These, der Koran bilde die Verfassung des islamischen Staates. Eine gewisse Plausibilität gewinnt sie nur dann, wenn der Koran mit der Scharia gleichgesetzt und ein sehr weites Verständnis von Verfassung zu Grunde gelegt wird.) So unverzichtbar der Staat für den Erhalt der islamischen Ordnung ist, und an dieser fundamentalen Bedeutung halten so gut wie alle islamischen Entwürfe fest, so richtet sich seine konkrete Ausgestaltung doch nach den Gegebenheiten und Bedürfnissen der muslimischen Gemeinschaft; sie ist also dynamisch und wandelbar. Für zeitgenössische sunnitische Autoren bildet das Kalifat *eine* mögliche Form islamischer Staatlichkeit, in manchen Zeiten vielleicht sogar die einzig mögliche und richtige (vorausgesetzt, bestimmte Grundsätze wie das Wahlprinzip und die Konsultationspflicht, *shura*, bleiben, wie noch zu zeigen sein wird, gewahrt). Für die Gegenwart aber kann auch eine andere Staatsform legitim und angemessen sein, solange sie die wesentliche Funktion der islamischen Obrigkeit wahrnimmt, nämlich auf ihrem Territorium die Scharia «anzuwenden» und in diesem Sinne für Gerechtigkeit zu sorgen.

Die Schiiten haben in Gestalt der sogenannten Imamatslehren eigene Vorstellungen von religiöser und politischer Autorität entwickelt. Allerdings hat sich die schiitische Strömung schon früh gespalten und vertritt in zentralen Fragen keine einheitliche Linie.[40] Für die sogenannten Zwölferschiiten oder Imamiten ist der Glaube an das Erbcharisma der Familie des Propheten konstitutiv, wobei sie diese Familie auf die männlichen Nachkommen seiner Tochter Fatima aus der Ehe mit 'Ali b. Abi Talib einengen. Konstitutiv ist zugleich der Glaube an die Unfehlbarkeit der Imame, deren zwölfter im ausgehenden 9. Jahrhundert christlicher Zeitrechnung in die Verborgenheit «entrückt» wurde (daher die Bezeichnung «Zwölfer»-Schiiten) und am Ende der Zeiten als Mahdi-Erlöser zurückkehren wird, um das Reich der Gerechtigkeit zu errichten. Andere schiitische Gruppierungen wie die Ismailiten («Siebener-Schia») und Zaiditen («Fünfer-Schia») vertreten je eigene Konzeptionen islamischer Legitimität und politischer Ordnung. Die Zwölferschiiten waren gezwungen, in der nun seit mehr als einem Jahrtausend anhaltenden Periode der «Verborgenheit» des Imam-Mahdi Formen einer gleichermaßen effektiven wie legitimen politischen Ordnung zu finden. Im 19. Jahrhundert verfestigten sich ältere Vorstellungen von den besonderen Kompetenzen der Religions- und Rechtsgelehrten als Führer der Gemeinde, die ihnen deutlich mehr Autorität über ihre Anhänger zuwiesen, als dies bei den Sunniten der Fall ist. Ayatollah Khomeini spitzte diese Lehren noch einmal zu, indem er dem «qualifiziertesten» Rechtsgelehrten während der Abwesenheit des Zwölften Imam das Recht auf politische Herrschaft zusprach (*velayat-e faqih*). Während die einen im Gefolge Khomeinis an der «Herrschaft des Rechtsgelehrten» festhalten, suchen andere – nicht zuletzt, um die Religion vor politischer Instrumentalisierung und Bevormundung zu schützen – nach Modellen einer islamkompatiblen republikanischen und demokratischen Verfassung.[41]

Zu den Kernelementen moderner islamischer Konzepte von Staatlichkeit und guter Regierungsführung zählt das koranische Gebot der *shura*, das sich als Beratung, Konsultation oder Partizipation deuten lässt und einen Eckpfeiler des *entitlement* und *empowerment* bildet, von dem eingangs die Rede war. Wenn das Prinzip der Volkssouveränität auch im Allgemeinen nicht anerkannt wird, ist das Volk nach vorherrschender Sicht doch die Quelle der Gewalten und mit der Wahl und Aufsicht über die politischen Entscheidungträger / den Herrscher beauftragt. Allerdings hängt vieles von der konkreten Ausformung von *shura* ab:[42] Ist sie Recht oder Pflicht (hier kommt der Doppelcharakter des arabischen Begriffs *haqq* zum Tragen, der in rechtlichen und theologischen Zusammenhängen sowohl Rechtsansprüche als auch Pflichten umfasst)? Wer ist an ihr beteiligt, wer ist das Volk, wie artikuliert es seinen Willen? Soll *shura* als Verfahren dienen oder soll sie, etwa in Gestalt von Parteien und Parlamenten, institutionalisiert werden? Sind ihre Beschlüsse bindend für die politischen Entscheidungträger bzw. den «Herrscher»? Vielfach kreist die innermuslimische Diskussion um das Verhältnis von *shura* und Demokratie, wobei – zumindest außerhalb der arabischen Monarchien – die Mehrzahl der Interpreten *shura* als bindende Praxis versteht und mit parlamentarischen Gremien gleichsetzt. Die parlamentarische Mehrparteiendemokratie kann demnach als eine zeitgemäße Form von *shura* gelten, solange sie sich auf dem Boden des Islam bzw. im Rahmen der Scharia bewegt. Selbst die ägyptischen Muslimbrüder verwenden mittlerweile die Formel, im islamischen Staat gehe die Gewalt vom Volk aus.[43] Nicht immer wird in islamischen Entwürfen allerdings restlos deutlich, wer das Volk ist – alle auf dem entsprechenden Territorium lebenden Menschen oder Bürger, nur die dort lebenden Muslime oder womöglich die muslimische *umma* als Ganze?

Fast durchgängig hat sich die Idee des Repräsentativsystems durchgesetzt, in dem gewählte Volksvertreter den Volkswillen artikulieren. Die Institution des Parlaments wird nicht als unauthentisch zurückgewiesen, vielmehr häufig als originär islamisch dargestellt. Zur Frage, wer als Volksvertreter in Frage kommt – gesellschaftliche Eliten, Experten, Religions- und Rechtsgelehrte, Männer und Frauen, Muslime und Nichtmuslime – finden sich unterschiedliche Meinungen. Schiiten beispielsweise nehmen an der prominenten Rolle von Religions- und Rechtsgelehrten in der Regel weniger Anstoß als Sunniten, die nicht selten die Befürchtung äußern, eine klerikale Ordnung könne in eine Art islamischen Papsttums münden, das sie strikt ablehnen. Wie schließlich die real existierende Pluralität von Meinungen (und auch Interessen) artikuliert werden soll, ob beispielsweise nicht nur Vereinigungen der Zivilgesellschaft als legitim und wünschenswert anerkannt werden, sondern auch Parteien und Gewerkschaften, ist gleichfalls strittig.

Generell aber scheinen sich Auffassungen durchzusetzen, die auf Institutionen abheben, nachdem in islami(sti)schen

Kreisen lange die religiös-moralische Legitimation der Akteure im Vordergrund stand, nicht die Effizienz und Stärke von Institutionen. Schon 2004 forderte so die ägyptische Muslimbruderschaft ein «republikanisches, parlamentarisches, konstitutionelles und demokratisches System im Rahmen der Prinzipien des Islam».[44] Grundsätzlich aber bleibt die Einheit der muslimischen Gemeinschaft – vielleicht gerade wegen der realen Vielfalt, die, wie sich an vielen Orten zeigt, nicht ohne Spannungen bewältigt werden kann – als Zielvorstellung präsent. Die Streitkultur, die in westeuropäischen Gesellschaften gern beschworen und in manchen Bereichen auch gepflegt wird, gilt nicht als Ideal. Das Ideal war und ist die über alle Meinungsverschiedenheiten und Interessen hinaus solidarisch-geeinte Gemeinschaft des Volkes bzw. der Gläubigen. Pluralität wird in der Regel anerkannt; Pluralismus hingegen steht im Ruch, einem egoistischen Partikularismus Raum zu geben.

Der islamische Staat als Alternative?

Der islamische Staat ist ausdrücklich als Alternative zum säkularen Staat konzipiert. Daraus bezieht er seine politische Anziehungs- (wie auch seine Abstoßungs-) Kraft. Das Interesse an dieser islamischen Alternative erhöht sich, wenn man die Möglichkeit «multipler Modernen» reflektiert.[45] Ein klares Bild ergeben die vorliegenden Konzepte allerdings nicht. Moderne Formen politischer Artikulation und Organisation verbinden sich mit einer normativen Fundierung und funktionalen Bestimmung, die tatsächlich als Gegenentwurf zum säkularen Staat gelten muss. Mehrheitlich skizzieren sie eine konstitutionelle Präsidialrepublik, die auf der Scharia als Grundlage von Recht und Moral basiert. Einige Grundprinzipien guter Regierungsführung – Rechtsstaatlichkeit, Verantwortung und Rechenschaftspflicht (*accountability*), Konsultation und Partizipation (*shura*) – sind «im Rahmen des Islam» bzw. «der Scharia» adaptiert. Entscheidendes hängt davon ab, wie und durch wen dieser Rahmen des Islam bzw. der Scharia definiert wird, und in diesem Punkt herrschen unterschiedliche Vorstellungen. Nicht zu übersehen ist das starke Gewicht, das dem islamisch legitimierten Staat als Ordnungskraft zugewiesen wird: Der islamische Staat ist ein Staat mit einer Mission. Er ist nicht religions- und wertneutral, und er ist auch nicht liberal. Sein Auftrag besteht in der Herstellung eines islamischen Tugendstaates, der im Inneren Recht und Gerechtigkeit (gerade im sozialen Bereich) garantiert und nach außen die Interessen des Islam bzw. der *umma* verteidigt, die häufig mit den Interessen der Einwohner und Bürger des jeweiligen Einzelstaates gleichgesetzt werden. Großes Gewicht besitzen moralische Kategorien, die unter den Stichworten Verantwortungsethik, Moralpolitik und Moralökonomie individuellen Akteuren tendenziell mehr Aufmerksamkeit schenken als effizienten Strukturen. Zugleich aber wächst das Interesse an Institutionen, die über die Einhaltung der grundlegenden Normen und Werte wachen sollen. Abgeschlossen ist das Projekt des islamischen Staates weder auf theoretischer noch auf praktischer Ebene.

3. Wettstreit der Werte

Über Werte wird wieder ernsthaft nachgedacht – in Europa, das sich seit dem Fall der Mauer und des sowjetischen Imperiums erneut auf sein abendländisch-christliches Erbe besinnt; in den Vereinigten Staaten, die sich zumindest zeitweise zu einem weltweiten Kreuzzug für die Freiheit berufen fühlten; in Asien, das auf seinen Eigencharakter pocht. Über Werte streitet auch die islamische Welt, mit sich und mit anderen. Es ist kein herrschaftsfreier Diskurs, der hier geführt wird; zu deutlich tritt das Ungleichgewicht der Kräfte hervor: Streng fordert der Westen vom Islam und den Muslimen eine «Aufklärung», die ihnen den Anschluss an die Moderne sichern soll – nicht die Moderne freilich, die das 20. Jahrhundert so tief und nachhaltig geprägt hat, die Moderne des Faschismus, des Totalitarismus, des Rassenwahns, der Völkermorde und der Massenvertreibungen, sondern die lichte Seite der Moderne, ihre hellen Werte. Der Westen fordert Rechtsstaatlichkeit und gute Regierungsführung, Toleranz und Freiheit und die Achtung der Menschenrechte. Er fördert sie auch in mancherlei Weise – so wie er sie in anderer Weise behindert.

Muslime befinden sich demgegenüber in einer Verteidigungshaltung, und das gilt selbst für jene, die diese Werte grundsätzlich bejahen. Sie können es nicht tun, ohne ihr Verhältnis zum Westen (als dem übermächtigen Anderen) und zum Islam (als dem vermeintlich Eigenen) zu definieren. Die Wertefrage lässt sich von der Identitätssuche nicht trennen. Während europäische und amerikanische Wertedebatten weitgehend ohne (positive) Bezüge auf andere kulturelle Traditionen auskommen, schwingt in den islamischen der Bezug auf den Westen immer mit. Auch strikt islamisch formulierte Beiträge, die jede Übernahme «nicht-islamischer» Konzepte vom Naturrecht über die Demokratie bis zur Idee der autonomen Vernunft von sich weisen, setzen diesen Hintergrund der Herausforderung durch den Westen und der Abgrenzung vom Westen voraus. Die «Allgemeine Erklärung der Menschenrechte» kann man ohne Kenntnis nichtwestlicher Dokumente verstehen, die islamischen Menschenrechtserklärungen, die ihr im Laufe der Jahrzehnte folgten, nicht ohne die «allgemeinen», «universellen» Deklarationen.

Auf muslimischer Seite finden sich im Wertestreit vielerlei Positionen, nicht nur islami(sti)sche. Immerhin sprechen wir von weit mehr als einer Milliarde Menschen, von denen die Mehrheit nicht im Mittleren Osten und damit in der näheren Nachbarschaft Europas lebt, sondern in Süd- und in Südostasien. Und doch gehen vom Mittleren Osten – der Region zwischen Iran, der Türkei und Marokko – nach wie vor die stärksten Impulse für diese Debatte aus. Dabei gibt es, der «arabische Frühling» hat es gezeigt, durchaus Muslime, die ihre Identität nicht gefährdet sehen, wenn sie sich gesellschaftspolitisch an modernen Werten orientieren – eben weil sie in ihren Augen nicht exklusiv westlich sind, sondern universell gültig, und dies darin beweisen, dass sie sich in nichtwestliche Traditionen und Lebenswelten einfügen lassen. Mit Ausnahme erklärter Atheisten (von denen es wenige gibt), bemühen auch diese Muslime sich oftmals jedoch, ihre Haltung «islamisch» abzusichern. Hierin erweist sich der durchschlagende Erfolg des islamischen Diskurses, dem sich in muslimischen Kreisen über lange Zeit kaum jemand entziehen konnte, wenn sie oder er zu Fragen von Gesellschaft, Recht oder Politik Stellung bezog. Den islamischen Diskurs gibt es in mehreren Varianten. Im Folgenden soll von einer Richtung die Rede sein, deren Grundannahme zunächst eher unauffällig und wenig innovativ scheinen mag: die Annahme, der Islam weise nicht nur eine Vielzahl konkreter Lebens- und Verhaltensregeln einschließlich festgelegter ritueller Pflichten auf, sondern einen festen Bestand an Grundwerten – Gerechtigkeit, Freiheit, Gleichheit, Verantwortung und das Recht auf politische Mitsprache –, die, mehr noch als religiös verankerte Tugenden wie Aufrichtigkeit, Mitgefühl und die Achtung vor dem Leben, Politik und Gesellschaft gestalten sollten. Dieser Katalog islamischer Grundwerte präsentiert sich nicht losgelöst von vormodernen («klassischen») Positionen, ist aber doch unübersehbar modern. Wie er entwickelt und begründet wird, lässt sich am Beispiel von Gerechtigkeit und Gleichheit skizzieren.

Islam als Text

Der Islam, das haben mittlerweile auch viele seiner Kritiker erfasst, ist sicherlich «eigen», «anders» und womöglich auch «fremd», aber er ist weder einförmig noch unwandelbar. Insofern ist die Kritik am «Orientalismus» (der eben diese Einförmigkeit und Unwandelbarkeit behauptet) zumindest in Teilen der westlichen Öffentlichkeit angekommen. Nimmt man diese Einsicht ernst, wird es unmöglich, feste Aussagen über den Wertekanon des Islam zu treffen. Sprechen kann man nur von Wertvorstellungen, die Musliminnen und Muslime mit Bezug auf den Islam (so wie sie ihn jeweils verstehen) formulieren. Gemeint ist mit Islam in diesem Zusammenhang nicht die Gesamtheit der Muslime heute oder zu irgendeinem Zeitpunkt in der Vergangenheit sowie deren soziale Praktiken, die in der einen oder anderen Weise islamisch begründet wurden und werden, sondern die Tradition, die Muslimen zu allen Zeiten und an allen Orten als normativ gegolten hat. Diese Tradition besteht aus Texten, und zwar Texten sehr unterschiedlicher Art.[46] Der Koran umfasst nach muslimischem Verständnis die Offenbarung, die Gott in ihrer letztgültigen Fassung in arabischer Sprache auf Muhammad «herabgesandt» hat, der durch diese Offenbarung als sein Prophet und Gesandter ausgewiesen wurde. Der Koran gilt (ungeachtet der im Text selbst identifizierbaren unterschiedlichen Erzählperspektiven) als direkte göttliche Rede und daher Wort für Wort als Gottes Wort. Ein einheitlicher, verbindlicher Text wurde erst einige Zeit nach dem Tod Muhammads redigiert; wann genau und durch wen, ist in der kritischen Wissenschaft umstritten. Seitdem liegt der Koran als Buch vor, vergleichbar den heiligen Schriften der Juden und Christen; allgemein zugänglich wurde der normierte Text erst im 20. Jahrhundert, deutlich nach der Verbreitung des Buchdrucks also. Rezitiert werden darf er nur im arabischen Original; Übersetzungen gelten, wie erwähnt, lediglich als Annäherungen an den Sinngehalt des autoritativen arabischen Textes. Daher die eminente Bedeutung des Arabischen als Sakralsprache der Muslime und zugleich die besondere Schwierigkeit all jener, die ihrer nicht mächtig sind – und dennoch etwas zu islamischer Ethik und Lehre aussagen wollen.

Leichter zugänglich und zugleich doch sperriger ist die Sunna, ein riesiges Corpus einzelner Berichte (Hadithe), in denen die von der göttlichen Offenbarung inspirierte prophetische Rede und Praxis festgehalten ist; daher im Deutschen meist «Prophetentradition».[47] Anders als der Koran liegt die Sunna nicht in Form eines Buches vor, sondern in mehreren Sammlungen, von denen die Sunniten sechs als kanonisch anerkennen, die Schiiten vier (die sich von den sunnitischen vor allem darin unterscheiden, dass ihnen als Gewährsleute für die Richtigkeit der Überlieferung nicht die Verwandten, Frauen und Gefährten Muhammads einschließlich der frühen Kalifen Abu Bakr, ʿUmar und ʿUthman dienen, sondern ʿAli und die von ihm abstammenden schiitischen Imame). Die Sunna wird – auch im Zusammenhang mit der Wertefrage – ausführlich zitiert, aber sie wird nicht rezitiert. Dennoch gilt sie den meisten Muslimen als Teil der Offenbarung und damit weitestgehend unantastbar. Die Problematik dieser Überzeugung liegt auf der Hand: Die Sunna dokumentiert soziale Normen und Praktiken der nordwestlichen Arabischen Halbinsel des frühen 7. Jahrhunderts, die von der koranischen Botschaft überformt und geleitet sein mochten, sich aber nicht ohne Weiteres über Raum und Zeit transportieren lassen. Das wissen auch viele Muslime. Nur wenige ziehen daraus jedoch den Schluss, dass die prophetische Praxis nicht nur eindeutig verortet, sondern an diesen historischen Ort gebunden und damit eben nicht oder zumindest nicht in allen Teilen überzeitlich gültig und verbindlich ist. Im Allgemeinen meiden gerade reformoffene Muslime die kritische Auseinandersetzung mit der prophetischen Ära selbst und setzen mit ihrer historischen Kritik erst einige Jahrzehnte später ein, als der Glanz der frühen Jahre nach allgemeiner Auffassung bereits verblasst war.

Noch deutlicher zeigt sich die Kritik- und Denkblockade gegenüber dem Koran: In weiten Teilen der islamischen Welt ist es heute nahezu unmöglich, über den Status des Koran als Wort Gottes öffentlich nachzudenken.[48] Nur vereinzelt werden, meist vorsichtig und ohne das Ereignis der göttlichen Offenbarung als solches in Zweifel zu ziehen, Überlegungen angestellt, die den Kernbestand moderner Textkritik aufgreifen: Danach wird die göttliche Rede den Menschen nur in ihrer (menschlichen) Sprache zugänglich, und diese ist unweigerlich zeit- und ortsgebunden. Wenige Muslime gehen so weit zu sagen, der Koran sei für sich genommen stumm. Leichter fällt die Aussage, seine Bilder, Metaphern und Erzählungen würden erst in den Hörern und Lesern lebendig, die sie in ihren je eigenen Denk- und Erfahrungshorizont einbringen. Das schafft noch immer vielfältige Deutungsmöglichkeiten. Sie reichen von radikalen Positionen, die den Koran als in menschliche Sprache gefasste göttliche Offenbarung verstehen, die historisch gebunden ist und daher als Ganze historisch-kritisch gelesen werden kann und muss, bis zu weniger weitreichenden Auffassungen, die zum einen auf die Vielschichtigkeit des koranischen Textes verweisen und zum anderen auf die sich immerzu wandelnden Deutungshorizonte seiner Rezipienten.

Tatsächlich ist auch nach klassischer Lehre der koranische Text an vielen Stellen außerordentlich dicht, gelegentlich dunkel und voller Bedeutungen, die sich auch mit den besten Arabischkenntnissen nicht eindeutig und erschöpfend fassen lassen. Sie müssen für sich genommen durchdacht, in den Gesamtkontext der koranischen Rede gestellt und häufig auch gegenüber solchen Aussagen gewichtet werden, die in eine andere Richtung weisen. Der Koran spricht selbst von der Möglichkeit der Ersetzung einzelner Weisungen durch «bessere» (Sure 2,106), wobei logischerweise die spätere die frühere Offenbarung korrigiert oder gar aufhebt. Da der Koran aber keine geschlossene, chronologisch geordnete Erzählung bietet, lässt sich das Vor- und Nachher der Offenbarung(en) nicht aus ihm selbst heraus konstruieren, sondern allenfalls mit Hilfe außerkoranischer Materialien, darunter an erster Stelle die Sunna und die Prophetenbiographie (*sira*). Deren Verwendbarkeit als historische Quellen ist in der nichtmuslimischen Forschung hoch umstritten. Die muslimische Koranwissenschaft hingegen hat sich bislang nicht oder nur in seltenen Ausnahmen an die Dekonstruktion der muslimischen (also eingestandenermaßen menschlichen, fehlbaren) Überlieferung über die früheste islamische Zeit gewagt. Auch innovative Koranforscher, die auf die historische Einbettung der Offenbarung verweisen, verlassen sich mehr oder weniger blind auf eine muslimische Überlieferung, deren älteste erhaltene Texte nicht bis in die Lebenszeit des Propheten Muhammad zurückreichen. Die Probleme der Koranauslegung, die für die Wertedebatte von einiger Bedeutung sind, mögen geschulten Textwissenschaftlern (unter ihnen namentlich den Bibelforschern) nur zu vertraut erscheinen, wenn nicht geradezu banal. Sie sind es nicht: Islamisten leugnen sie, wenn sie eisern die Eindeutigkeit der koranischen Botschaft verkünden; Islam-Kritiker, die eifrig Koranverse zitieren, um die Unvereinbarkeit von Islam und Moderne zu belegen, tun es ebenso. Das kleine Einmaleins der Textkritik kümmert sie beide nicht.

Islamischer Diskurs

Das Gesagte wird anschaulicher, betrachtet man den heutigen «islamischen Diskurs», der bei aller Vielgestaltigkeit um eine These kreist: Islam ist, was in Koran und Sunna steht. Keine Idee, Handlung, Tugend oder Institution kann als islamisch (und damit als legitim und authentisch) gelten, wenn sie sich nicht auf den Koran, gegebenenfalls ergänzt durch die Sunna, zurückführen lässt. Gerade die Wertedebatte zeigt allerdings – anders als die Diskussion um politische Strategien und die Einstellung zu Gewalt – , wie schwer es häufig fällt, eine scharfe Grenze zwischen Islamisten (*islamiyyun*) und «normalen» Gläubigen (*muslimun, mu'minun*) zu ziehen, die sich eine solche Etikettierung verbitten. Sie alle gehen davon aus, dass Islam mehr ist als das bloße Bekenntnis zu dem Einen Gott und seinem Gesandten Muhammad. Der Glaube verlangt nach Taten, die ihn vor der Welt bezeugen.[49] Er begründet eine bestimmte Lebensführung, in der sich die religiösen Werte in innerweltliches Handeln übersetzen. Religion *bindet* den Menschen; sie kann und darf daher nicht ohne gesellschaftliche Wirkung bleiben. Aus diesem Grund beschränkt sie sich auch nicht auf die Privatsphäre. In diesem Sinn ist Islam, wie die klassische Formel lautet, «Religion und Welt» (*al-islam din wa-dunya*).

Islamisten spitzen diese von breiten Kreisen geteilte Auffassung weiter zu: Zunächst in ihrem Exklusivitätsanspruch, mit dem sie als Fundament aller Normen und Werte einzig und allein Koran und Sunna gelten lassen. Das richtet sich zum einen gegen diejenigen Muslime, die an die Fähigkeit außergewöhnlicher Individuen glauben, unmittelbaren Zugang zur göttlichen Wahrheit zu erlangen, wobei nicht Buchwissen den Weg zu dieser Wahrheit weist, sondern Erleuchtung. Zum anderen wendet es sich gegen solche Muslime, die neben Koran und Sunna weitere Quellen der Inspiration und Orientierung für muslimische Gesellschaften gelten lassen, solange sie den fundamentalen Lehren und, wie immer wieder gesagt wird, Werten des Islam nicht zuwiderlaufen (und darüber muss man verhandeln und kann man streiten). Warum nicht von den Erfahrungen anderer profitieren – zumal dies in der Geschichte gängige Praxis war, selbst wenn die Islamisten dies nicht wahrhaben wollen?

Die Islamisten erkennen einen solchen Fundus gemeinsamer menschlicher Werte nur insoweit an, als er sich mit den von ihnen identifizierten islamischen Werten deckt. Das beleuchtet das Radikale und zugleich Utopische ihres Ansatzes, der angesichts von Globalisierung und Massenmigration eine Grenze zwischen den Religionen (Kulturen, Zivilisationen) aufrechterhalten, wenn nicht überhaupt neu ziehen will, die ursprünglich territorial definiert war: die Grenze zwischen dem «Gebiet des Islam» (*dar al-islam*), in dem die Scharia von Staats wegen durchgesetzt wird, und dem «Gebiet des Krieges» (*dar al-harb*), in dem dies nicht der Fall ist, weil die Herrschenden entweder keine Muslime sind oder, obgleich dem Namen nach Muslime, die Scharia nicht exklusiv und «integral» anwenden. Das *dar al-islam* soll nach harter islamistischer Doktrin von allen nicht-islamischen Vorstellungen und Praktiken gereinigt und das *dar al-harb* qua *jihad* bekämpft werden; die dort lebenden Muslime sollen sich gegen jegliche nicht-islamische Denk- und Lebensweise immunisieren. Die territoriale Logik durchbrechen auch jene nicht, die in Anerkennung heutiger Gegebenheiten von einer dritten Kategorie ausgehen, dem «Gebiet des Waffenstillstands» (*dar as-sulh*) oder «der Vertragsbeziehungen» (*dar al-'ahd*), in dem der Kriegszustand zwischen islamischem und nicht-islamischem Gebiet zeitweise oder auf Dauer ausgesetzt ist.

Die millionenfache Präsenz von Muslimen in der Diaspora – klassischerweise definiert als *dar al-harb* oder bestenfalls als *dar as-sulh* – stellt die Frage der Grenzziehung jedoch neu. Selbstverständlich stoßen Muslime auch heute auf territoriale Grenzen inklusive solcher, die sie nicht selbst gezogen haben (die «Festung Europa» zum Beispiel). Aber geistig können sie sich aus der Gegenwart nicht ausklinken und gegenüber nicht-koranischen Begriffen und Konzepten imprägnieren, die den globalen Markt der Werte und Ideen beherrschen. Das islamistische Reinheitsgebot ist jenseits kleiner Inseln nicht aufrechtzuerhalten.

Ähnlich verhält es sich mit einem weiteren Markenzeichen islamistischer Lehre: der These, die von Gott vorgegebene Lebensführung lasse sich nicht auf rein individueller Ebene verwirklichen, sondern nur im Rahmen einer «islamischen Ordnung» (*nizam islami*), in der die göttlichen Gebote und Verbote für alle verbindlich durchgesetzt werden. Der Islam verlange zwingend die «Anwendung der Scharia» als der von Gott für alle Zeiten und Orte verfügten Rechts- und Werteordnung. Die Anwendung der Scharia als einzig gültiger gesellschaftlicher Norm aber setze eine islamische Staatsgewalt voraus. Konsequent umgesetzt, würde die Errichtung (wahrhaft) islamischer Staaten oder eines islamischen Einheitsstaates, etwa in Gestalt eines universalen Kalifats, das eben skizzierte Problem der Grenzziehung abschwächen, müssten doch alle Muslime entweder in das *dar al-islam* übersiedeln oder ihren Aufenthaltsort in ein solches verwandeln. Die Frage, wie sie sich dort gegen globale Trends abschotten sollen, bleibt. Wie die Scharia «angewandt» und die «islamische Ordnung» im Einzelnen gestaltet werden soll, ist unter Islamisten im Übrigen umstritten. Iran, Saudi-Arabien oder Sudan schrecken zumindest jenseits ihrer Grenzen selbst überzeugte Islamisten ab. Ein allseits verbindliches oder auch nur attraktives Modell einer «islamischen Ordnung» steht daher nicht zur Verfügung.

Zusammengefasst bezeichnet der Begriff «Islamisten» hier eine diskursive Gemeinschaft, nicht die Anhänger einer bestimmten (womöglich oppositionellen) politischen Organisation oder Strategie. Islamisten finden sich, wie angedeutet, an den verschiedensten Orten, in der Opposition ebenso wie im Establishment, unter Intellektuellen ebenso wie unter Geschäftsleuten, Richtern und Hochschullehrern, Militärs, Händlern und arbeitslosen Jugendlichen. Gemeinsam ist ihnen die Überzeugung, der Islam stelle ein ganz eigenes, in sich geschlossenes und allumfassendes Gefüge von Normen und Werten dar, das sowohl die individuelle Lebensführung als auch die öffentliche Ordnung gestalten müsse; es ruhe auf göttlicher Satzung und sei über Koran und Sunna allen Menschen guten Willens zugänglich und in ihrer jeweiligen Praxis zu verwirklichen. Dieses in Koran und Sunna festgeschriebene Gefüge von Normen und Werten mache den Islam zu einem einzigartigen System, das, im Kern unwandelbar und jedem menschlichen Zugriff entzogen, allen anderen Systemen zumindest moralisch überlegen sei.

Islamische Grundwerte

Der islamische Diskurs benutzt Koran und Sunna, um die eigenen Positionen möglichst unangreifbar erscheinen zu lassen. Zugleich bedient er sich bei der Beschreibung gesellschaftlicher und politischer Sachverhalte der Sprache der islamischen Jurisprudenz (*fiqh*) – ohne notwendigerweise deren Logik und Verfahren beizubehalten, von ihren Inhalten ganz zu schweigen. Der Eindruck fester Verwurzelung in der Tradition ist gewollt und trügerisch. Wer in der islamischen Welt heute über Werte reden will, kann von der Scharia mithin nicht schweigen, und das gilt, um es zu wiederholen, selbst für diejenigen, die sie nicht «angewendet» sehen wollen. Nur wenige wagen zu sagen, die Scharia sei (zumindest in der Form, in der sie heutigen Muslimen präsentiert wird) für die modernen Lebensverhältnisse ungeeignet, da überholt und nicht mehr zeitgemäß. Aussichtsreicher ist die Auseinandersetzung mit dem, was unter Scharia überhaupt verstanden werden soll. Die Diskussion hierüber ist fortgeschritten und ziemlich anspruchsvoll.

Nach vorherrschender Auffassung (die keineswegs nur Islamisten vertreten) ist die Scharia göttliches Recht in dem Sinn, dass sie in ihren Grundzügen ebenso wie in bestimmten Einzelpunkten von Gott (beziehungsweise, was meist weniger deutlich formuliert wird, seinem Gesandten Muhammad) in Koran und Sunna für alle Zeiten unverrückbar festgelegt wurde. Islamisches Recht ist nach diesem Verständnis kein menschliches Konstrukt, sondern im Kern göttliche Satzung, von Menschen mehr oder weniger korrekt «verstanden», «abgeleitet» und «umgesetzt».[50] Dabei wird die Unterscheidung zwischen göttlicher Norm- und Rechts*setzung* (*shar'*, *shari'a*) und menschlicher Rechts*findung* (*fiqh*) durchaus anerkannt. Kontrovers sind die sich daraus ergebenden Konsequenzen, insbesondere das Verhältnis von Scharia und Juristenrecht. Islamisten betonen die Reichweite der (göttlichen) Scharia, die im Prinzip alle menschlichen Regungen erfasst und menschlicher Deutung allenfalls kleine Freiräume belässt, innerhalb derer Interpretation nach Maßgabe der von Gott verliehenen Urteilskraft – natürlich im Lichte der Offenbarung – wirksam werden kann. Ihre reformorientierten, gelegentlich offen modernistisch auftretenden Kritiker unterstreichen gerade umgekehrt die geringe Zahl der im Koran verbindlich vorgegebenen rechts- und politikrelevanten Normen (ein Verweis auf die Sunna wäre dieser Argumentation abträglich) und weiten das Feld rationaler menschlicher Deutung nach Kräften aus.

Auch die eigenständige, vernunftgeleitete Rechtsentwicklung (*ijtihad*), die in den Debatten um eine Erneuerung des Islam und der muslimischen Gesellschaften seit dem 18. Jahrhundert eine so zentrale Rolle spielt, wo immer wieder die «Öffnung» des angeblich im 10. Jahrhundert geschlossenen «Tors des *ijtihad*» gefordert wurde, bleibt an die normativen

Quellen gebunden. Frei ist sie lediglich von der Bindung an eine bestimmte Rechtsschule (*madhhab*) mit ihren spezifischen Methoden und Doktrinen, die Theorie und Praxis des islamischen Rechts bis ins 20. Jahrhundert hinein prägten.[51] Eine Reflexion darüber, was die «Öffnung des Tors des *ijtihad*» für den Stellenwert menschlicher Vernunft und Freiheit bedeutet, kommt in sunnitischen Kreisen nur zögernd in Gang; Schiiten, in deren rechtlicher Tradition die Vernunft eine größere Rolle spielt, tun sich in diesem Punkt leichter. Die sittliche Autonomie des Individuums anzuerkennen, fällt beiden schwer. Auch Vertreter des islamischen Diskurses negieren jedoch – das verdient festgehalten zu werden – nicht zwingend den Wert menschlicher Vernunft und Freiheit, wenn sie aus ihrer Perspektive auch im göttlichen Willen gründen, nicht in einem Naturrecht.

Die Unterscheidung zwischen (unwandelbar-göttlicher) Scharia und (wandelbar-menschlichem) Juristenrecht ist in der Theorie leichter zu vollziehen als in der Praxis. Die Formel «*fiqh* ist nicht gleich Scharia» hilft jedoch in einem gereizten Diskussionsklima, die Auseinandersetzung mit der Scharia zu vermeiden, die leicht als Angriff auf das Fundament und Bollwerk islamischer Identität verstanden und als solcher abqualifiziert werden kann. Geklärt ist mit dieser Vermeidungsstrategie konkret noch nicht allzu viel. Schließlich müssen auch scheinbar eindeutige Passagen in Koran und Sunna von Menschen aufgenommen, verstanden und umgesetzt werden (und nichts anderes ist *fiqh*, verstehen wollen und verstehen), um gesellschaftliche Wirkung zu entfalten.

Weiter gehen diejenigen, die sich mit Substanz und Reichweite der Scharia selbst beschäftigen. Zwei Argumentationslinien stechen hier hervor, eine kontextualisierende und eine abstrahierende. Erstere knüpft an tradierte Interpretationsmuster an, indem sie so genau wie möglich den historischen Zusammenhang zu ermitteln sucht, in den eine koranische Aussage eingebettet ist (in der klassischen Koranexegese bekannt als «Umstände der Herabsendung», arab. *asbab annuzul*). Das Ziel der Übung besteht nicht darin, die Gültigkeit der jeweiligen koranischen Bestimmung zu bestreiten, sondern sie auf diesen Kontext festzulegen und damit in ihrer allgemeinen Verbindlichkeit einzuschränken. Als Paradebeispiel dient Sure 4,3, die muslimischen Männern erlaubt, bis zu vier gläubige Frauen zu ehelichen und daneben eine Reihe von Konkubinen und Sklavinnen zu halten.[52] Die Sure wird gemeinhin als koranische Legitimation der Polygamie bzw. Polygynie verstanden. In der «dynamischen» Lesart verliert sie diese Funktion: Unter Bezug auf die «Umstände der Herabsendung» (*asbab an-nuzul*) verortet sie die genannten Verse in der Situation nach einer Schlacht, in der viele männliche Muslime gefallen waren. Statt nun auf eine generelle Erlaubnis für muslimische Männer zu schließen, bis zu vier Frauen zu ehelichen, hebt sie auf die Fürsorgepflicht der überlebenden Männer für die hinterbliebenen Frauen ab. Die konkrete Weisung erklärt sie nicht für ungültig, sondern für zeitgebunden. Das Problem, dass dieser reformorientierte Ansatz sich unkritisch auf die frühislamische Geschichtsüberlieferung stützt, um den jeweils entscheidenden Kontext (die «Umstände der Herabsendung») zu bestimmen, scheint in der innermuslimischen Auseinandersetzung keine Rolle zu spielen.

Weiter reichende Perspektiven noch bietet der abstrahierende Ansatz, zumal er häufig mit dem kontextbezogenen, relativierenden verbunden wird. Er fußt auf der These, die Scharia (bzw. der Islam) enthalte einen festen Bestand an *allgemeinen* Normen und Werten – Gerechtigkeit, Freiheit, Gleichheit, Verantwortung und Partizipation (*shura*) –, die im

Einklang mit den sich stets wandelnden Lebensumständen ebenso sensibel wie flexibel umgesetzt werden müssen. Sie sollen, und darin liegt das Heikle dieses Unterfangens, gegebenenfalls konkrete Einzelbestimmungen der Scharia und des tradierten *fiqh* überlagern, relativieren oder zeitlich aussetzen können.[53] Technisch gesprochen geht es hier um die «Anliegen» oder «Intentionen» der Scharia (*maqasid ash-shari'a*), ihre «Finalität», mit der sich schon klassische Juristen und Theologen beschäftigt haben.[54] Die allgemeinen Werte und Prinzipien gelte es in Koran und Sunna aufzudecken, um so dem «Geist» der Scharia gerecht zu werden und nicht nur ihrem Buchstaben. Moderne Autoren verweisen auf die klassische islamische Jurisprudenz, die bei der Erarbeitung positiver Normen und Regelungen selbst dort auf ein gewisses Maß an vernunftgeleiteter Abstraktion nicht verzichten konnte, wo sie nach eigenem Bekunden rein kasuistisch und streng an der Schrift orientiert vorging.

Besonders wichtig sind in diesem Zusammenhang das Konzept des Gemeinwohls (*maslaha 'amma*) und der Katalog der sogenannten fünf Grundgüter – der Schutz von Religion, Leben, Nachkommenschaft, Eigentum und entweder Vernunft oder Ehre –, die jene «Anliegen» oder «Intentionen» der Scharia repräsentieren, denen sich spezifische Bestimmungen im Zweifelsfall unterzuordnen haben. Der Verweis auf hochangesehene Gelehrte wie Abu Hamid al-Ghazali (gest. 1111) und Abu Ishaq ash-Shatibi (gest. 1388), die zu diesem Thema Wesentliches gesagt haben, kann freilich nicht darüber hinwegtäuschen, dass moderne Autoren vielfach deutlich über die von den Klassikern verteidigten Grenzen hinausgehen. Gemeinwohl bestimmen sie mit Blick auf die gesellschaftlichen Bedingungen und Erfordernisse der Gegenwart, das heißt nach Maßgabe eigener Vernunft, wenngleich mit stetem

Verweis auf Koran und Sunna. Das Vertrauen in die menschliche Vernunft aber und der Rationalismus, ja Utilitarismus, der dabei mehr oder weniger unverhüllt zum Tragen kommt, ist islamischen Gelehrten und islamistischen Theoretikern noch heute suspekt, die um die uneingeschränkte Verbindlichkeit des «göttlichen Rechts» fürchten, wenn Menschen erlaubt wird, es ihren eigenen Erwartungen und Erfahrungen anzupassen.

Am anderen Ende des Spektrums stehen jene, die eben dieses ängstliche Sich-Klammern an Textfragmente bemängeln, das den «islamischen Diskurs» kennzeichnet – das eifrige Zitieren kürzerer und längerer Passagen der Schrift, der ständige Verweis auf die Meister, selbst wenn diese mit denselben Begriffen und Belegen durchaus Anderes sagen wollten. Wenige formulieren ihre Ungeduld mit dem rückwärtsgewandten, ahistorischen, unfreien Geist des islamischen Diskurses so offen wie der islamische Ökonom Syed Nawab Haider Naqvi:[55]

> Diese *maqā̄sid* (der oben erwähnte Grundgüterkatalog, GK), nämlich a) Glaube; b) Leben; c) Nachkommenschaft; d) Verstand; und e) Vermögen, haben für die Zeit, zu der sie formuliert wurden, gewiß eine interessante Auflistung von Zielen ergeben, um rechtliche und metaphysische Fragen anzusprechen, doch müssen sie neu fokussiert, ausgeweitet und ergänzt werden, um in der Moderne als nützliche Führer für öffentliches Handeln dienen zu können. Zwischen total unterschiedlichen Epochen und Zeitzonen hin und her zu springen, um Goldkörner überbrachter Weisheit aufzulesen, ist im besten Fall fruchtloses Tun.

Was Naqvi hier angreift, ist die imaginierte Kontinuität über die Jahrhunderte hinweg, die ungebrochene Verbindlichkeit frühislamischer Vorstellungen und Praktiken, bei gleichzeitiger scharfer Grenzziehung um die eigene, religiös definierte Kultur, von der oben die Rede war. Dass authentisch und für heutige Lebensverhältnisse verbindlich nur sein soll, was Muhammad und seine Zeitgenossen im 7. Jahrhundert n. Chr. im begrenzten Umfeld von Mekka und Medina dachten und taten, und nicht, was Menschen heute für erstrebenswert erachten, irritiert auch muslimische Intellektuelle, die an der islamischen Fundierung ihrer Überzeugungen festhalten.

Gerechtigkeit und Gleichheit

Die Suche nach Gerechtigkeit ist ein klassisches Anliegen europäischen wie islamischen Denkens, das in der Moderne nicht erfunden werden musste, um im Kampf der Kulturen bestehen zu können. Gerechtigkeit steht regelmäßig an der Spitze des als spezifisch islamisch vorgestellten Grundwertekatalogs, und dies nicht nur unter Muslimen. So schreibt ein amerikanischer Rechtsanthropologe:[56]

> Gerechtigkeit ist für Muslime die innerste, wenngleich unbestimmbare Tugend, weil sie die Suche nach Gleichwertigkeit offenlässt, eine Suche, die in der Welt von Vernunft und Leidenschaft für die menschliche Natur ebenso zentral ist wie für die offenbarte Ordnung.

Zeitgenössische Muslime sehen in Gerechtigkeit den alles überwölbenden und integrierenden Grundwert des Islam schlechthin. Einem islamistischen Autor erscheint Gerechtigkeit als der «spirituelle Pol legitimer Politik, die sich im Einklang mit der Scharia befindet»:[57]

> Gott machte Gerechtigkeit (*'adl*) – und Billigkeit (*qist*), was hier gleichfalls Gerechtigkeit bedeutet – zum Kern all dessen, was recht und gut ist, denn sie bildet das Fundament all der umfassenden Prinzipien und allgemeinen Regeln, die der weise Gesetzgeber (Gott, GK) in seiner weisen Satzung festgelegt hat. Sie ist wahrhaftig Gottes Ordnung und Gesetz (*nizam allah wa-shar'uh*). Auf ihrer Grundlage ist dem Menschen auf Erden ein gerader Pfad bereitet, der ihn ins Jenseits leitet.

Ähnlich der Vertreter einer eher modernistischen islamischen Position:[58]

> Gerechtigkeit ist ein höchster Wert und in ihren unterschiedlichen Ausprägungen zugleich eines der bestimmenden Anliegen des Islam. Auf der Liste der Prioritäten kommt sie gleich nach dem Glauben an den Einen Gott (*tauhid*) und dem wahren Prophetentum Muhammads (*risala*).

Heutige Autoren können sich auf die islamische Tradition stützen, die ihrerseits antike und altiranische Vorstellungen aufgenommen hat, geben dem Konzept meist aber eine unverkennbar neue, moderne Note. Gerechtigkeit deckt auch im Islam ein weites semantisches Feld ab, das mit je eigener Akzentuierung ethisch-religiöse, rechtliche, soziale und politische Belange umfasst. Im Folgenden soll es nicht um die große Frage der göttlichen Gerechtigkeit gehen, die auch Muslime beschäftigt hat, sondern um Gerechtigkeit im zwischenmenschlichen Raum. Der Koran selbst bietet keine Theorie der Gerechtigkeit, sondern Hinweise auf rechtes Handeln in konkreten Lebenszusammenhängen, in denen sich Frömmigkeit und Glauben erweisen. Er umschreibt dies mit einer Reihe von Begriffen: *qist* (Recht und Billigkeit, rechtes Maß, abgeleitet von dem Verb «verteilen», «zuteilen»; z. B. Sure 3,18 und 55,9), *ihsan* («recht und gut machen», «andere gerecht behandeln») und *'adl* (von «gerade, eben, gleich[wertig] sein» oder «machen»). Hinzu kommt das nach-koranische *insaf*, das die «angemessene», «gerechte» Behandlung anderer beschreibt. Sure 16,90 zufolge befiehlt Gott zu tun, «was recht und billig ist» (ähnlich Sure 2,83; 4,58,135; 6,152; 49,9; 60,8). Er verpflichtet die Gläubigen zu (ge)rechtem Handeln (*ihsan*) gegenüber Eltern und Verwandten, Armen, Schwachen und Waisen (z. B. Sure 2,83). Von dieser Verpflichtung zeugt die Almosensteuer (*zakat*; u. a. Sure 9,60), die als eine der fünf Säulen des Islam gilt, ebenso wie die freiwillige Almosengabe (*sadaqa*). Wohltätigkeit ist auch einer der Zwecke des (nach-koranischen) Rechtsinstituts der religiösen Stiftung (*waqf, habous*), der bis in die Gegenwart erhebliche Bedeutung zukommt.

Gestützt auf die koranische Begrifflichkeit entwickelten Juristen und Theologen abstraktere Konzeptionen, die auch die aristotelische Tradition berücksichtigten, die ihnen vom ausgehenden 8. Jahrhundert an zugänglich wurde. Im weitesten Sinn ist Gerechtigkeit (*'adl*) danach das mit Gottes Willen übereinstimmende und daher «rechte» Verhalten, das zugleich im Einklang mit dem Ideal des rechten Maßes und der Mäßigung (*i'tidal*) steht. Gerechtigkeit erfordert Fairness, Unparteilichkeit, Ausgewogenheit und Ausgeglichenheit. Sie steht für das Ideal der Goldenen Mitte, von der Sure 2,143 spricht, der zufolge die muslimische Gemeinschaft von Gott als «Gemeinschaft der Mitte» (*umma^tan wasat^an*) geschaffen wurde. Damit verbindet sich die entschiedene Wendung gegen jegliche Übertreibung «in der Religion» (*al-ghuluww fi d-din*), die zum Standardrepertoire früher und klassischer Islamgelehrter zählt und auch in der Moderne als Argument gegen religiösen Fanatismus und illegitime Gewaltanwendung dient. Gerechtes Handeln bewegt sich innerhalb der von Gott errichteten Schranken, ungerechtes außerhalb davon. Gegenbegriffe zu Gerechtigkeit sind je nach Kontext Frevel, Sünde, Unrecht, Unterdrückung und Unordnung, die auf eine Überschreitung der von Gott gesetzten Grenzen (der Scharia) hindeuten. Im schlimmsten Fall führen sie zu Unruhe, Aufruhr, innerer Spaltung, Anarchie und Bürgerkrieg, die der Sammelbegriff *fitna* umfasst.

Eine «gerechte Ordnung» hält die Gesellschaft in harmonischer Balance; sie lässt, ganz im Sinne des antiken «Jedem das

Seine» (*suum cuique*), jedem das ihm Zustehende, Angemessene zukommen.[59] Gerechtigkeit darf daher nicht blind sein: Sie muss den Status und die sozialen Bindungen der Individuen und Gruppen im Blick behalten, wenn sie – unbestechlich, fair und mit Augenmaß – Recht sprechen will.[60] Verantwortung hierfür trägt in erster Linie der Herrscher. Er hat, kurz gefasst, dafür Sorge zu tragen, dass «die Dinge an den Platz zu stehen kommen, an den sie gehören».[61] Wohin sie gehören, steht auf einem anderen Blatt. Die Vorstellung von der rechten Ordnung der Dinge war in vormodernen muslimischen Gesellschaften ebenso orts-, zeit- und milieubedingt wie in nicht-muslimischen. Koran und Sunna geben sie im Einzelnen nicht vor. Die Scharia diente jedoch zumindest potentiell als Korrektiv herrscherlicher Willkür: Danach steht der Herrscher über seinen Untertanen, aber nicht über dem Gesetz. Wenn er es übertritt (und das geschah in der Realität häufig genug), verletzt er dieses höhere Gesetz und wird dafür bestraft, und sei es im Jenseits.[62]

Die symbolische Bedeutung der Scharia als Garantin von Recht, Ordnung und Gerechtigkeit spielt auch für die Gegenwart eine herausragende Rolle. Mehr Gewicht als in der Vergangenheit hat dabei die Frage nach den Bedingungen und Möglichkeiten sozialer Gleichheit. Vormoderne Konzepte von Gerechtigkeit stehen in einem gewissen Spannungsverhältnis zum Ideal der sozialen Gleichheit, das der Koran in bestimmten Passagen bekräftigt, dem freilich die Akzeptanz gesellschaftlicher Ungleichheit zu widersprechen scheint, die er an anderer Stelle festhält. Heutige Muslime haben damit Schwierigkeiten.[63] Viele (der oben zitierte ʿAbd al-Khaliq ist ein gutes Beispiel) erklären den Islam mit leichter Hand zur Religion der Gleichheit und Gerechtigkeit. Wie sich rasch zeigt, unterscheiden auch sie in der Regel allerdings zwischen deren religiösen, bürgerlichen und sozioökonomischen Dimensionen. Grundsätzlich gilt – die Debatte um Menschenrecht und Menschenwürde «im Islam» macht dies deutlich –, dass die dem Menschen von Gott verliehene Würde und (zumindest potentielle) Gleichwertigkeit nicht zwingend die soziale Gleichheit unterschiedlicher Gruppen und Individuen nach sich zieht.[64]

Dabei muss die Sklaverei nicht mehr erörtert werden, die in Teilen der islamischen Welt noch im 20. Jahrhundert praktiziert wurde, mittlerweile aber überall per Gesetz verboten ist – obgleich Koran und Sunna sie, ebenso wie die Bibel und die frühchristliche Tradition, als soziale Gegebenheit der eigenen Zeit behandeln.[65] Der Koran schreibt sie weder vor noch hebt er sie auf, sondern hegt sie durch ethisch-moralische Regeln ein. In ähnlicher Weise legt die Sunna als Buße für eine ganze Reihe von Sünden und Vergehen die Freilassung von Sklaven fest. Sklaverei bildet einen der ganz wenigen Punkte, an denen heutige Muslime offen davon sprechen, die einschlägigen Bestimmungen in Koran und Sunna seien nicht mehr zeitgemäß und damit zwar nicht in aller Form aufgehoben – das wäre Zeichen menschlicher Hybris –, wohl aber gegenstandslos. In der Regel wird das heikle Thema aber übergangen: Sklaverei existiert offiziell nicht mehr, also muss man auch nicht von ihr reden. Was es für die normativen Texte bedeutet, wenn sie auf einem bestimmten Gebiet entweder als obsolet gelten (da von der gesellschaftlichen Wirklichkeit überholt) oder als unwirksam (da im Gegensatz zum Gleichheitsprinzip stehend), wird nicht ausgelotet. Als Befund bleibt immerhin, dass hier – und sei es stillschweigend – die allgemeine Norm, das heißt im vorliegenden Fall der Gleichheitsgrundsatz, über konkrete Einzelbestimmungen von Koran und Sunna gestellt wird, die den Umgang mit Sklaven zum Gegenstand haben.

Anders der Stand bei den Reizthemen der modernen Gleichheitsdebatte, die im 21. Jahrhundert so relevant sind wie im 7. Jahrhundert: dem Verhältnis zwischen Muslimen und Nichtmuslimen und zwischen Mann und Frau. Am Beispiel der Gender-Problematik – dem einzigen gesellschaftspolitischen Thema im Übrigen, bei dem Frauen in nennenswerter Zahl zu Wort kommen – lassen sich die Grundzüge der Debatte gut aufzeigen. Im Kern geht es um die Unterscheidung zwischen der (ontologischen) Gleichwertigkeit von Mann und Frau, ihrer Gleichheit vor Gott, auf der einen Seite und ihrer Gleichbehandlung vor dem Gesetz auf der anderen. Intensiv wie selten wird dabei um Sinn und Wertigkeit der koranischen Referenzen gerungen, die, wie sich zeigt, vieldeutiger sind als häufig angenommen. Der Koran macht es den Verfechtern des Gleichheitsgedankens nicht leichter als die Bibel, denn er erzählt an unterschiedlichen Stellen Unterschiedliches: Sure 75,37–39 zufolge schuf Gott Mann und Frau (als Paar und Partner, arab. *zaujain*) aus demselben Stoff, und zwar – naturnah, doch unter Ausblendung der weiblichen Rolle – aus einem Tropfen Sperma, der sich zum Embryo entwickelte. Nach Sure 4,1 hingegen wurden beide aus einem Wesen (*nafs wahida*) geschaffen «und aus ihm sein Partner». Dass Adam das erstgeschaffene Wesen ist und Eva sein Partner, der, wie schon die Bibel zu berichten weiß, aus Adams Rippe geformt wurde, ist Teil der (männlichen) Koranexegese, die nicht für alle Zeiten unhinterfragt bleiben muss.[66] Auch tragen beide, Mann und Frau, für ihr Leben Verantwortung vor Gott. Und doch genießen die Männer nach Sure 4,34 «Vorrang vor den Frauen» (dazu gleich mehr). Das reflektiert ein soziales Rollenbild, das sich kaum von vormodernen europäischen unterscheidet: Als Norm gilt eine Rollenverteilung, die den unterschiedlichen physischen und psychischen Fähigkeiten und

Bedürfnissen von Mann und Frau entspricht und sich in unterschiedlichen sozialen Aufgaben spiegelt, die in manchen Feldern unterschiedliche Rechte und Pflichten nach sich ziehen. Gleichwertigkeit verträgt sich danach mit abgestufter Verantwortung, bei der die Männer über den Frauen stehen oder zumindest vor ihnen.

Ein anschauliches Bild zeichnet der ägyptische Muslimbruder Sa'id Ramadan, Schwiegersohn des Gründers der Muslimbruderschaft, Hasan al-Banna, und Vater des bekannten islamischen Aktivisten Tariq Ramadan, in einer Schrift mit dem signifikanten Titel «Wegmarken» (*ma'alim at-tariq*, nicht *ma'alim fi t-tariq*, wie die ungleich bekanntere Schrift des ungleich berühmteren ägyptischen Islamisten Sayyid Qutb, der 1966 wegen seiner Thesen und Aktivitäten hingerichtet wurde):[67]

> Wie das Verhältnis von Mann und Frau im Allgemeinen, hat der Islam auch ihre Beziehung innerhalb der Familie als Partnerschaft definiert, die auf gleichen Rechten und Pflichten basiert (Sure 2,228). Die Abstufung zwischen ihnen (arab. *daraja*, von der die Sure in diesem Zusammenhang spricht, GK) ist wie eine administrative Hierarchie, ohne die kein Wirtschaftsunternehmen auskommt. Auf diese Weise wurde das Unternehmen «Leben» geschaffen, das für die Gemeinschaft der Gläubigen die neuen Generationen produziert.

In der schier uferlosen Debatte um Ehe, Haushalt und Familie lassen sich ähnliche Denk- und Argumentationsmuster verfolgen.[68] Neben durch und durch konventionellen Darstellungen finden sich ernsthafte Bemühungen um ein gerechtes, modernen Gegebenheiten entsprechendes Verhältnis von Mann und Frau, in dem, bei aller Anerkennung unterschiedlicher physischer und psychischer Veranlagungen, der Gleichheitsgrundsatz als oberste Norm gilt. In diesem Sinn äußert sich beispielsweise die US-amerikanische Islamwissenschaftlerin Amina Wadud, nach deren Meinung sich Gleichheit als Grundwert des Islam mit einem gewissen Maß an sozialer Differenzierung durchaus verträgt.[69] Schlichter mutet demgegenüber die Logik der aus Pakistan stammenden und in den USA lebenden «islamischen Feministin» Riffat Hassan an, für die aus der göttlichen Gerechtigkeit die Gleichheit der Geschlechter folgt. Patriarchale Praktiken verstoßen nach ihrer Überzeugung gegen die Lehren des Koran; sie sind – hier greift sie die gebräuchliche Unterscheidung zwischen (reiner) islamischer Lehre und (zeit- und milieugebundener, durch Fehl- und Vorurteile entstellter) muslimischer Praxis auf – muslimisch, aber nicht islamisch.[70] Sehr lebhaft ist die Debatte um die Polygamie oder genauer Polygynie, die dem Mann im Koran gewährte Möglichkeit, unter bestimmten Bedingungen bis zu vier freie Frauen zu ehelichen (nicht eingeschränkt wird die Zahl seiner Sklavinnen und Konkubinen). Auf theoretischer Ebene kann man, wie angedeutet, auf den im Koran selbst genannten Kontext verweisen, in dem es um die Versorgung weiblicher Waisen geht, aus dem nicht zwingend eine allgemeine Erlaubnis oder gar die Aufforderung zur Vielweiberei abzuleiten ist. Praktisch gesehen ist die Polygynie, da, wie in der entsprechenden Sure gleichfalls festgehalten, an die Gleichbehandlung der Ehefrauen geknüpft, nicht allzu verbreitet und in vielen muslimischen Gesellschaften rechtlich eingeschränkt.

Mindestens ebenso aufschlussreich und von hoher praktischer Relevanz ist die Diskussion um die Rolle des Mannes in der Familie, die in Sure 4,34 als *qiwama* (auch: *qawama*) bezeichnet wird, was sich unterschiedlich übersetzen lässt und auch recht unterschiedlich übersetzt wird. Die Bandbreite reicht von männlicher Dominanz, der die weibliche Unterordnung entspricht («die Männer stehen über den Frauen»), bis zu einem Schutzverhältnis, bei dem der Mann besondere Verantwortung für seine Frauen und Kinder trägt («die Männer sind den Frauen vorangestellt»). Es bleibt jedoch bei der Rolle des Mannes als Ernährer, Haushaltsvorstand und Familienoberhaupt. Zugleich ist das Bild der partnerschaftlichen Ehe – selbst wenn sie nicht auf Gleichberechtigung basiert – recht weit entfernt von traditionellen Rollenmustern, in denen sich Männer und Frauen weitestgehend in getrennten Sphären bewegten, so dass die von Sa'id Ramadan und anderen vorgesehene Abstimmung zwischen den Ehepartnern gar nicht möglich war. Anders als in der Formel *«separate but equal»* wird hier also ein Ideal entworfen, das auf Partnerschaft und zugleich auf Differenzierung abhebt. Einmal mehr gilt, dass die (von Gott gewollten und in der Gesellschaft verankerten) Unterschiede in einer islamischen Ordnung nicht negiert, sondern in angemessener Weise berücksichtigt werden sollen.

Weniger belastet ist die Diskussion um die sogenannte islamische Ökonomie, der im Zusammenhang von Gerechtigkeit und Gleichheit an sich größte Bedeutung zukommen müsste.[71] Interessanterweise ist in dieser Debatte nach meiner Kenntnis keine einzige weibliche Stimme zu hören. Mit Recht wird darauf hingewiesen, dass es sich im Kern um eine Moralökonomie handelt, in der Fragen der Ethik eine größere Rolle spielen als spezifisch islamische Konzepte und Institutionen – von denen sich nicht viel mehr nennen lässt als das Verbot von Zinsen und Versicherungen, das durch unterschiedliche, zum Teil altbekannte, zum Teil neu definierte Praktiken kompensiert wird. Seit den 1970er Jahren dominieren hier die Vertreter einer Art islamischer «sozialer Marktwirtschaft», die auf die Sozialbindung des Eigentums setzen und distributive Gerechtigkeit letztlich höher bewerten als Chancengleichheit. Den moralischen Diskurs, der dabei zum Ausdruck kommt, verkörpert mustergültig der aus Pakistan stammende und unter anderem im britischen Leicester wirkende «islamische

Ökonom» Khurshid Ahmad, der einmal mehr das Ideal der Goldenen Mitte preist:[72]

> So ist der Mittelweg die richtige Option. Glaube, Festigkeit und Treue zu den von Gott verfügten Prinzipien müssen Hand in Hand gehen mit Kreativität, Flexibilität und der Fähigkeit, den sich stetig verändernden intellektuellen, ökonomischen, technologischen und zivilisatorischen Herausforderungen zu begegnen. Vielleicht ist, was wir jetzt brauchen, Glaube im Bund mit Festigkeit, Selbstvertrauen vereint mit Demut, Treue mit Offenheit und Neuerungen, die in der Tradition wurzeln. Das sollte der bestimmende Charakterzug der zeitgenössischen islamischen Debatte sein.

Das klingt nicht umsonst wie das Wort zum Sonntag: Vernunft ja, aber ohne Anmaßung; Rationalität auch, aber in den von Gott gesetzten Schranken; Kreativität gewiss, aber im Wissen um menschliche Beschränktheit; Bewegung unbedingt, aber weder zu langsam noch zu schnell. Hier spricht die Furcht vor der unkontrollierten Dynamik kritischen Denkens, das vor den Schranken «des Islam» nicht haltmacht, auf jeden Fall nicht vor jenen, die seine Interpreten in der Vergangenheit errichtet haben. Der rationale Geist, den auch Vertreter des islamischen Diskurses atmen, sobald sie von allgemeinen Werten und höheren Normen sprechen, die Vorrang haben sollen gegenüber den Detailbestimmungen von Scharia und tradiertem Juristenrecht, ist dennoch vielversprechend. Wie weit sie im selbstgesteckten Rahmen gehen können und wollen, und ob das, was sie als identitätsstiftende Scharia präsentieren, von anderen Muslimen auch als solche wahrgenommen wird, kann nur die Praxis erweisen – und die wird wohl nicht einheitlich ausfallen.

4. Religion, Recht und Politik: Säkularisierung im Islam

In der öffentlichen Diskussion wird seit einigen Jahren deutlicher zwischen Islam und Islamismus unterschieden, als dies früher der Fall war, und dies sehr zu Recht: Der Islam ist sicher ebenso vielgestaltig wie das Christentum, ist es von frühester Stunde an gewesen, und zwar gerade mit Blick auf die Vorstellungen von Gemeinschaft und Gesellschaft, vom guten Leben und von guter Regierungsführung, die sich Musliminnen und Muslime in der Vergangenheit gemacht haben und heute machen. Sunniten unterscheiden sich in gewissen Fragen von Schiiten, schriftgläubige Muslime von liberalen; die einen suchen einen spirituellen Weg zu Gott, andere stehen der Mystik fern; manche leben streng puritanisch, andere ausgesprochen lebensfroh; viele sehen in der Politik eine wichtige Dimension ihrer Religion, andere lehnen Politik im Namen des Islam strikt ab. Der Islamismus, der in der öffentlichen Debatte so viel Beachtung findet, bildet daher nur eine Möglichkeit unter mehreren, islamische Lehren auf individuelle Lebensführung und gesellschaftliche Ordnung anzuwenden. Die Grenze zwischen Islam und Islamismus ist freilich nicht immer leicht zu ziehen: Über Jahre haben Islamisten derart das Geschehen dominiert, dass man meinen könnte, in ihnen tatsächlich die einzig legitimen Vertreter des Islam anzutreffen, als die sie sich selbst verstehen. Dies gilt in besonderem Maß für die hier interessierenden Fragen von Gesellschaft, Recht, Politik und Kultur, bei denen Islamisten im wahrsten Sinn des Wortes «den Ton angeben». Von einem «Scheitern des politischen Islam», den einige Beobachter noch vor einigen Jahren zu erkennen glaubten, kann daher keine Rede sein.[73] Das Thema Säkularisierung belegt es deutlich.

Es sind islamistische Thesen, die hier noch immer die allgemeine Wahrnehmung bestimmen (auch und gerade im Westen), an vorderster Stelle die islamistische Formel von der «Einheit von Religion und Staat», die Säkularisierungstendenzen von vornherein als unzulässig, wenn nicht unmöglich erscheinen lässt. Aus islamistischer Sicht können und dürfen beide nicht voneinander getrennt werden. Jegliche Trennung verstößt ihnen zufolge wider den Islam und beschädigt zugleich – individuell und kollektiv – die Identität der Muslime. Die Verknüpfung von Religion, Identität und Authentizität ist in diesem Zusammenhang von fundamentaler Bedeutung. Der Islam, um es noch einmal zu rekapitulieren, bildet den Islamisten zufolge ein in sich geschlossenes, allumfassendes, ganzheitliches Gefüge von Normen und Werten, kurz Scharia, das sowohl die individuelle Lebensführung als auch die gesellschaftliche Ordnung, Wirtschaft, Recht und Politik gestalten muss. Dieses Gefüge von Normen und Werten ruht auf göttlicher Satzung und erschließt sich über den Koran als dem unverfälschten Wort Gottes und über die Prophetentradition (Sunna). Da von Gott verfügt und vom Propheten mustergültig vorgelebt, ist die Scharia im Kern unwandelbar und jedem menschlichen Zugriff entzogen (ein Argument, das sich erkennbar gegen autoritäre Herrschaftsansprüche richtet und daher auch vielen Musliminnen und Muslimen attraktiv erscheint, die ansonsten keine islamistischen Neigungen hegen).

Für viele Muslime bedeutet Islam ganz wesentlich die Zugehörigkeit zur Gemeinschaft der Muslime, arabisch *umma*. Muslim zu sein heißt für sie, Teil einer weltweiten Gemeinschaft von Gläubigen zu sein, die prinzipiell die Grenzen der lokalen oder nationalen Gesellschaft überschreitet, ohne mit dieser notwendigerweise in Konflikt zu stehen. Glaube stiftet Zugehörigkeit; beide müssen durch frommes Tun bekundet werden. Die meisten Islamisten gehen an dieser Stelle einen Schritt weiter: Ihnen zufolge lässt sich Islam nur im Rahmen einer «islamischen Ordnung» verwirklichen, in der die göttlichen Gebote für alle – Gläubige wie Ungläubige – verbindlich durchgesetzt werden; auch nicht-praktizierende Muslime, Agnostiker und Nichtmuslime unterstehen demnach grundsätzlich der Scharia, die Letzteren in gewissen Bereichen wie dem Ehe- und Familienrecht allerdings Freiräume gewährt. Die «Anwendung der Scharia» setzt eine islamische Staatsgewalt voraus. Der Islam ist daher, wie an früherer Stelle ausgeführt, nicht nur «Religion und Welt» (*al-islam din wa-dunya*); er ist «Religion und Staat» (*al-islam din wa-daula*).

Was hier als *Aussage* über den Islam erscheint, als Norm, von der Geschichte bestätigt, ist in Wirklichkeit *Argument* in einer politischen Auseinandersetzung, ja, eines regelrechten Kulturkampfes. Der Feind der Islamisten steht zum einen außen: Es ist «der Westen», der, so glauben sie zumindest, in der Kolonialzeit konsequent islamische Normen, Werte und Institutionen zurückdrängte[74] und der nun im Zeichen des Kampfes für die Menschenrechte und die Grundsätze «guter Regierungsführung» von den Muslimen eine Aufklärung fordert, eine Reformation und als Voraussetzung für den Eintritt in die Moderne einen Prozess der Säkularisierung, ja, mehr als das, die Bejahung des säkularen Prinzips. Der Feind steht zum anderen innen, wo er in Gestalt der «Säkularisten» beharrlich und polemisch bekämpft, selten allerdings genauer definiert wird: Neben einzelnen Intellektuellen und Literaten sind es vor allem Politiker wie Kemal Atatürk und Habib Bourguiba, die in der Türkei und in Tunesien tatsächlich auf autoritärem Weg eine Säkularisierung von Staat, Recht und Gesellschaft anstrebten und in gewissem Umfang auch durchsetzten. Zum Feind gerechnet werden aber auch Personen und Gruppierungen, die sich lediglich der Forderung nach einer «integralen» Anwendung der Scharia verweigern.

Die Anschuldigungen klingen vertraut: Säkularismus sei gleichbedeutend mit Gottlosigkeit, er kenne keine Werte und erkenne die Grenzen von Sitte und Anstand nicht an.[75] Zugleich – und hier liegt das Besondere der Diskussion in nicht-europäischen Ländern, namentlich solchen mit kolonialer Vergangenheit – seien säkularistische Ideen und Bestrebungen unauthentisch, vom Westen zumindest inspiriert, wenn nicht ferngesteuert, und nur auf autoritärem Weg in muslimischen Gesellschaften zu verwirklichen. Der innenpolitische Gegner wird so nicht nur mit dem äußeren Feind in Verbindung gebracht, sondern auch mit den Feinden der Demokratie.[76]

Säkularisierung und Säkularismus (zwischen beiden wird in der politischen Debatte selten unterschieden, noch seltener geschieht dies mit Bezug auf Säkularismus und Laizismus) stehen mithin unter einer schweren Hypothek, an der ihre Fürsprecher ebenso schwer zu tragen haben.[77] Die Kritiker attackieren Idee und Prozess der Säkularisierung als Kern einer von außen aufgezwungenen Modernisierung, die zugleich die «Identität» muslimischer Gesellschaften beschädigt, wenn nicht zerstört, und dies zum Vorteil ihrer Feinde. Das politische Argument – Säkularisierung und Säkularismus als Werkzeuge der Kolonisierung und Entfremdung, die Säkularisten als Vertreter und Handlanger autoritärer Regime – zählt in diesem Zusammenhang viel, gerade in den Zeiten der Globalisierung. Wer dies übersieht, versteht die Heftigkeit der Auseinandersetzung nicht, die in aller Regel mit wenig Bereitschaft zur Differenzierung geführt wird. Am deutlichsten zeigt sich dies in der arabischen Welt und in Iran.[78] In der Türkei, den zentralasiatischen Nachfolgestaaten der Sowjetunion oder den muslimischen Gesellschaften Südasiens und Südostasiens gestalten sich die Verhältnisse deutlich anders.[79]

Vieles spricht dafür, der von José Casanova vorgeschlagenen Unterscheidung verschiedener Dimensionen von Säkularisierung zu folgen, sie allerdings ein wenig abzuwandeln.[80] Casanova nennt:

Erstens, Säkularisierung als *Bedeutungsverlust von Religion* für die individuelle Weltdeutung und Lebensführung, die zum erklärten Agnostizismus und in letzter Konsequenz zum Atheismus führen kann – und insofern der Angstvorstellung der Islamisten entspricht. (Der Religionsbegriff, der diesem Verständnis zugrunde liegt, ist zwar nicht zu verallgemeinern. Für monotheistische, auf einer persönlichen Gottesvorstellung beruhende Religionen allerdings, zu denen der Islam eindeutig zählt, scheint er angemessen.) Säkularisierung ist hier gleichbedeutend mit der abnehmenden Relevanz und Bindekraft religiöser und religiös-rechtlicher Normen und Werte für alltägliches Handeln, politische Orientierung und öffentliche Ordnung.

Zweitens, Säkularisierung als *Zurückdrängung* oder *Rückzug* von Religion in die Privatsphäre. (Zwischen Zurückdrängung und Rückzug besteht ein offenkundiger Unterschied, wobei ohnehin zu klären bleibt, wie in einzelnen Kulturen und Gesellschaften zu unterschiedlichen Zeiten die Sphären von «öffentlich» und «privat» definiert und gegebenenfalls voneinander abgegrenzt wurden und werden.)

Drittens, Säkularisierung als *institutionelle und konstitutionelle Trennung von Kirche und Staat*. (Hier wird die Orientierung an den christlich geprägten Gesellschaften Europas und Amerikas besonders augenfällig, die förmlich nach einem Kultur- und Gesellschaftsvergleich ruft.)

Die Trennung von Kirche und Staat

Man kann es sich leicht machen und die institutionelle Dimension mit Blick auf den Islam für irrelevant erklären: Der Islam kennt keine verfasste Kirche als hierarchisch geordnete Institution mit festgelegter Lehrautorität und damit auch keine kirchliche «Heilsanstalt» als Ort heilsrelevanter Leistungen.[81] Er hat sie nie entwickelt und zeigt auch in der Gegenwart keine Tendenz, dies zu tun. Der Kontrast zur katholischen Kirche sticht ins Auge, er wird in innermuslimischen Diskussionen auch häufig thematisiert. Weniger ausgeprägt sind die Unterschiede zu den protestantischen Kirchen; erkennbar groß ist die Parallele zum Judentum.[82] Sehr früh sind allerdings Religions- und Rechtsgelehrte (*'ulama'* und *fuqaha'*) mit dem Anspruch hervorgetreten, die religiösen und rechtlichen Lehren des Islam zu erfassen, zu systematisieren und der Gemeinschaft der Muslime zu vermitteln.[83] In ihrer großen Mehrheit waren dies Männer, auf einzelnen Feldern wie etwa der Sammlung der Prophetentradition (Hadithe, Sunna) aber auch Frauen. Im Kern konzentrierte sich ihre Tätigkeit auf die Auslegung der normativen Texte sowie des auf diesen Texten aufbauenden Kanons autoritativer Schriften, nicht auf Heilsvermittlung. Zumindest gilt dies für die Mehrheit der sunnitischen Muslime; anders die schiitischen Lehren von Rechtleitung und Imamat sowie sufische Vorstellungen von einem spirituellen, nicht primär auf Buchwissen beruhenden Pfad der Gotteserkenntnis.

Die Auslegung der Texte und die Tradierung des religiös relevanten Wissens, die beide die Beherrschung des klassi-

schen Arabisch voraussetzten, wurden ganz allmählich regle-
mentiert und professionalisiert. Erst im 11. und 12. Jahrhundert christlicher Zeitrechnung, mehrere Jahrhunderte nach
dem Tod des Propheten, entstanden als private wie als herr-
scherliche Stiftungen die ersten religiösen Hochschulen (Madrasen) als Institutionen der Aneignung und Vermittlung religiös relevanten Wissens.[84] Ausbildung und Habitus legen es
nahe, dort, wo die Professionalisierung fortgeschritten war,
von den *ulama* als einer eigenen sozialen Gruppe zu sprechen, die sich gegenüber anderen sozialen Gruppen abgrenzt
und abgrenzen lässt. Selbst von einem Klerus kann man in
einzelnen Fällen sprechen, der nicht nur über religiös relevantes Wissen verfügt, sondern auch religiöse Aufgaben wahrnimmt (Freitagsgebet, Predigt, religiöse Unterweisung generell, auch die Verwaltung religiöser Stiftungen) und die
entsprechenden Institutionen und Finanzen kontrolliert: Dies
gilt für die schiitischen *ulama* in Iran seit dem 16. Jahrhundert, in anderer Weise auch für die Zeit seit der Islamischen
Revolution von 1979. Eine hierarchisch gestaltete Institution
Kirche aber hat sich nicht einmal in Iran herausgebildet. Die
Gelehrtenhierarchie im Osmanischen Reich (*ilmiyye*) ließ gerade keine eigenständige Kirche entstehen, sondern einen bü-
rokratischen Apparat, der diejenigen einschloss, die sich in
den Dienst des Sultans stellten. Auch heute kennt die sunnitische Welt zwar Lehrstätten mit internationaler Ausstrahlung
wie die Azhar-Universität in Kairo, aber dennoch nichts, was
einer verfassten Kirche entsprechen würde.[85]

Betrachtet man nun die andere Seite der Gleichung, den
Staat oder die Obrigkeit, so fällt der Kontrast vormoderner islamischer zu vormodernen europäischen Gesellschaften
schwächer aus: Religion und Herrschaft waren in islamisch
geprägten Gesellschaften bis ins 19. Jahrhundert nicht enger

miteinander verbunden als in europäischen. Bekanntlich war auch dort die Spanne der Möglichkeiten, Religion und Staat oder Thron und Altar miteinander zu verknüpfen, groß. Muhammad als Prophet und charismatischer Führer seiner Gemeinde ist und bleibt eine Ausnahme – faktisch beschränkt sich die prophetische Ära auf das Jahrzehnt nach dem Auszug aus Mekka (der *hijra*), als Muhammad in Medina an der Spitze der Gemeinde stand (622–632 n. Chr.). Ob zu seinen Lebzeiten Religion, Recht und Politik tatsächlich so unauflöslich ineinander verwoben waren, wie von gläubigen Muslimen angenommen und von den meisten Nichtmuslimen ohne weiteres Nachdenken übernommen wird, sei im Übrigen dahingestellt.

Unter den frühen Kalifen (von arab. *khalifa*, Nachfolger, Stellvertreter) waren Religion, Recht und Politik sicher miteinander verbunden, aber sie gingen nicht ineinander auf. (Hier ist, wie zuvor, von der sunnitischen Mehrheitsströmung die Rede, nicht von den schiitischen Imamatslehren, die gesondert zu betrachten wären). Der Kalif verstand sich zwar als «Schatten Gottes auf Erden»; auch der sunnitische Islam kennt durchaus das Prinzip des Gottesgnadentums.[86] Aber er hatte nach sunnitischer Lehre keinen Anteil an der prophetischen Sendung, die mit Muhammad als «Siegel der Propheten» endete.[87] Der Kalif hatte die Religion zu schützen, indem er die Grenzen des Islam nach außen verteidigte, ja idealerweise ständig erweiterte (daher die große Bedeutung des *jihad* im Sinne des bewaffneten Kampfes für «die Sache Gottes»).[88] Im Inneren war er verantwortlich für die Wahrung von Recht und Ordnung, das heißt die Einhaltung der Scharia (die weitestgehend freilich nicht von den Kalifen erarbeitet wurde, sondern von den Religions- und Rechtsgelehrten). Weitreichend war sein Einfluss auf das Rechts- und Bildungswesen, wobei Patronage eine zentrale Rolle spielte. Der Kalif ernannte zumindest in den größeren Zentren des Reiches die Richter, er nahm Einfluss auf die Besetzung der Lehrpositionen in den Madrasen, er gründete Stiftungen für Religions- und Rechts- gelehrte ebenso wie für Mystiker (Sufis). Direkt oder indirekt steuerte er damit auch die Verbreitung oder Marginalisierung theologischer und juristischer Schulen. Als «Hüter des Glau- bens» kam ihm zugleich die Unterdrückung der Häresie zu und die Verfolgung von Apostasie, Freidenkertum und allen anderen als unislamisch oder islamwidrig verurteilten Über- zeugungen und Praktiken. Daraus resultierte unweigerlich ein Spannungsverhältnis zu den Religions- und Rechtsgelehr- ten, die sich in Abwehr kalifaler Ansprüche auf Kontrolle, ja auf Dogmenkompetenz vom 9. Jahrhundert an dezidiert und selbstbewusst zu den «Erben der Propheten» (im Plu- ral!) erklärten.[89]

Der auch im islamischen Kontext immer wieder gebrauchte Begriff der «Staatsreligion» erweist sich alles in allem als pro- blematisch. Der Herrscher war zumindest innerhalb des isla- mischen Herrschaftsbereichs (*dar al-islam*) Muslim. Die Scha- ria galt als Fundament von Moral und Recht; vom Herrscher gefördert wurden in erster Linie islamische Einrichtungen von Moscheen über Heiligenschreine und Sufikonvente bis zu islamischen Lehrstätten. Aber die Untertanen wichen vielfach von der religiösen Überzeugung der Herrschenden ab, sei es, dass sie überhaupt Nichtmuslime waren, sei es, dass sie einer anderen islamischen Richtung folgten. Für Ersteres (eine nichtmuslimische Bevölkerungsmehrheit) dienen das früh- islamische, das Osmanische oder auch das Mogul-Reich in Indien als Beispiele, wo mit den Hindus überdies eine Religi- onsgruppe die Bevölkerungsmehrheit stellte, die nach klas- sisch-islamischer Lehre gar nicht mehr hätte existieren dürfen, zählten sie doch nicht zu den monotheistischen Schriftbesitzern, denen der Status von Schutzbefohlenen (*dhimmi*s) eingeräumt wurde. Muslimische Gemeinschaft, islamisch geprägte Gesellschaft und islamischer Staat fielen hier also nicht zusammen. Ein Musterbeispiel für Letzteres (ein abweichendes islamisches Bekenntnis der Bevölkerungsmehrheit) bieten der Maghreb und Ägypten unter der Herrschaft der ismailitischen Fatimiden in der Zeit vom 10. bis zum 12. Jahrhundert.

Das aus dem Augsburger Religionsfrieden von 1555 bekannte Prinzip des «*cuius regio eius religio*», dem zufolge die Untertanen der Konfession ihres Fürsten zu folgen hatten, war im Islam gerade nicht leitende Maxime. Am nächsten kommt einer Staatsreligion noch die Durchsetzung der Zwölferschia im safawidischen Iran des 16. und 17. Jahrhunderts, die von der Verfolgung andersgläubiger Muslime begleitet war.[90] So wenig jedoch der Cäsaropapismus das Verhältnis von Thron und Altar im Christentum bestimmte, so wenig ist das safawidische Experiment charakteristisch für vormoderne islamische Staaten und Herrschaftsverbände. Der osmanische Sultan beispielsweise war, selbst als er im 16. Jahrhundert häufiger vom Kalifentitel Gebrauch machte, als Herrscher nicht «islamischer» als der französische oder spanische König «christlich» (immerhin Allerchristlichste Majestäten). Gerade weil die Institution Kirche fehlte, verfügte der Sultan-Kalif nicht über deren Möglichkeiten der religiösen Einflussnahme auf die eigenen Untertanen. Mit der Abschaffung des Kalifats in der neu entstandenen Türkischen Republik fand 1924 eine Institution ihr förmliches Ende, die ihre einstige Stellung bereits vor Jahrhunderten eingebüßt hatte. Beachtung verdient allerdings der Anspruch des marokkanischen Königs auf religiöse Autorität, die er aus seiner (behaupteten) Abkunft vom Propheten und der ihm eigenen Heil- und Segenskraft (*baraka*) ableitet und gerade auf dem Feld des islamischen Rechts

zur Geltung bringt (nicht zuletzt zur Durchsetzung frauen-
freundlicher Gesetzesreformen) – im sunnitischen Islam ganz
außergewöhnlich und heute von keinem anderen muslimischen Monarchen mehr reklamiert.[91]

Die Anwendung der Scharia

Blickt man auf den Islam in Vergangenheit und Gegenwart,
so sind es nicht die Institutionen Kirche (bzw. Klerus) und
Staat, deren Verbindung oder Trennung den Grad gesellschaftlicher Ausdifferenzierung und Säkularisierung anzeigen. Im
Mittelpunkt steht vielmehr die Gültigkeit der Scharia als Fundament, Richtschnur und Rahmen individueller Lebensführung, gesellschaftlicher Ordnung und politischen Handelns.
Die prinzipielle Gültigkeit der Scharia wird von der Mehrheit der Muslime nicht in Frage gestellt. Allerdings verstehen
sie unter Scharia recht unterschiedliche Dinge (von Anstand,
Moral und Gerechtigkeit ganz allgemein über eine saubere
Wirtschaft und Gesellschaft bis hin zu einer strikten *law-and-
order*-Politik), und sie erstreben keineswegs alle ihre integrale
«Anwendung». Dies tun, wie erwähnt, die zeitgenössischen
Islamisten. Die Befürworter einer «Anwendung der Scharia»
sprechen in der Regel nur von den ihr eigenen Normen und
Werten, nicht von den Modalitäten ihrer Auslegung und tatsächlichen Anwendung – und auch nicht von dem hierzu be-
rechtigten «Personal».

Man könnte von einer «Fiktion der Evidenz» sprechen, die
hier zum Tragen kommt, der Annahme, Koran und Sunna sei-
en eindeutig, für jeden (Gläubigen) unmittelbar verständlich
und ohne Umstände auf die Praxis anzuwenden. Die Annahme ist angesichts der sprachlichen und methodischen Bedingungen eines plausiblen Textverständnisses hoch problema-

tisch. An diesem Punkt setzen, vor allem unter den Sunniten, auch die Kritiker der islamistischen Thesen an, die vor den Gefahren einer menschlichen Verfügung über die «göttlichen» Normen warnen und immer wieder darauf verweisen, dass es im Islam keine klerikale Herrschaft und, wie sie stets betonen, kein Papsttum gibt und geben darf. Ähnlich argumentieren im Übrigen schiitische Kritiker der Islamischen Republik Iran.[92]

Die Kritik stellt die Frage der religiösen Autorität mit neuer Schärfe – gerade heute, wo das sunnitische Kalifat seit längerem abgeschafft und der Imam nach zwölferschiitischer Lehre seit mehr als einem Jahrtausend «entrückt» ist, um erst am Ende der Zeiten als «Mahdi» zurückzukehren: Wer verfügt in dieser Situation legitimerweise über die Interpretation religiöser und religiös-rechtlicher Normen, die im Allgemeinen als «göttlich» dargestellt werden? Die Antwort fällt nicht leicht, bedenkt man, was eben zu Klerus und Kirche gesagt wurde und wie kontrovers die These von einer zunehmenden Individualisierung religiöser Überzeugungen und Praktiken in unterschiedlichen muslimischen Milieus und Gesellschaften diskutiert wird.[93] In der wissenschaftlichen Diskussion hat es sich eingebürgert, generell von einer *Fragmentierung* religiöser Autorität in der Moderne zu sprechen. Angemessener erscheint jedoch der Begriff der *Pluralisierung*, nicht zuletzt um dem Eindruck entgegenzuwirken, in früheren Zeiten sei religiöse Autorität unhinterfragt, einheitlich und daher nicht «fragmentiert» gewesen. Das aber ist nicht der Fall. Allerdings hatten in der Regel nur wenige Menschen Zugang zu alternativen Islamauffassungen, konkurrierenden Autoritäten und eigenständigen Möglichkeiten der Information und Meinungsbildung. Diese haben sich im Zeichen zunehmender Breitenbildung, hoher Mobilität und globaler Kommunikation signifikant erweitert und mit ihnen der Anspruch auf religiöse Autonomie und Autorität.[94]

So laut die Islamisten nach einer Durchsetzung der Scharia rufen, wird sie in den meisten muslimischen Ländern heute doch nicht integral und exklusiv angewandt, nicht einmal in der Islamischen Republik Iran oder im Königreich Saudi-Arabien.[95] In vielen Staaten prägen allerdings aus Koran und Sunna abgeleitete und mit der Scharia identifizierte Normen das Ehe- und Familienrecht. Weniger einschlägig sind sie auf den Gebieten der Wirtschaft (Verbot von Zinsen und Versicherungen), der sozialen Sicherung (Almosensteuer) und der Politik. Nur wenige Staaten wenden in der einen oder anderen Form die strafrechtlichen Normen der Scharia an. Die Aufgliederung in diese Felder entspricht, nebenbei bemerkt, einer modernen Betrachtungsweise, nicht Struktur und Geltungsanspruch des klassischen islamischen Rechts selbst. Von wenigen Ausnahmen abgesehen, kann weder von einer integralen Anwendung der Scharia gesprochen werden (was immer das genau heißen mag) noch von einer völligen Abkehr von islamrechtlichen Normen. Kennzeichnend sind vielmehr Ausweich- und Vermeidungsstrategien, die tradierte Rechtsnormen substantiell oder prozedural einhegen; die förmliche Suspendierung oder Abrogierung islamrechtlicher Normen ist selten, zumal wenn sie eine explizite koranische Textgrundlage aufweisen.[96] Nur in wenigen Staaten wie der Türkei und den ehemaligen zentralasiatischen Sowjetrepubliken ist die Geltung der Scharia förmlich außer Kraft gesetzt worden.

Von zentraler Bedeutung für die sogenannte Anwendung der Scharia ist all das, was man im weitesten Sinn unter öffentliche Moral fassen kann, ein Feld, das nicht nur Themen wie Drogen, Alkohol und Prostitution umfasst sowie alternative Lebensformen und -entwürfe und unkonventionelle Verhaltensmuster generell, sondern auch die Freiheit der Medien, der Wissenschaft und der Kunst. Einen entscheidenden Punkt markiert die Frage der Religionsfreiheit, genauer des freien Religionswechsels von Muslimen – und zwar nicht, weil dieser häufig vorkäme, sondern weil er die Bindekraft religiöser Normen und religiöser Zugehörigkeit illustriert. Das Feld der «Moralpolitik» bietet damit zugleich einen gleitenden Übergang zur dritten Dimension:

Religion und individuelle Lebensführung

Die überwiegende Mehrheit der Musliminnen und Muslime hält an ihrem Glauben fest, selbst wenn sie über ihn nicht ständig reflektiert. Öffentliche Kritik an religiösen Grundannahmen ist strikt verpönt. Konservative Vorstellungen von Sitte und Anstand, die, zu Recht oder Unrecht, auf den Islam zurückgeführt werden, gelten weithin als verbindlich. Das ist zwar keineswegs identisch mit ihrer konsequenten Einhaltung, erleichtert jedoch eine Zensur missliebiger Ausdrucks- und Verhaltensweisen. Relevant wird dies vor allem im Zusammenhang mit alternativen Lebensformen und sexuellen Präferenzen, der künstlerischen und der akademischen Freiheit. Das Bekenntnis zum Islam verbindet sich mit der nicht selten demonstrativen Einhaltung der religiösen Pflichten (der sogenannten fünf Säulen des Islam: Glaubensbekenntnis, Ritualgebet, Almosengabe, Fasten im Monat Ramadan, Pilgerfahrt nach Mekka) und der Beachtung bestimmter Speise- und Kleidungsvorschriften sowie weitergehender Verhaltensnormen, die entgegen der Überzeugung vieler Beteiligter nicht unbedingt in *der* Form in Koran oder Sunna festgeschrieben sind, die im einzelnen Fall praktiziert oder gefordert wird. Sie gelten im Übrigen für Männer wie für Frauen. Im Mittelpunkt stehen hier der Verzicht auf Alkohol; die Geschlechtertrennung in der Öffentlichkeit; «züchtige Kleidung», namentlich der Schleier in seinen verschiedenen Ausprägungen vom Kopftuch bis zu Burka und Tschador. Die Hinwendung zum Islam, die unter dem Vorzeichen der «Reislamisierung» intensiv beobachtet (wenn auch durchaus nicht flächendeckend dokumentiert) wurde, manifestiert sich in der Verbreitung islamischer Medien und einer «islamischen» Konsum- und Massenkultur, die deutlich weiter reichen als der Arm des politischen Islam.[97]

Islam ist eine öffentliche Religion *par excellence*. Das Minarett hat nach klassischer Rechtsauffassung alle anderen Gebäude zu überragen – was heute zwar längst nicht mehr gilt, wo selbst im saudischen Riad moderne Hochhäuser alle Minarette in den Schatten stellen, in unmittelbarer Nachbarschaft von Moschee und Kirche, Tempel oder Synagoge aber nach wie vor thematisiert wird. In den meisten muslimischen Mehrheitsgesellschaften verkündet der Gebetsruf öffentlich die Wahrheit der islamischen Botschaft. Vergleichbare Praktiken anderer Religionsgemeinschaften sind stark eingeschränkt, soweit sie überhaupt anerkannt werden. Gleichzeitig sind nichtmuslimische religiöse Stätten und Markierungen (Kleidung, Haartracht, Kopfbedeckungen) in den meisten muslimischen Gesellschaften selbstverständlicher Teil des Alltags.

In zwei Punkten kommt der Dominanzanspruch des Islam auf «islamischem Boden» deutlich zum Tragen: in den Verboten nichtmuslimischer Mission und des uneingeschränkten Religionswechsels, die faktisch fast überall gelten, selbst dort, wo sie nicht strafrechtlich definiert sind. Zwar hat eine Vielzahl islamisch geprägter Staaten die UN-Menschenrechtserklärung von 1948 und die darauf folgenden Menschenrechtspakte unterzeichnet. Nicht wenige aber haben gegen das Recht auf freien Religionswechsel Vorbehalt eingelegt, das auch Muslimen die Möglichkeit einräumt, ihren Glauben aufzugeben (sogenannte Apostasie, «Abfall» vom Glauben). Viele Verfassungen garantieren die Religionsfreiheit ihrer Bürger, schränken sie an anderer Stelle jedoch wieder ein, und nicht immer sind diese Einschränkungen ohne Weiteres zu erkennen (ein Beispiel bietet die Eheauflösung bei Apostasie). Damit ist auch die Grenze zwischen öffentlich und privat verwischt oder von vornherein so definiert, dass der (an sich private) Akt des Religionswechsels als (öffentlicher, politischer) Akt des Verrats an Heimatland und muslimischer Gemeinschaft erscheint: «Der Islam», so ist in diesem Zusammenhang zu hören, «ist des Muslims Vaterland.»[98]

Es handelt sich dabei nicht allein um staatliche Restriktionen; in vielen Ländern ist die Mehrheit der Gesellschaft in diesen Dingen wenig liberal eingestellt. Das Recht auf freie Rede, das auch die öffentliche Kritik an religiösen Dogmen beinhaltet, wenn nicht überhaupt an der Religion des Islam, wird derzeit selten gewährt. Der Karikaturenstreit hat 2005/06 einen Einblick in die Emotionen geboten, die freigesetzt werden (beziehungsweise von interessierten Kreisen gezielt geschürt werden können), wenn nach gängiger Auffassung die religiösen Werte des Islam beleidigt werden – hier in Gestalt einer Verunglimpfung des Propheten. Die «Schmähung des Propheten» (*sabb an-nabi*) zählt nach klassischer Rechtslehre zum Delikt der Apostasie und zieht die hierfür vorgesehenen zivil- und strafrechtlichen Sanktionen nach sich. Anders als in europäischen Gesellschaften, anders vor allem als in den USA, besteht in den muslimischen Mehrheitsgesellschaften somit kein freier Markt der Religionen, der neben einer Vielzahl muslimischer Strömungen und Bewegungen auch nichtmuslimischen Religionen und Kulten offensteht. Ein solcher freier

Markt wird von der Mehrzahl der Muslime auch nicht als erstrebenswert betrachtet. Konkurrenz gibt es nur *innerhalb* des «Rahmens des Islam» – ein Rahmen, der selbstverständlich seinerseits interpretationsbedürftig ist.

Muslime im säkularen Staat

All das ergibt sich nicht zwingend und quasi natürlich aus dem Islam – genauer gesagt, den normativen Textgrundlagen von Koran und Sunna. Es reflektiert vielmehr zeitgenössische Deutungen, die nicht zuletzt von politischen Erfahrungen und Erwartungen sprechen. Wie ein Blick, und sei er noch so kursorisch, auf die Geschichte zeigt, waren Religion und Staat «im Islam» – sieht man von der möglichen Ausnahme der charismatischen Führung der Gemeinde durch den Propheten ab – in der Regel nicht enger miteinander verknüpft als im Europa des Mittelalters, der Frühen Neuzeit und in Einzelfällen selbst noch der Neuzeit. Spezifisch für islamisch geprägte Gesellschaften sind vielmehr Bedeutung und Verständnis der islamischen Rechts- und Werteordnung, der Scharia, die auch im Zentrum aktueller Auseinandersetzungen stehen. Nicht die Trennung von Kirche und Staat ist somit das Thema, sondern das Verhältnis von Scharia, öffentlicher Ordnung und individueller Lebensführung.

Ein ebenso kursorischer Blick auf die Gegenwart zeigt, dass Muslime (gläubige, praktizierende Muslime) sehr wohl in säkularen Staaten leben können. Sie tun es nicht nur in Westeuropa, den USA, Kanada oder Australien, wo nach klassischer Rechtsauffassung andere Regeln gelten als im islamischen Herrschaftsbereich, dem *dar al-islam*. Sie tun es in Indien, das über Jahrhunderte unter islamischer Herrschaft stand. Sie tun es selbst in muslimischen Mehrheitsgesellschaften wie der

Türkei, den zentralasiatischen Republiken oder Tunesien, die auf autoritärem Weg «von oben» (zumindest in Teilen) säkularisiert wurden, und in Indonesien, wo der Islam im Rahmen der Staatsideologie der «Pancasila» nur eine von mehreren anerkannten Religionen darstellt. Manche bejahen eine weiter gehende, offen deklarierte Säkularisierung von Verfassung, Recht und Politik, und zwar nicht zuletzt in der Hoffnung, sie möge dem verbreiteten politischen Gebrauch von Religion Schranken setzen und Gewalt einhegen, wo sie im Namen der Religion ausgeübt wird. Die Mehrheit allerdings hat Vorbehalte gegen das Prinzip des Säkularismus, weil sie es politisch belastet und befrachtet sieht. Der Konflikt ist somit nicht gelöst, das Thema bleibt aktuell.

5. Islam, Menschenrechte und Demokratie

In der islamischen Welt wird der Ruf nach «guter Regierungsführung», Rechtsstaatlichkeit und der Achtung der Menschenrechte immer lauter, auch in islamistischen Kreisen, die vor allem für ihre Ablehnung alles Fremden, «Un-Authentischen» bekannt sind. Wie aber stellen sich Islamisten eine den modernen Lebensverhältnissen adäquate «islamische Ordnung» vor? Lassen sich in ihr Elemente einer freiheitlich-demokratischen Verfassung ausmachen, selbst wenn der Begriff der Demokratie nicht fällt, vielleicht sogar als «unislamisch» abgelehnt wird?

Islam und Islamismus

Eine der vielen Schwierigkeiten im Umgang mit dem Islam und der islamischen Welt besteht darin, dass unterschiedliche Wertvorstellungen, Verhaltensweisen, gesellschaftliche Strukturen und politische Aktionen von Muslimen selbst häufig als «islamisch» oder als Ausdruck «des Islam» (des «wahren», gelegentlich auch des «falschen» Islam) bezeichnet werden, so dass auch bei unvoreingenommenen Betrachtern der Eindruck entsteht, «der Islam» sei Ursache und Zweck aller möglichen Erscheinungen vom engen Zusammenhalt der Familie bis zur Unterdrückung der Frau und von der Verehrung politischer Führer bis zur Kritik am Westen. Da kann es nicht verwundern, wenn immer wieder gefragt wird, ob nicht im Islam der Grund für gesellschaftliche Missstände, autoritäre Strukturen und all die Formen von Gewalt zu suchen ist, die über die

Medien eine internationale Öffentlichkeit erreichen: Gewalt gegen Ungläubige, Gewalt gegen Minderheiten, Gewalt gegen Frauen. Damit aber ist genau die Art der essentialistischen Betrachtung erreicht, mit der Orientalismus-Kritiker seit Edward Said so hart ins Gericht gegangen sind.[99]

Darüber, was Islam bedeutet, und ob es überhaupt legitim und sinnvoll ist, gesellschaftliche und kulturelle Erscheinungen in muslimischen Gesellschaften mit «dem Islam» zu erklären, wird in der Wissenschaft heftig gestritten. Tatsächlich tut man gut daran, zwischen mehreren Dimensionen islamischen Denkens und muslimischen Handelns zu unterscheiden, die im konkreten Fall ganz unterschiedlich miteinander verbunden sein können: dem Islam als historisch eingebetteter, da von Menschen (und zwar ganz überwiegend Männern) erarbeiteter normativer Tradition, die auf einem Corpus «heiliger» Texte aufbaut; der orts-, zeit- und milieuabhängigen Praxis von Musliminnen und Muslimen in Geschichte und Gegenwart, die keineswegs durchgängig durch die normative, in Texten festgelegte Tradition bestimmt sein muss; und schließlich den ebenso vielfältigen Vorstellungen, die sich Musliminnen und Muslime von einem «rechten» islamischen Leben machen, die von der normativen Tradition und der eigenen Lebenspraxis geleitet sein können, nicht selten aber auch von ihnen abweichen. Islam ist ganz offensichtlich nicht gleich Islam, und das gilt für die Lehre ebenso wie für die Praxis. Und wie immer er gelebt und verstanden wird, kann der Islam allein die bestehenden Verhältnisse in den verschiedenen muslimischen Gesellschaften nicht erklären; er stellt bestenfalls ein Bestimmungsmoment unter mehreren dar.

Im vorliegenden Fall, wo es um das Verhältnis von Islam, Menschenrechten und Demokratie geht, ist zunächst die normative Tradition angesprochen, die im Wesentlichen durch zwei Texte begründet wird: den Koran als nach muslimischem Verständnis direkter göttlicher Rede («Offenbarung») und die Sunna als von der göttlichen Offenbarung inspirierte prophetische Rede und Praxis («Prophetentradition»). Beide gelten sie Muslimen als weitgehend unantastbar: Über den Status des Koran als Gotteswort öffentlich zu diskutieren, ihn gar nach dem Muster der historischen Bibelkritik als literarischen Text zu analysieren, ist, wie erwähnt, in weiten Teilen der islamischen Welt derzeit so gut wie unmöglich.[100] Weniger tabubeladen, wenn auch nicht ganz gefahrenfrei, ist der Umgang mit der Sunna als der Sammlung derjenigen Aussagen und Handlungen des Propheten Muhammad, die für spätere Generationen verbindlich, in Teilen sogar rechtsverbindlich sind. Anders als der Koran liegt die Prophetentradition nicht in Gestalt eines einzelnen Buches vor, sondern in mehreren Sammlungen, die zahlreiche als verlässlich geltende Einzelberichte (Hadithe) vom Reden und Handeln des Propheten enthalten, die von islamischen Gelehrten des 8. und 9. Jahrhunderts christlicher Zeitrechnung zusammengestellt wurden.[101] Der Koran ist hinsichtlich seiner Sprache, Komposition und Struktur sehr anspruchsvoll und daher in jedem Punkt auslegungsbedürftig, selbst dort, wo seine Aussagen auf den ersten Blick klar und eindeutig erscheinen mögen. Das gilt für dogmatische ebenso wie für rechtsrelevante Fragen. Islamischen Gelehrten war und ist dies im Allgemeinen bekannt; von Islamisten hingegen wird es gerne übersehen – wenn nicht überhaupt einfach abgestritten.

Sowohl der Koran als auch die Sunna erheben den Anspruch auf Wahrheit. Sie bilden das Fundament, auf das nicht nur Fundamentalisten ihren Glauben gründen. Sie stiften einen verbindlichen Bezugsrahmen und bieten zugleich ein Repertoire an Aussagen, Vorschriften, Weisungen, Bildern und Metaphern, auf das Muslime zurückgreifen, wenn sie nach Orientierung für ein islamisches Leben suchen. Aber es bleibt die Notwendigkeit der Interpretation, die nicht ohne Auswahl und Gewichtung der verschiedenen Aussagen auskommt, die Koran und Sunna bereit halten. Ohne Exegese geht es nicht. Das wirft zugleich die Frage nach religiöser Autorität und religiösen Autoritäten «im Islam» auf, die sich von frühester Stunde an gestellt hat und selten einheitlich beantwortet wurde. In der Gegenwart ist sie angesichts der sich rasch ausweitenden Bildungsmöglichkeiten und immer dichterer Kommunikation, dank derer immer mehr Menschen religiös relevantes Wissen erlangen und auf Grund dieses Wissens eigene Deutungsmacht beanspruchen, aktueller denn je.

Nach dem Verhältnis von Islam, Menschenrechten und Demokratie zu fragen heißt, Koran und Sunna mit heutigen Augen zu lesen. Das würde selbst dann gelten, wenn die normativen Texte hierzu eindeutige Aussagen machen würden. Das ist aber, wie erwähnt, nicht der Fall.

Fragen kann man daher nur, was heutige Musliminnen und Muslime unter Verweis auf Koran und Sunna zu Menschenrechten und Demokratie sagen – und das ist nicht überall dasselbe. Unter ihnen verdienen diejenigen Theoretiker und Aktivisten besondere Aufmerksamkeit, die ausdrücklich auf eine «islamische Ordnung» hinwirken und die man daher als «Islamisten» bezeichnet, um sie von der Mehrheit derjenigen Muslime zu unterscheiden, die sich zwar im Großen und Ganzen an islamischen Normen und Werten orientieren, aber nicht unbedingt einen islamischen Staat errichtet sehen wollen. Kennzeichen der «islamischen Ordnung» soll nach Auffassung der Islamisten sein, dass in ihr Religion, Recht und Politik untrennbar miteinander verbunden sind (die Kurzformel hierfür lautet «Der Islam ist Religion und Staat») und das «göttliche Gesetz» alleinige Grundlage individuellen Verhaltens und öffentlicher Ordnung bildet (hier lautet das Motto «Anwendung der Scharia»).

Die Schlagworte sind groß und grob und umstritten. Am besten versteht man sie als Teil einer kultur- und gesellschaftspolitischen Auseinandersetzung, in der sich Islamisten nach innen wie nach außen gegen ihre Widersacher abgrenzen. Im Inneren stehen Kritiker, die eine solche Verknüpfung von religiöser Überzeugung und öffentlicher Ordnung ablehnen, sei es im Rückgriff auf Koran und Sunna und damit gleichfalls religiös argumentierend, sei es offen säkularistisch und ohne die islamische Tradition zur Abstützung der eigenen Position zu bemühen. Und «außen» steht «der Westen» mit all den von ihm propagierten (aber nicht immer konsequent und glaubwürdig vertretenen) Normen und Werten von der Toleranz über die Menschenrechte bis zur Demokratie, der von den Muslimen eine Aufklärung fordert und eine säkulare Ordnung zur unverzichtbaren Grundlage einer freiheitlichen Moderne erklärt.

In islamistischen Kreisen wird seit Jahren über Form und Inhalt einer «islamischen Ordnung» nachgedacht, die an der Stelle «importierter» und daher, so lautet die gängige These, «unauthentischer» westlicher Modelle gesellschaftlicher und politischer Ordnung auf rein islamischer Grundlage die großen Anliegen der Islamisten – kulturelle Authentizität, soziale Gerechtigkeit, kollektive Einheit und Stärke – verwirklichen soll. Dabei spielen rechtsstaatliche Prinzipien und politische Partizipation eine größere Rolle, als man zunächst vielleicht denken würde, gelten doch die Islamisten, die so energisch auf «Authentizität» im Zeichen des Islam pochen, im Allgemeinen als erklärte Gegner westlicher Werte und Ordnungsvorstellungen. Das müsste Demokratie und die Idee der Menschenrechte an sich mit einschließen. Umso interessanter sind alle Überlegungen, die sich auf eine Eingliederung demokratisch-rechtsstaatlicher Prinzipien in einen explizit islamischen Rahmen richten. Im Mittelpunkt steht für Islamisten bezeichnenderweise weniger die Frage nach der *Leistungsfähigkeit* des demokratischen Modells bei der Bewältigung der enormen sozialen, kulturellen und politischen Probleme, die ihre Gesellschaften zu bewältigen haben, als vielmehr die nach ihrer *Legitimität* im Rahmen der eigenen religiös-rechtlichen Tradition. Im Zeichen der Globalisierung wird kulturelle Authentizität größer geschrieben denn je. Für Islamisten bildet auf jeden Fall der Islam den Maßstab, an dem sich alles messen lassen muss – nicht umgekehrt.

Es ist den Islamisten vielfach vorgeworfen worden, sie begnügten sich mit allgemeinen Aufrufen zu moralischer Umkehr («Der Islam ist die Lösung»), ohne ein bis ins Einzelne durchdachtes und stimmiges Konzept für eine «islamische Ordnung» vorzulegen, das modernen Anforderungen gerecht wird. Die Islamische Republik Iran ist für die meisten Muslime (und das gilt selbst für Schiiten) kein Vorbild, das Königreich Saudi-Arabien noch weniger; Sudan, Pakistan oder Mauretanien, die sich gleichfalls als islamische Staaten präsentieren, stehen gar nicht erst zur Debatte. Ein in der Praxis erprobtes und allgemein akzeptiertes Modell einer «islamischen Ordnung» liegt somit nicht vor. Wenn im Folgenden nun einige der Themen und Thesen der innermuslimischen Diskussion um Islam, Menschenrechte und Demokratie vorgestellt werden, so stützt sich dies in erster Linie auf die Beiträge sunnitischer Islamisten, unter denen ägyptische Muslimbrüder prominent vertreten sind.

Die «islamische Ordnung» und die «Anwendung der Scharia»

Islam, darüber sind sich heute wohl alle Muslime einig, ist mehr als das bloße Bekenntnis zu dem Einen Gott und seinem Gesandten Muhammad: Der Glaube verlangt nach Taten. Er begründet eine bestimmte Lebensführung, in der die religiösen Werte und Normen in innerweltliches Handeln übertragen werden; religiöse Ethik kann und darf nicht ohne gesellschaftliche Wirkung bleiben. Das muss sich in der einen oder anderen Weise auch auf dem Feld der Politik auswirken, die immer auf gewissen Werten beruhen und bestimmte Weltbilder reflektieren wird. Islamisten gehen in diesem Punkt jedoch weiter: Sie behaupten, die von Gott vorgegebene rechte Lebensführung lasse sich nicht allein auf individueller Ebene verwirklichen, sondern nur im Rahmen einer «islamischen Ordnung» (*nizam islami*), in der die göttlichen Gebote und Verbote uneingeschränkt durchgesetzt werden. Die Anwendung der Scharia setzt ihrer Überzeugung nach eine islamische Staatsgewalt voraus. Darüber besteht allerdings, um es ganz deutlich zu sagen, keineswegs Konsens in der weltweiten Gemeinschaft der Muslime. Zwar gehen alle Muslime davon aus, dass Glaube und Handeln in einer erkennbaren Weise miteinander verknüpft sein sollten und sie so unter anderem die Pflicht haben, die «fünf Säulen» des Islam einzuhalten. Aber sie fordern nicht alle einen islamischen Staat. Die Fixierung der Islamisten auf diesseitiges Handeln, auf Fragen des Rechts, der Politik und damit in letzter Konsequenz der Macht wird auch in muslimischen Kreisen vielfach sehr kritisch vermerkt.[102]

Auf Grund der allgemeinen Bindung an das göttliche Gesetz, dem alle unterliegen – «Herrscher» wie «Beherrschte» –, ist der Islam verschiedentlich als Nomokratie bezeichnet worden. Für die Begründung bürgerlicher und politischer Rechte und Pflichten ergeben sich daraus weitreichende Konsequenzen: Die Idee der Volkssouveränität etwa, aus der sich bürgerliche und politische Rechte und Pflichten ableiten ließen, hat in einer nomokratischen und theozentrischen, auf Gottes Gesetz und Willen gegründeten Ordnung keinen Platz. Souverän ist nach islami(sti)schem Verständnis allein Gott, da er für alle Zeiten verbindlich die Werte, Normen und Regeln festgelegt hat, die menschliches Leben leiten und die von keinem Herrscher und keiner parlamentarischen Mehrheit abgewandelt oder außer Kraft gesetzt werden können. Doch sagt die Ableitung von Rechten und Pflichten nicht unbedingt etwas über deren Inhalt aus. Es bleibt grundsätzlich die Möglichkeit, Elemente einer demokratisch-rechtsstaatlichen Ordnung in diesen religiösen Begründungszusammenhang einzuordnen. Dazu zählen die Idee der Menschenrechte, der Gleichheitsgrundsatz, das Mehrheitsprinzip und die Gewaltenteilung, die auf der Autonomie und Freiheit des Individuums sowie dem – institutionell verfestigten – Pluralismus der Meinungen, Interessen und gesellschaftlichen Gruppen aufbauen und in einem rechtsstaatlichen System verankert sind. Demokratie lässt sich ja nicht auf formale Verfahren und Strukturen reduzieren (Wahlen, Parlamente, Begrenzung von Amtszeiten), sondern setzt gewisse Rechts- und Wertvorstellungen voraus. Die allerdings können nicht nur auf dem Boden des christlichen Abendlandes gedeihen.

Die Frage der Menschenrechte

Für alle der genannten Elemente finden Muslime, und unter ihnen auch erklärte Islamisten, in der islamischen Tradition Anknüpfungspunkte. Die Angleichung islamischer Grundwerte wie Gerechtigkeit, Gleichheit und Gemeinwohl an moderne Standards setzt allerdings eine gründliche Neubestimmung dieser tradierten oder in der Tradition entdeckten Werte voraus. Es handelt sich um neue Deutungen, die in der Regel nicht von allen Muslimen, geschweige denn von allen Islamisten getragen werden. Vieles befindet sich hier noch im Fluss, auf jeden Fall aber in der Diskussion. Das gilt für die Menschenrechte ebenso wie für Definitionen einer rechtsstaatlichen Ordnung.[103]

Die Idee der Menschenrechte wird häufig aus dem Koran abgeleitet, wo in Sure 17,70 von der «Würde» der Menschen (im Plural) die Rede ist. Aus der grundsätzlichen Anerkennung einer Menschen*würde*, die ohne allzu große Schwierigkeiten von der Gesamtheit aller Menschen auf die Individuen übertragen werden kann, um so die Würde des einzelnen Menschen hervorzuheben, folgt freilich noch nicht zwingend ein bestimmtes Konzept von Menschen*recht* oder Menschen*rechten*. Sehr viele Islamisten bemühen sich allerdings um die Ableitung «islamischer» Menschenrechte aus den koranischen Vorgaben. Dabei findet im Allgemeinen die Verantwortung des Menschen stärkere Betonung als seine Freiheit: Gerade islamistische Theoretiker unterstreichen die religiöse und gesellschaftliche Verantwortung des Einzelnen, die sie aus den koranischen Aussagen ableiten, denen zufolge die Menschen von Gott als seine Stellvertreter oder Treuhänder auf Erden eingesetzt sind. Der arabische Terminus lautet «*khalifa*»: In diesem Sinn sind alle Menschen «Kalifen» Gottes auf Erden, nicht nur, wie in den klassischen Kalifatslehren, das legitime Oberhaupt der muslimischen Gemeinschaft.

Es ist also nicht so, dass nach vorherrschender islamischer Lehre und modernem islamistischen Verständnis das Individuum ganz der Gemeinschaft der Muslime, der *umma*, untergeordnet, wenn nicht gar geopfert würde. Pflichten und Rechte der Individuen werden sehr wohl ausgearbeitet. Das klassische islamische Recht geht vom individuellen Rechtssubjekt aus, das vor Gott und den Menschen Verantwortung trägt, nicht vom Kollektiv der *umma*. Die Individuen sollen sich aber harmonisch in die Gemeinschaft einfügen und ihre individuellen Interessen und Wünsche im Zweifelsfall dem «Gemeinwohl» unterordnen: Gemeinnutz geht vor Eigennutz. Das entspricht vormodernen Vorstellungen von «Gerechtigkeit», die aus dem ausgeglichenen Zusammenwirken ungleicher Teile erwächst, in dem jeder seinen Platz hat – und diesen Platz einhalten muss, wenn denn Ordnung und Gerechtigkeit gewahrt bleiben sollen.[104] Das Individuum findet in dieser Vorstellung sehr wohl Raum. Der Individualismus hingegen wird als egoistisch, spalterisch und destruktiv abgelehnt. Die Idee des vom göttlichen Gesetz losgelösten, autonomen Individuums und seiner freien «Entfaltung» ist diesem Denken fremd. Freiheit soll durch die innere Schranke des Gewissens und die äußere Schranke des Gesetzes eingehegt werden, das über allen individuellen Rechten steht.

Besonders eng sind die Grenzen im Bereich der sexuellen, der künstlerischen und der akademischen Freiheit gezogen: Moral wird unter Islamisten ganz groß geschrieben, und dementsprechend engagiert treten sie im Kampf gegen jegliche Form der «Unmoral», der «Sittenlosigkeit» und der «Korruption» (*fasad*) auf, die sie keineswegs auf die Ökonomie beschränkt sehen. «Moralpolitik» kann man sicher als eines der zentralen Anliegen der Islamisten bezeichnen; auf diesem Feld sind sie besonders aktiv. Das erklärt zugleich, warum das Geschlechterverhältnis im Allgemeinen und die Rolle der Frau im Besonderen eine so überragende Bedeutung für islamistische Lehre und Praxis besitzen. Freiheit wird als Grundwert einer islamischen Ordnung zwar grundsätzlich bejaht, im Konkreten jedoch recht weitgehend eingeschränkt – und zwar nicht nur von Islamisten, sondern auch von vielen «normalen», nicht-islamistisch orientierten Musliminnen und Muslimen, die in Fragen der Sexualmoral gleichfalls recht strenge Auffassungen vertreten und außereheliche oder gleichgeschlechtliche Beziehungen, die im Westen als Ausdruck individueller Freiheitsrechte toleriert, wenn nicht gar legalisiert werden, strikt ablehnen.

In der Definition legitimer Freiheit ergeben sich somit Differenzen zum modernen Menschenrechtsverständnis, das ja längst nicht mehr nur «westlich» ist. Ähnliches gilt für den Gleichheitsgrundsatz. Nach islamischer Lehre, die sich auf verschiedene Aussagen in Koran und Sunna stützen kann, sind alle Menschen (zumindest aber alle gläubigen Menschen) vor Gott gleich:[105] Sie alle sind als seine Treuhänder oder Stellvertreter eingesetzt und insoweit zunächst einmal gleich würdig; ob Ungläubige diese Würde durch ihren Unglauben verwirken, ist unter muslimischen Gelehrten und islamistischen Theoretikern umstritten. Gleichheit vor Gott bedeutet aber nicht notwendig Gleichheit vor dem Gesetz: Im islamischen Recht sind Nichtmuslime, Sklaven und Frauen in bestimmten Bereichen – insbesondere im Familien- und Erbrecht oder als Zeugen vor Gericht – freien männlichen Muslimen nicht gleichgestellt.

Aus naheliegenden Gründen steht das Verhältnis zwischen den Geschlechtern im Mittelpunkt des allgemeinen Interesses.

Zwar gibt es in vielen muslimischen Staaten Bemühungen, bestehende Ungleichheit abzubauen, indem zum Beispiel das Scheidungsrecht zugunsten der Frau geändert wird; auch Islamistinnen und Islamisten zielen nicht selten in diese Richtung.[106] Doch bleibt die vorherrschende Meinung, zwischen Mann und Frau herrsche Gleich*wertigkeit*, jedoch keine volle Rechts*gleichheit*: Mann und Frau erfüllten komplementäre Rollen, wobei die Frau ganz klassisch in erster Linie als Hausfrau und Mutter gesehen wird und weitere Aufgaben nur nach Erfüllung ihrer häuslich-ehelichen Pflichten und mit Zustimmung ihres Ehemannes übernehmen soll. Dabei wird an ein partnerschaftliches Verhältnis gedacht, das mit traditionellen Rollenmustern bricht, nach denen Männer und Frauen sich weitgehend in getrennten Sphären bewegen – an der Stellung des Mannes als Haushalts- und Familienvorstand jedoch hält es fest. Hier dient der Koran als Referenz, der an einer Stelle ausdrücklich davon spricht, die Männer seien den Frauen «übergeordnet», zumindest aber «vorangestellt» (der arabische Begriff «*qawwamuna*» in Sure 4,34 lässt sich in beide Richtungen interpretieren). Nicht alle Musliminnen (und nicht einmal alle Islamistinnen) geben sich mit einer solchen Rollenzuschreibung zufrieden; manche versuchen, auf der Grundlage des Koran die volle Rechtsgleichheit von Mann und Frau in allen Bereichen des privaten und des öffentlichen Lebens zu begründen. Und dennoch gilt die Emanzipation der Frau nach westlichem Muster den meisten Islamistinnen nicht als erstrebenswert – und auch viele Musliminnen, die nicht islamistisch eingestellt sind, sehen in ihr die Gefahr einer Auflösung von Ehe, Familie, gesellschaftlicher Ordnung und Moral.

Neben der *Gender*-Thematik spielt die Stellung von Nichtmuslimen in einer «islamischen Ordnung» eine große Rolle, wobei im Allgemeinen jedoch nur von Juden und Christen die

Rede ist, deren Status als «Schriftbesitzer» (das heißt als Anhänger einer monotheistischen Offenbarungsreligion) im islamischen Recht einigermaßen präzise definiert ist.[107] Hindus, Buddhisten oder Konfuzianer, die außerhalb des Nahen und Mittleren Ostens von viel größerer praktischer Bedeutung für das Zusammenleben von Muslimen und Nichtmuslimen sind, werden hingegen kaum je angesprochen, und auch die Anhänger «neuer Religionsgemeinschaften» kommen mit Ausnahme der Baha'is und der Ahmadiyya-Bewegung, die sich im 19. Jahrhundert auf dem Boden des Islam herausbildeten, von den Mehrheitsmuslimen als «Apostaten» eingestuft und daher nicht toleriert werden, in den theoretischen Erörterungen kaum vor.[108] Nichtmuslimen (gemeint sind in der Regel also Christen und Juden) gestehen Islamisten vielfach gleiche bürgerliche und politische Rechte einschließlich des aktiven Wahlrechts zu, doch sollen sie von bestimmten Ämtern ausgeschlossen bleiben, die im weitesten Sinn als «religiös» verstanden werden. Dazu gehören das Richteramt, weil es die Scharia anwendet, und das Amt des Staatsoberhauptes, weil es die islamische Gemeinschaft repräsentiert und führt. Das geht über vormoderne Konzepte von Toleranz deutlich hinaus – die muslimische Gesellschaften lange Zeit in höherem Maß gewährt haben als das christliche Abendland, das sich auf seine Toleranz so viel zugutehält. Aber es erfüllt nicht den Gleichheitsgrundsatz.

Kann eine islamische Ordnung demokratisch verfasst sein?

So unverzichtbar der islamische Staat nach Überzeugung der Islamisten für ein wahrhaft islamisches Leben auch ist, sehen sie seine konkrete Gestalt doch nicht unbedingt durch das historische Kalifat vorgegeben. Zumindest gilt das für die

Mehrheit der sunnitischen Islamisten. Die Schiiten haben über die Jahrhunderte eigene Vorstellungen von religiöser und politischer Autorität entwickelt, die sich in wichtigen Aspekten von sunnitischen Lehren unterscheiden.[109] Über lange Zeit engagierten sunnitische Islamisten sich in erster Linie für die Durchsetzung der Scharia auf einzelstaatlicher Basis, nicht für die Einigung aller Muslime in der globalen *umma* und die Wiedererrichtung des weltumspannenden Kalifats. Solange die Scharia durchgesetzt wurde, erschien ihnen die Staatsform nebensächlich. Das scheint sich allmählich zu ändern, ohne dass bereits ein bis ins Einzelne durchdachtes Konzept erkennbar wäre. Mehrheitlich vertreten Islamisten die Auffassung, Koran und Sunna schrieben den Muslimen in politischen Dingen lediglich einige allgemeine Prinzipien vor: das Beratungsprinzip (*shura*), das politische Mitsprache, wenn nicht gar eine parlamentarische Demokratie islamisch begründen soll; die Verantwortlichkeit der Regierenden vor Gott und den Menschen, die als Grundlage für eine geregelte Rechenschaftspflicht, gegebenenfalls sogar die gewaltfreie Ablösung des «Herrschers» (Präsident, Imam, Kalif) dienen soll; die Unabhängigkeit der Justiz, die aus der Unverfügbarkeit des göttlichen Gesetzes abgeleitet wird, in das die weltliche Obrigkeit nicht eingreifen darf. Damit sind Grundsätze einer «guten Regierungsführung» (*good governance*) angesprochen, die internationale Organisationen von der Weltbank bis zum Weltwährungsfonds seit Jahren propagieren und die hier gewissermaßen islamisch formuliert, legitimiert und abgesichert werden.[110] Die in Koran und Sunna festgelegten und von Muslimen lediglich zu «entdeckenden» Maximen und Grundwerte müssen, so lautet die Argumentation weiter, den wechselnden Zeitumständen angepasst und in je angemessener Weise umgesetzt werden. Das kann im Rahmen eines wieder belebten Kalifats geschehen; es ist aber auch in einer islamischen Republik oder Monarchie möglich.

Die Ausrichtung auf die Scharia lässt dem Wandel der gesellschaftlichen Bedingungen und Bedürfnisse auf jeden Fall mehr Spielraum als die Fixierung auf das Kalifat. Sie erlaubt eine flexiblere Anpassung an die gegebenen Verhältnisse, ja selbst die Einbeziehung neuer, zunächst außerhalb des Islam entwickelter Formen politischer Artikulation und Organisation. Volkssouveränität allerdings kann es, wie erwähnt, nur in dem eingeschränkten Maß geben, dass Gott den Menschen gewisse Vollmachten zur Regelung ihrer Angelegenheiten überträgt, die das Volk wiederum an den «Herrscher» delegiert, eine Vorstellung, die sich bei weiterer Ausdehnung mit parlamentarischen Prinzipien in Einklang bringen lässt. Für die Ableitung politischer Mitbestimmung bietet die islamische Tradition recht gute Ansatzpunkte. Im Mittelpunkt steht hier das Prinzip der Konsultation (*shura*), das den Muslimen bereits im Koran anempfohlen wird.[111] Gemeint ist die gegenseitige Beratung in allen Lebenslagen, darunter auch die Beratung des Herrschers, die im Koran und in der historischen Praxis als ein Verfahren abgehandelt wurde und nur sehr selten als eine Institution. Vor allem außerhalb der Monarchien verstehen viele Interpreten *shura* heute als bindende Praxis und als Grundlage einer spezifisch islamischen Demokratie. Nach ihrer Überzeugung kann die parlamentarische Mehrparteiendemokratie als eine zeitgemäße Form von *shura* gelten, solange sie sich im Rahmen des Islam bzw. der Scharia bewegt.

Einen Pluralismus der Meinungen, Interessen und gesellschaftlichen Gruppen hat es in der islamischen Welt stets gegeben. Einem Ausspruch des Propheten Muhammad zufolge kann die Vielfalt der Meinungen sogar als «Gnade» für die

Gemeinde gelten. In der Rechtslehre, wo mehrere Rechtsschulen im Prinzip (wenn auch nicht immer in der Praxis) gleichrangig nebeneinanderstehen, wie auch in den großen Strömungen der Sunniten und Schiiten, die sich mehrheitlich gegenseitig anerkennen, hat das plurale Prinzip konkrete Gestalt angenommen. Überhaupt sieht die historische Bilanz in Bezug auf gelebten Pluralismus und angewandte Toleranz günstiger aus als in Europa: Eine systematische Verfolgung Andersdenkender und religiöser Minderheiten, wie sie in Europa vom Mittelalter bis in die Moderne praktiziert wurde, fand in der islamischen Welt nicht statt. Hier gab es keine vom Staat oder der Kirche gelenkten Ketzer- oder Hexenjagden und keine Inquisition.

Allerdings wollen zeitgenössische Islamisten die Meinungsunterschiede auf den «Rahmen des Islam» beschränkt sehen – den es jeweils zu definieren gilt, und die Definition ist natürlich Ausdruck gesellschaftlicher und politischer Machtverhältnisse. Unglaube, Zweifel und Atheismus sollen allenfalls geduldet werden, wenn dies den herrschenden Kreisen zweckmäßig scheint; als legitimer Ausdruck individueller Wahl- und Entscheidungsfreiheit werden sie nicht anerkannt. Im «Rahmen des Islam» kann Rede-, Versammlungs- und Vereinigungsfreiheit gewährt werden, wenngleich dies «islamfeindliche» Kräfte im Allgemeinen ausschließt. Für eine moderne Gesellschaft, die sich nicht nur aus gläubigen Bürgern zusammensetzt, wirft das natürlich Probleme auf. Über die Rechtsschulen hinaus sind die unterschiedlichen Auslegungen islamischer Werte und Normen in der Vergangenheit überdies kaum je institutionalisiert worden. Auch für die Gegenwart lehnen manche Islamisten politische Vereinigungen, Parteien und Gewerkschaften ab; politische Mitsprache und Beratung sollen sich nach ihrer Meinung auf Individuen beschränken.

Das Ideal der Einheit der muslimischen Gemeinschaft bleibt übermächtig.

Das Mehrheitsprinzip hat im Islam keine Tradition; es wird von vielen zeitgenössischen Theoretikern aber befürwortet, solange die Mehrheit keine «islamwidrigen» Entscheidungen fällt – und was islamwidrig ist, bleibt natürlich zu klären. Eine echte Gewaltenteilung ist nach klassischer Lehre zwar nicht zulässig, doch kann der Herrscher seine an sich unteilbare Gewalt an Untergebene delegieren. Hier knüpfen heutige Theoretiker an, die eine konsequente Gewaltenteilung für legitim und notwendig halten. Zwar gibt es nach islamischer Lehre streng genommen keine Legislative, da Gott als höchster Souverän die Normen, Werte und Gesetze irdischen Lebens für alle Zeiten verbindlich festgelegt hat und Menschen sie nur noch im Einzelnen interpretieren und auf ihre konkreten Lebensumstände anwenden können. Das aber kann nach moderner Auffassung durchaus im Rahmen einer parlamentarischen Ordnung geschehen, und zwar durch gewählte Abgeordnete, nicht nur durch muslimische Religions- und Rechtsgelehrte. Die Rechtsstaatlichkeit schließlich ist im Rahmen einer islamischen Ordnung, die ja auf der Grundlage der Scharia beruht, grundsätzlich gewahrt, beinhaltet jedoch, wie gezeigt, nicht notwendigerweise die Durchsetzung bürgerlicher Freiheit und Gleichheit.

Politik dient Islamisten insgesamt als Mittel zum Zweck, und der Zweck besteht in der Verwirklichung einer auf die Scharia gegründeten islamischen Ordnung, die man – mit allem, was das impliziert – als «Tugendstaat» verstehen kann. In dieser Sicht spiegelt sich ein eigenartig unpolitisches Politikverständnis, in dem die genuin politischen Kategorien von Macht, Interesse und Konkurrenz weitgehend ausgeblendet werden; zumindest gilt dies für die einschlägigen theoretischen Äußerungen; die Praxis sieht auch hier häufig anders aus. Im Mittelpunkt stehen religiös-moralische Kategorien wie gut und verwerflich (*ma'ruf* und *munkar*),[112] richtig und falsch (*haqq* und *batil*), zulässig und unzulässig (*halal* und *haram*) und das gleichfalls religiös definierte Gemeinwohl (*al-maslaha al-'amma*), an denen sich Wert und Berechtigung politischer Überzeugungen, Verfahren und Entscheidungen messen lassen sollen: Der Islam ist das Maß aller Dinge. Die Mechanismen und Verfahren politischer Machtausübung, parlamentarischer Kontrolle und demokratischer Partizipation blieben lange Zeit vernachlässigt; Funktion und Grenzen der Opposition wurden kaum je systematisch behandelt; die Haltung zum Mehrparteiensystem blieb zwiespältig: Ein moralischer Diskurs ersetzte vielfach die politische Analyse. Hier allerdings scheint sich, wie angedeutet, ein Wandel abzuzeichnen, als dessen Resultat auch die Fürsprecher einer «islamischen Ordnung» die Realitäten der modernen Massengesellschaft und die Eigenlogik des Politischen zunehmend anzuerkennen bereit sind.

Daher eine abschließende Bemerkung zum Verhältnis von Theorie und Praxis, hier: islamistischer Theorie und politischer Realität. Islamisten argumentieren im Allgemeinen zwar mit stetem Bezug auf Koran und Sunna und stellen ihre eigenen Überlegungen als die «Position des Islam» dar. Aber sie werden von ihrer Umgebung natürlich ebenso geprägt wie alle anderen gesellschaftlichen Kräfte. Ihre Vorstellungen von einer «islamischen Ordnung», guter Regierungsführung, Rechtsstaatlichkeit und Partizipation werden ebenso von obwaltenden politischen Verhältnissen beeinflusst wie die ihrer Kritiker, die sich auf nicht-religiöse, unter Umständen sogar offen säkularistische Grundsätze berufen. Sie alle lebten lange genug unter autoritären Regimen, die – selbst wenn sie öko-

nomisch, außen- und sicherheitspolitisch mit dem Westen zu-
sammenarbeiteten – ihren Bürgern rechtsstaatlichen Schutz
nur bedingt gewährten und politische Mitsprache vielfach
verweigerten. Ob sich im Nahen Osten in absehbarer Zeit ein
freierer Rahmen entwickelt, und wie Islamisten sich den ge-
wandelten Rahmenbedingungen anpassen, wird sich zeigen.

6. «Kein Zwang in der Religion»?
Religiöse Toleranz im Islam

Mit Berufung auf die christlich-abendländische Tradition, die Aufklärung und ihre jüngste Geschichte fordert die westliche Welt Toleranz: Toleranz gegenüber anderen Lebensstilen, abweichenden Meinungen und religiösen Überzeugungen. Sie fordert sie von sich und von anderen. Seit einiger Zeit ist vermehrt allerdings auch von den Grenzen der Toleranz die Rede, die denen aufgezeigt werden müssten, die sie selbst nicht achteten. An prominenter Stelle stehen hier der Islam und die Muslime, deren Verhältnis zu Toleranz im Allgemeinen und religiöser Toleranz im Besonderen, so muss man dieser Diskussion entnehmen, in ganz eigener Weise klärungsbedürftig, wenn nicht belastet ist. Tatsächlich ist das Thema ausgesprochen kontrovers: Sehen die einen den Islam als Religion der Toleranz schlechthin, beschwören andere den Fanatismus der Muslime, die die Ungläubigen «mit Feuer und Schwert» bekämpften und Nichtmuslime bestenfalls als «Bürger zweiter Klasse» zu tolerieren bereit seien. Beide Seiten argumentieren mit dem Koran, beide verweisen auf die Geschichte: «Goldene Mythen» erzählen von Zeiten friedvollen Zusammenlebens und hoher kultureller Blüte im umayyadischen Spanien (*al-Andalus*), fatimidischen Ägypten oder dem Bagdad der 1920er Jahre. «Schwarze Mythen» verweisen auf die Zerstörung hinduistischer Tempel auf dem Indischen Subkontinent, blutige Zusammenstöße in Nigeria, religiöse Repression in Saudi-Arabien und nicht zuletzt die Anschläge von *al-Qaʿida* und ihrem militanten Umfeld. In deren Schatten stand lange Zeit fast alles, was zum Islam gesagt und geschrieben wurde.

Der Begriff der Toleranz selbst deckt eine weite Spanne ab: Sie reicht vom Hinnehmen, Dulden, Gewährenlassen des Anderen, Fremden mit seinen anderen, fremden Überzeugungen und Verhaltensweisen bis hin zur Anerkennung dieser Überzeugungen und Verhaltensweisen als gleichwertig und gleichrangig.[113] Die duldende Toleranz kann sich auf pragmatisches Kalkül stützen, das an bestimmte Bedingungen geknüpft und damit reversibel ist; sie kann aber auch in der Einsicht in die Ungewissheit aller religiösen Erkenntnis gründen, die dem Anderen prinzipiell die Möglichkeit zugesteht, die Wahrheit zu suchen oder gar gefunden zu haben. Duldung und Anerkennung können miteinander verbunden sein, müssen es aber nicht: Pragmatische Duldung lässt sich auch ohne philosophische Reflexion praktizieren.

Die anerkennende Toleranz verbindet sich zumindest heute mit der Idee der Menschenrechte, der zufolge das individuelle Recht auf Selbstbestimmung auch das Recht auf die freie Wahl des religiösen Bekenntnisses umfasst – und seines jederzeitigen Wechsels. Die Glaubens- und Bekenntnisfreiheit wird erweitert durch das Recht auf freie Religionsausübung (Kultfreiheit) sowie gegebenenfalls einen Bestand an kulturellen Minderheitenrechten. Religionsfreiheit umfasst somit die individuelle und die kollektive, die private und die öffentliche Sphäre. Das bindet sie zugleich an bestimmte politische und rechtliche Voraussetzungen: Duldende Toleranz lässt sich im Rahmen des absolutistischen und des autoritären Staates üben, der seinen Untertanen oder Bürgern, unabhängig von den von ihm selbst vertretenen Überzeugungen, aus eigenem Antrieb gewisse Rechte zugesteht. Die anerkennende Toleranz hingegen setzt eine weitgehende Trennung von Religion, Recht und

Politik voraus (völlig unverbunden sind sie auch in einer laizistischen Ordnung nicht) und damit in letzter Konsequenz den säkularen Rechtsstaat.

Der Status von Nichtmuslimen «im Islam»

Obgleich das Thema ebenso sehr die Religionsfreiheit der Muslime selbst berührt, steht in seinem Mittelpunkt doch der Status von Nichtmuslimen «im Islam», der im Allgemeinen unter dem Vorzeichen der Minderheitenfrage betrachtet wird. «Minderheit» ist nicht zwingend gleichbedeutend mit Minderzahl; als Minderheit können auch Gruppen gelten, die nicht der dominierenden gesellschaftlichen Schicht angehören, sei diese nun ethnisch, sozial, politisch oder kulturell definiert. Immer aber schwingt im Begriff der «Minderheit» Unterlegenheit mit oder zumindest Randständigkeit. Das trifft auch auf den Islam zu. Unter islamischer Herrschaft bildeten Nichtmuslime über Jahrhunderte zahlenmäßig die Mehrheit: im Mittleren Osten bis ins Mittelalter, im Osmanischen Reich bis in die Neuzeit, auf dem Indischen Subkontinent bis zum Zerfall des Mogul-Reiches im frühen 18. Jahrhundert. Ihr Status jedoch war von Anfang an der einer unterworfenen Gruppe bzw. einzelner unterworfener Gruppen; die Bestimmungen des islamischen Rechts spiegeln eine gesellschaftliche Hierarchie wider, an deren Spitze (männliche) Muslime stehen. Die Rechtsnormen aber spielen noch heute eine große Rolle, selbst wenn die Diskussion meist mit Bezug auf den Koran und die Sunna als Fundament islamischen Lebens und Denkens geführt wird. Tatsächlich ist von einiger Bedeutung, was der Koran zum Thema religiöse Toleranz zu sagen hat und wie er es tut.

Theologie und Recht

Der Koran ist nach der Überzeugung gläubiger Muslime die Offenbarung, die Gott über einen Zeitraum von gut zwanzig Jahren auf Muhammad «herabgesandt» hat. Anders aber als viele Muslime heute annehmen, stellt er weder eine Verfassung noch ein Gesetzbuch dar. Eine Theorie der Toleranz, der Menschenwürde und der Menschenrechte sucht man in ihm ebenso vergeblich wie klar umrissene Profile einzelner religiöser Gruppen. Was der Koran bietet, sind Weisungen für rechtes Verhalten in konkreten Zusammenhängen und Strafandrohungen für unrechtes Verhalten im Diesseits und im Jenseits. Den Islam charakterisiert der Koran als monotheistische Schriftreligion. Ihm zufolge steht Muhammad am Ende einer langen Kette von Propheten, die zu einzelnen Völkern gesandt wurden, um sie mit der göttlichen Wahrheit vertraut zu machen oder an diese Wahrheit zu erinnern (Muhammad als «Siegel der Propheten»). Manche dieser Völker, so der Koran weiter, lehnten diese Botschaft ab und wurden vernichtet, andere – zu ihnen zählen die Juden und die Christen – nahmen sie an, verfälschten sie aber im Laufe der Zeit. Der Islam stellt die ursprünglich von Abraham verkündete monotheistische Religion in reiner Form wieder her; nach Muhammad kann es keine Prophetie und keine Propheten mehr geben, sondern nur noch Abweichung, Häresie und Apostasie. Der Islam ist das Alpha und das Omega, Anfang und Ende der Offenbarungs- und Heilsgeschichte, an der andere Anteil haben, die im Islam aber ihren Abschluss findet.

Die zwei Elemente Monotheismus und Offenbarungsschrift dienen zugleich als Kriterien für die Einordnung anderer religiöser Traditionen. Dabei wird grob unterschieden zwischen Gläubigen und Ungläubigen, die sich wiederum in

«Schriftbesitzer», «Heiden» (Polytheisten) und «Heuchler» untergliedern. Der Koran verweist an sehr vielen Stellen auf die Gläubigen (in unterschiedlichen Zusammenhängen und nicht zwingend identisch, *mu'minun* und *muslimun*) und die Ungläubigen (*kuffar* oder *kafirun*, Singular *kafir*, von *kufr*, Unglaube, wobei *kufr* sprachlich auf Undank verweist, gemeint ist Undank für die göttliche Gnade der Schöpfung). Der Koran erwähnt Israeliten (*Banu Isra'il*) und Juden (*hud*, *yahud*), wobei in der Tendenz die Israeliten die historischen Stämme Israels bezeichnen, Juden die Zeitgenossen Muhammads; Christen (*nasara*, wohl abgeleitet von Nazarener) und die nicht eindeutig identifizierbaren Sabier. Er spricht von «Schriftbesitzern» (*ahl al-kitab*) als den Anhängern einer monotheistischen Schriftreligion, die in der Regel Juden, Christen und Sabier umfassen, an einer Stelle wohl auch die Zoroastrier (*majus*, Magier), und von sogenannten Heuchlern (*munafiqun*), die vorgeben, den Islam angenommen zu haben, während sie in Wirklichkeit gegen Muhammad und die muslimische Gemeinschaft konspirieren.[114]

Dabei ist die Zuordnung dieser Begriffe nicht ganz einheitlich: Ebenso negativ wie das Alte Testament/die Hebräische Bibel zeichnet der Koran die Heiden oder Polytheisten (*mushrikun*, von *shirk*, im Deutschen meist als «Beigesellung» übersetzt), die im Gegensatz zu den Gläubigen mehr als eine Gottheit verehren. Juden und Christen werden an vielen Stellen deutlich von den Polytheisten abgegrenzt, da sie, wie die Muslime, an den Einen Gott glauben, an das Jüngste Gericht, Paradies und Hölle, Engel und Propheten. An anderen Stellen stehen sie selbst als Polytheisten da, weil die Christen Jesus und die Juden – so sagt der Koran – 'Uzair (Ezra?) zu Gottes Sohn erklären; insofern sind auch sie Ungläubige. Wiederholt werden einzelne Gruppen unter den Juden und Christen als gläubig bezeichnet, andere als Frevler. Die religiöse Bewertung der Nichtmuslime ist somit vielschichtig, um nicht zu sagen verwirrend. Nur schwer lassen sich die koranischen Hinweise in ein einheitliches Gesamtbild bringen; wer immer eines konstruiert, muss sich auf sperrige Einzelteile gefasst machen.

Das gilt in gleicher Weise für den Umgang mit den Ungläubigen jeglicher Art. Er soll sich im Wesentlichen an deren eigenem Verhalten orientieren: Sind sie aggressiv, werden sie (mit der Waffe) bekämpft; sind sie es nicht, gelten die üblichen Regeln von Sitte und Anstand. Verträge sind auf jeden Fall einzuhalten. Das «reaktive Prinzip» wird freilich nicht abstrakt formuliert, sondern ergibt sich aus der Zusammenschau zahlreicher Einzelaussagen, die mal den friedlichen Umgang mit Ungläubigen propagieren, mal den entschlossenen Kampf gegen sie (*jihad*). Einige Hinweise müssen hier genügen: Lapidar zieht Sure 109,6 die Grenze zwischen Gläubigen und Ungläubigen, ohne daraus eine Handlungsanweisung abzuleiten: «Ihr habt eure Religion und ich die meine» (*lakum dinukum wa-liya dini*). Sure 2 und 5 thematisieren die Gemeinsamkeiten und Differenzen der drei monotheistischen Religionen (die auch als «himmlische Religionen», *al-adyan as-samawiyya*, bezeichnet werden), über die Gott am Jüngsten Tag richten wird. In diesem Zusammenhang gehört Sure 2,139:

> Sag (zu den Leuten der Schrift): Wollt ihr mit uns über Gott streiten? Er ist doch unser und euer Herr. Uns kommen (beim Jüngsten Gericht) unsere Werke zu, und euch die euren. Wir sind ganz auf ihn eingestellt.

Zentral ist in diesem Zusammenhang Sure 5,48, die den religiösen Pluralismus zumindest mit Blick auf die monotheistischen Offenbarungsreligionen als gottgewollt bezeichnet:

Für jeden von euch haben wir ein (eigenes) Brauchtum und einen (eigenen) Weg bestimmt. Und wenn Gott gewollt hätte, hätte er euch zu einer einzigen Gemeinschaft gemacht. Aber er wollte euch in dem, was er euch gegeben (offenbart) hat, auf die Probe stellen. Wetteifert nun nach den guten Dingen! Zu Gott werden wir alle zurückkehren. Und dann wird er euch Kunde geben über das, worüber ihr uneins wart.

Das rüttelt nicht am Überlegenheitsanspruch des Islam, lässt aber Raum für die duldende Toleranz, unter Umständen sogar für die anerkennende. In diese Richtung zielt auch das Verbot religiösen Zwangs nach Sure 2,256 («kein Zwang in der Religion»), das hier – anders als später im islamischen Recht – weder eingegrenzt noch an irgendwelche Bedingungen geknüpft wird. Nach Koran 9,29 allerdings sollen die «Ungläubigen unter den Schriftbesitzern» (eine besonders problematische Aussage) so lange bekämpft werden, bis sie «klein» sind und «aus der Hand» eine nicht näher spezifizierte Abgabe (*jizya*) entrichten, die später meist als Kopfsteuer definiert wurde:

Kämpft gegen diejenigen, die nicht an Gott und den Jüngsten Tag glauben und nicht verbieten, was Gott und sein Gesandter verboten haben, und nicht der wahren Religion angehören – von denen, die die Schrift erhalten haben –, bis sie klein sind und aus der Hand (?) Tribut entrichten!

Der Text ist für sich genommen nicht eindeutig: Wer genau gemeint ist, und wie die Aussage zu verstehen ist, die Ungläubigen sollten nach ihrer Unterwerfung «klein» sein und «aus der Hand» «Tribut» zahlen (der hier verwandte arabische Terminus *jizya* bereitete schon den frühen muslimischen Korankommentatoren Schwierigkeiten), blieb umstritten: Soll der Passus besagen, dass sie ihre Unterlegenheit anerkennen oder man sie diese spüren lässt, sie unter Umständen sogar gezielt demütigt? Für beide Interpretationen gab und gibt es Fürsprecher. Sure 3,28; 5,51; 5,57 oder auch 60,1–3 fordern die

Muslime/die Gläubigen auf, sich die Ungläubigen nicht zu Freunden und Bündnispartnern zu wählen – nicht zuletzt, weil diese Sure 2,120 und 217 zufolge nicht ruhen werden, bis sie die Gläubigen zu ihrem eigenen Glauben bekehrt haben. Muslime sollen mit der eigenen Gemeinschaft solidarisch sein. Sure 60,8–9 hält die Muslime dazu an, denjenigen mit Anstand und Gerechtigkeit zu begegnen, die sie «in ihrer Religion» nicht bekämpft und nicht «aus ihren Wohnstätten vertrieben» oder Beihilfe zu diesen Taten geleistet haben, warnt zugleich aber vor jenen, «die sich ihnen anschließen»:

> Gott verbietet euch nicht, gegen diejenigen pietätvoll und gerecht zu sein, die nicht der Religion wegen gegen euch gekämpft (*lam yuqati-lukum fi d-dini*) und die euch nicht aus euren Wohnungen vertrieben haben. Gott liebt die, die gerecht handeln. Er verbietet euch nur, euch denen anzuschließen, die der Religion wegen gegen euch gekämpft und euch aus euren Wohnungen vertrieben oder bei eurer Vertreibung mitgeholfen haben. Diejenigen, die sich ihnen anschließen, sind die (wahren) Frevler!

Das spielt auf die Feindseligkeit der («heidnischen») Mekka-ner an, die die Muslime der islamischen Überlieferung zufolge im Jahr 622 n. Chr. zur Auswanderung (*hijra*) nach Medina zwang, mit der die islamische Zeitrechnung beginnt. Die Sure hat im Zusammenhang mit islamistischen Anschlägen auf zivile Ziele und unbeteiligte Menschen, mit dem islamischen Widerstand in Palästina, Libanon, Afghanistan und Irak neue Aktualität gewonnen. Der *jihad* im Sinne des vorbehaltlosen Einsatzes «auf dem Wege Gottes» (*al-jihad fi sabil allah*) erscheint im Koran an zahllosen Stellen als religiöse Pflicht der Muslime, wenn er auch nicht durchweg mit dem bewaffneten Kampf gleichzusetzen ist; von diesem ist im Koran sehr wohl die Rede. Der Begriff «heiliger Krieg» selbst ist allerdings nicht koranisch.[115]

Der Koran lässt im Übrigen keine systematische theologische Unterscheidung zwischen Juden und Christen erkennen, obgleich Juden charakterlich insgesamt negativer gezeichnet werden als die Christen.[116] Das negative Bild verstärkt die Prophetentradition (Sunna), die noch deutlicher als der Koran die Ereignisgeschichte widerspiegelt: Muhammad bekämpfte die wehrhaften jüdischen Clans in Medina, die nach muslimischer Überlieferung weder sein Prophetentum noch seine politische Führerschaft anerkannten, und vertrieb sie schließlich von dort. In der muslimischen Überlieferung werden (die) Juden daher als Feinde des Propheten und seiner Gemeinde dargestellt. Dass sich diese Tradition vor dem Hintergrund der Auseinandersetzung mit Israel und dem Zionismus aktualisieren ließ, liegt auf der Hand.

In einem anderen Zusammenhang stehen Aussagen, die vor allem dann anstößig sind, wenn über die duldende Toleranz hinaus Anerkennung erwartet wird: Der Koran berichtet an drei Stellen davon, dass Gott die Frevler unter den Schriftbesitzern (konkret gesprochen unter den Juden und Christen) verfluchte und sie in Affen, Schweine und Götzendiener verwandelte (Sure 5,60), und dass er denjenigen unter den Israeliten, die die Sabbatruhe brachen, befahl, sich in abscheuliche Affen zu verwandeln (Sure 2,65; 7,166). Die Verwandlung bestraft laut Koran also nicht die Juden und Christen insgesamt, sondern die Frevler unter ihnen. Ähnliches droht auch Muslimen, die Gottes Gebot übertreten. In der klassischen polemischen Literatur spielten diese Vorstellungen im Übrigen eine untergeordnete Rolle.[117]

Historische Praxis

Die Praxis der frühen Muslime, die sich in einem fulminanten Siegeszug eher unerwartet gegen die Großmächte ihrer Zeit durchsetzten und den Islam zwischen Iran und Spanien zur Religion der Herrschenden werden ließen, orientierte sich weniger an den religiös-rechtlichen Kriterien, nach denen der Koran die Nichtmuslime bewertete, als vielmehr an deren Stärke und eigenem Verhalten.[118] Die Eroberungen des 7. und 8. Jahrhunderts dienten in erster Linie der Ausbreitung islamischer Herrschaft, nicht der Zwangsbekehrung der lokalen Bevölkerung. Damit folgten die Eroberer koranischem Gebot, zugleich aber auch praktischen Erwägungen. In der Regel boten sie der lokalen Bevölkerung unabhängig von deren Religionszugehörigkeit einen Vertrag an: Schutz (*dhimma*; daher der Begriff «Schutzbefohlene», Singular *dhimmi*, für die dauerhaft im islamischen Herrschaftsbereich lebenden Nichtmuslime) von Leib, Leben, Besitz und in gewissen Grenzen auch der Kultausübung, der den einzelnen Gruppen ihre interne Organisation beließ, gegen variable Abgaben, insbesondere die Boden- und die Kopfsteuer (*jizya*), die auf persische (sassanidische) und byzantinische Rechtspraktiken zurückgriffen. Das galt selbst für Hindus, Buddhisten, Jainas oder Konfuzianer, die der Koran nicht erwähnt; die muslimischen Eroberer erklärten sie entweder zu Schriftbesitzern oder gewährten ihnen, auch ohne diesen religiösen Status, Rechtsschutz. Konfessionelle Unterschiede waren ihnen dabei weitgehend gleichgültig; manche Religionsgemeinschaften konnten sich unter islamischer Herrschaft daher freier entfalten als zuvor unter den Byzantinern und Sassaniden.

Im 8. und 9. Jahrhundert wurden in den urbanen Zentren des islamischen Reiches – neben Medina die neuen Garnisonsstädte Basra und Kufa im Irak und Fustat (heute Kairo) in Ägypten – zwei Säulen der islamischen Tradition ausgearbeitet: die Sunna des Propheten und das islamische Recht. Das «reaktive Prinzip» des Koran reflektiert die Verhältnisse der frühen Jahre, in denen die Muslime als kleine, gefährdete Minderheit einer zunächst überlegenen Mehrheit von Nichtmuslimen gegenüberstanden. Die muslimischen Gelehrten, die unter Bezug auf Koran, Sunna und örtliche Gewohnheiten die Grundzüge islamischen Rechts und islamischer Theologie erarbeiteten, lebten unter völlig veränderten Bedingungen; viele waren selbst Söhne nichtmuslimischer Konvertiten. Natürlich wurden sie durch die Denkmuster, Erfahrungen und allgemeinen Lebensbedingungen ihrer Zeit geformt. Aber, und hierin liegt die Problematik, ihre zeit- und milieugebundenen Lösungen gelten gläubigen Muslimen bis in die Gegenwart als wegweisend, wenn nicht gar als verbindlich.

Die Religions- und Rechtsgelehrten übersetzten den im Koran festgeschriebenen religiösen Vorrang der Muslime in die Regeln sozialer und politischer Dominanz. Ein Existenzrecht unter islamischer Herrschaft gestanden sie nur den Schriftbesitzern zu; den Heiden gaben sie die Wahl zwischen Bekehrung, Tod oder Versklavung.[119] Dort, wo sich diese harte Linie nicht durchsetzen ließ (später vor allem auf dem Indischen Subkontinent oder im subsaharischen Afrika), sollte es zumindest keine engen sozialen Kontakte, wie etwa gemeinsame Mahlzeiten oder Eheschließungen, geben. Juden, Christen, Sabier und meist auch die Zoroastrier hingegen genossen einen klar definierten Rechtsstatus und einklagbaren Rechtsschutz. Als «Schutzbefohlene» (*dhimmi*s) wurden sie dem islamischen Gemeinwesen eingegliedert und insoweit auch der Scharia unterstellt, die das Personal- mit dem Territorialprinzip verbindet. Die Scharia gilt prinzipiell im gesamten Herrschaftsbereich der jeweiligen muslimischen Obrigkeit, räumt Nichtmuslimen jedoch in gewissen Bereichen – namentlich im Personenstandsrecht (Ehe, Scheidung, Adoption, Erbsachen) – Freiräume ein, in denen sie ihrem eigenen religiösen Recht folgen können. Rechtsstreitigkeiten zwischen Angehörigen unterschiedlicher Konfessionen gehen grundsätzlich vor den muslimischen Richter – auch hierin spiegelt sich der Vorrang des Islam. Im Einzelnen wurde die Rechts- und Handlungsfähigkeit der *dhimmi*s von den islamischen Rechtsschulen unterschiedlich definiert, so dass im malikitischen Marokko andere Regelungen galten als im zaiditischen Jemen oder im zwölferschiitischen Iran. Der Schutz der *dhimmi*s war an die Zahlung von Tribut, Abgaben und Steuern geknüpft, an erster Stelle die Kopfsteuer (*jizya*), von der Sure 9,29 spricht.

Als erobernde Minderheit hatten die Muslime zunächst ein gewisses Interesse daran gehabt, sich deutlich und auf den ersten Blick erkennbar von der Masse der Nichtmuslime abzuheben. Dies geschah in bewährter Weise durch Kleidung, Haar- und Barttracht. Der Zweck der Ab*grenzung* wandelte sich in den Abhandlungen der Juristen immer klarer in die sichtbar gemachte Ab*wertung* des Anderen, die ihn als sozial niederrangig markierte. Der sogenannte 'Umar-Pakt, der wohl im 8. Jahrhundert formuliert und zum Zwecke der höheren Legitimation dem zweiten Kalifen 'Umar b. al-Khattab (reg. 634–644 n. Chr.) zugeschrieben wurde, untersagte den Christen (die Regelung wurde sukzessive auch auf andere *dhimmi*s ausgeweitet), sich so zu kleiden oder ihre Haare so zu schneiden wie die Muslime; er verbot ihnen, Pferde zu reiten, und verpflichtete sie, Muslimen auf der Straße Platz zu machen.[120] Ihre Religion durften sie ausüben, aber nur in ihren eigenen Siedlungen und/oder in geschlossenen Räumen. Glockengeläut, Prozessionen und dergleichen waren allenfalls dort zulässig, wo keine Muslime lebten; Kirchen, Klöster, Tempel, Synagogen, Friedhöfe usw. durften nur dort und nur mit Genehmigung der muslimischen Obrigkeit erneuert werden, was die Fortsetzung des Kultes über kurz oder lang gefährdete. Der Bau und Unterhalt religiöser Einrichtungen der Nichtmuslime ist bis in die Gegenwart besonders konfliktträchtig.

Während den Muslimen die (friedliche) Verkündigung des eigenen Glaubens (*da'wa*) oblag und obliegt, wurde und wird sie den Nichtmuslimen, zumindest insoweit sie auf Muslime zielt, untersagt – auch dies ein Ausdruck der religiösen Hierarchie. Bis heute wird das Missionierungsverbot in so gut wie allen muslimischen Mehrheitsgesellschaften durchgesetzt. Es korrespondiert mit der gravierendsten Einschränkung der Religionsfreiheit für Muslime, dem Apostasieverbot: Der Koran verurteilt ausdrücklich den «Abfall» vom Islam (arab. *ridda*, schon der Begriff bringt die religiöse Rangordnung zum Ausdruck), er belegt ihn jedoch mit keiner irdischen Strafe.[121] Die Todesstrafe, zumindest aber schwerwiegende zivilrechtliche Sanktionen wie die Auflösung der Ehe oder der Verlust der Erb- und Testierfähigkeit, mit denen der Gesetzgeber in vielen muslimischen Staaten zumindest jene bedroht, die ihre Abkehr vom Islam öffentlich bekunden, wurde von muslimischen Religions- und Rechtsgelehrten festgelegt, die Apostasie mit Hochverrat gleichsetzten.[122]

Formen des Miteinanders

Die Wirklichkeit wich häufig von den Vorgaben der Religions- und Rechtsgelehrten ab, ohne dass die rechtlichen Normen und hergebrachten Vorstellungen vom angemessenen Verhältnis zwischen Muslimen und Nichtmuslimen in aller Form aufgegeben worden wären, die Letzteren einen gesicherten, aber untergeordneten Platz in der gesellschaftlichen Ordnung zuwiesen. Ausschlaggebend für deren tatsächlichen Status waren mehrere Faktoren: ihre Nützlichkeit für den jeweiligen Herrscher bzw. die jeweilige muslimische Gesellschaft; die allgemeine Lage im Inneren des islamischen Herrschaftsgebiets (auch im Islam dienten Minderheiten in Zeiten innerer Not und äußerer Bedrohung gelegentlich als Sündenbock) und schließlich das Verhältnis des jeweiligen Herrschaftsgebiets zu den bestimmenden Mächten seiner Zeit. Die Kämpfe gegen die Byzantiner in frühislamischer Zeit, die Bedrohung durch Kreuzfahrer und Mongolen im Mittelalter und der europäische Kolonialismus in der Moderne blieben nicht ohne Auswirkung auf die lokalen Christen; die Auseinandersetzung mit Israel und dem Zionismus vergiftete das Verhältnis zu den einheimischen Juden. Damals wie heute diente die tatsächliche oder vermutete Kollaboration mit dem Feind als Begründung für die Ausgrenzung nichtmuslimischer Gemeinschaften auf eigenem Boden, selbst wenn diese sich mit der Nation und Heimat identifizierten und vom äußeren Feind distanzierten. Die mangelnde Unterscheidung zwischen religiöser und politischer Loyalität und Gemeinschaft war und blieb, nicht anders als in Europa, problematisch.

Dennoch lebten bis in die Moderne an den meisten Orten Muslime und Nichtmuslime friedlich mit- oder zumindest nebeneinander.[123] Räumlich gesehen herrschte in der Regel keine strikte Trennung, beruflich auch nicht; Handel und Wirtschaft waren über die Konfessionsgrenzen hinweg möglich, gesellschaftliche Kontakte ebenfalls; die materielle Kultur, soziale Normen und (volks-)religiöse Vorstellungen wurden weithin geteilt. Selbst interkonfessionelle Eheschließungen waren möglich, wobei allerdings einmal mehr die muslimische Vorherrschaft zum Ausdruck kam: Ein Muslim konnte eine Jüdin oder Christin heiraten, die gemeinsamen Kinder wurden Muslime; in Mogul-Indien kam es in klarem Widerspruch zu Koran 2,221 («Und heiratet keine heidnischen Frauen, solange sie nicht gläubig werden! Eine gläubige Sklavin ist besser als eine heidnische Frau») sogar zu Heiraten mit Hindu-Frauen. Für die nichtmuslimische Gemeinschaft bedeuteten Mischehen einen Verlust; dementsprechend schwer waren die von ihren eigenen Autoritäten angedrohten oder verhängten Sanktionen. Daneben bestanden – auf Seiten aller Beteiligter – Vorstellungen über rituelle Reinheit und Unreinheit, die vor allem an religiös definierten Stätten (Moscheen, Kirchen, Tempeln, Synagogen) Grenzen zogen. Besonders deutlich zeigt das ein charakteristisches Element des in Iran angewandten imamitischen (zwölferschiitischen) Rechts: die Vorstellung von der Unreinheit der Nichtmuslime (*najas*), die zoroastrische Reinheitsvorschriften widerspiegeln dürfte, wenngleich ähnliche Konzepte auch im sunnitischen Islam bekannt waren.

Und doch führte das, was man gemeinhin als Volksfrömmigkeit bezeichnet, Gläubige der unterschiedlichen Religionen zusammen: Juden, Christen, Hindus und Muslime verehrten heilige Männer und Frauen, selbst wenn diese nicht der eigenen Religionsgemeinschaft angehörten, sie besuchten deren Schreine, Gräber und Mausoleen und feierten gemeinsam Heiligenfeste; magische Kräfte wirkten auch über die Konfessionsgrenzen hinweg. Hinduistische Yogis und muslimische Sufis lernten voneinander. Manche (nicht alle!) Mystiker bekannten die Ungewissheit religiöser Erkenntnis und die prinzipielle Möglichkeit, auf unterschiedlichen Pfaden zur göttlichen Wahrheit zu gelangen – eine der Voraussetzungen für anerkennende Toleranz. Religiösen Reformern allerdings waren gerade diese Grenzüberschreitungen in der Regel ein Dorn im Auge.

Unter heutigen Gesichtspunkten ist ein weiterer Aspekt von Bedeutung: Nach islamischem Recht genießen die nichtmuslimischen Gemeinschaften in wichtigen Lebensbereichen ein hohes Maß an Autonomie – zunächst in der Ausübung ihres Kultus, in den die muslimischen Behörden so lange nicht eingreifen, wie er nicht in irgendeiner Weise «provozierend» in die (muslimische) Öffentlichkeit getragen wird. Die Entscheidung darüber, was als provozierend zu gelten hat, lag und liegt in der Regel bei der dominierenden Mehrheit. Autonomie bestand darüber hinaus im Familienrecht, bei Bildung und Erziehung und nicht zuletzt bei Wohlfahrt und Sozialfürsorge, so dass gerade die Ärmsten besonders eng an die eigene Gemeinde gebunden blieben.[124] In spätosmanischer Zeit verfestigte sich das Prinzip der Autonomie im sogenannten *Millet*-System (abgeleitet von arabisch *milla*, türkisch *millet*, Gemeinschaft), das neben der rechtlichen Teilautonomie auch die Vertretung der vom Staat anerkannten nichtmuslimischen Gemeinschaften gegenüber der Hohen Pforte regelte. Es bestand auch über 1856 hinaus, als im Zuge der *Tanzimat*-Reformen Muslime und Nichtmuslime formalrechtlich gleichgestellt wurden. Dabei wurde die *jizya* abgeschafft, nicht aber die Autonomie in Fragen des Familienrechts, der Bildung und Erziehung.

Noch heute wird das *Millet*-System gelegentlich als ein mögliches Modell des Miteinanders von Muslimen und Nichtmuslimen diskutiert, sei es, dass Nichtmuslime innerhalb einer muslimischen Mehrheitsgesellschaft einen modifizierten *Millet*-Status erhalten, sei es, dass die Muslime selbst als *Millet* in eine nichtmuslimische Mehrheitsgesellschaft eingebunden werden sollen. Wie sich dabei die Gewährung kultureller und sonstiger Gruppenrechte mit dem Schutz der individuellen Freiheits- und Gleichheitsrechte vereinbaren lassen soll, bleibt unklar.

Vom Schutzbefohlenen zum Bürger

Alles in allem blieb die Umsetzung der islamrechtlichen Bestimmungen eine Frage der Opportunität, die Unterordnung der Nichtmuslime unter den Islam (das heißt konkret gesprochen die jeweilige muslimische Elite) im Grundsatz aber unangefochten. Anders als Europa blickt die islamische Welt nicht auf eine systematische Verfolgung von Minderheiten, Ketzern oder Hexen zurück. Ausnahmen gab es – als Ausnahmen. Auf die Tradition praktizierter Toleranz verweisen Muslime, wenn ausgerechnet die Europäer mit ihrer besonders blutigen Geschichte der Intoleranz, die (*nach* der Aufklärung) in die Judenvernichtung mündete, sie in diesem Punkt belehren wollen. Die duldende Toleranz aber ist nicht gleichbedeutend mit bürgerlicher Gleichheit, und an diesem Standard müssen auch muslimische Staaten und Gesellschaften sich heute messen lassen.

Ein Blick auf ihre Rechts- und Verfassungsordnungen zeigt hinsichtlich Religionsfreiheit, Bürger- und Minderheitenrechten ein breites Spektrum: An einem Ende steht Indonesien, immerhin das bevölkerungsreichste muslimische Land, das gemäß der Lehre von der «Pancasila» allen monotheistischen Religionsgemeinschaften (zu denen hier auch die Hindus und Buddhisten zählen) gleiche Rechte einräumt; die Spannungen zwischen Christen und Muslimen auf den Molukken sind vor allem mit Migrationsproblemen verknüpft. Am anderen Ende steht Saudi-Arabien, das Nichtmuslimen (fast ausschließlich Ausländer) und einheimischen Muslimen, die wie die Schiiten von der herrschenden wahhabitischen Doktrin abweichen, das Recht auf freie Religionsausübung verwehrt. Hier erkennt der Staat den Grundsatz der Religionsfreiheit auf eigenem Boden gar nicht erst an. Restriktiv ist die Rechtspraxis in der

Türkei, wo die Religionsfreiheit von Nichtmuslimen, namentlich der einheimischen armenischen und griechisch-orthodoxen Christen, gravierend eingeschränkt wird.

Wiederum anders zeigt sich die Lage in Ägypten, wo der Bau oder die Renovierung koptischer Kirchen wiederholt zu blutigen Konflikten geführt haben, die freilich vom Staat nicht gedeckt und von einer breiten Bevölkerungsmehrheit verurteilt werden, die gerade die «Einheit von Kreuz und Halbmond» als Ausdruck ägyptischer Identität versteht. Das schließt die Diskriminierung von Kopten im Bildungswesen und im öffentlichen Dienst nicht aus, die allerdings nicht gesetzlich festgeschrieben ist. Keine Religionsfreiheit genießen die Anhänger der sogenannten Neuen Religionsgemeinschaften von den Baha'is bis zu den Zeugen Jehovas. Während in Ägypten die bloße Benutzung des Begriffs «Minderheit» als Angriff auf die eine und unteilbare Nation tabuisiert ist, gilt in Libanon, Jordanien oder Iran ein Proporzsystem, das bestimmten Religionsgemeinschaften einen festen Anteil an öffentlichen Ämtern und Mandaten garantiert.

Fast überall ist der Gleichheitsgrundsatz in der Verfassung verankert. Allerdings ist der Islam auch fast überall Staatsreligion; in einer Reihe muslimischer Staaten gilt die Scharia als die Grundlage, oder zumindest eine der Grundlagen, von Gesetzgebung und Rechtsprechung. Die Scharia aber müsste grundsätzlich neu interpretiert werden, wenn sie eine Gleichstellung von Muslimen und Nichtmuslimen in allen Lebensbereichen zulassen soll. Drei Problemfelder stehen hier im Brennpunkt: die Gleichstellung der Nichtmuslime vor Gericht, der Zugang zu öffentlichen Ämtern und die uneingeschränkte Religionsfreiheit.

Mit Blick auf den Mittleren Osten – in Südasien, Südostasien und im subsaharischen Afrika gelten andere Rahmenbedingungen – sollten verschiedene Personengruppen unterschieden werden: Muslimen wird im Zeichen des Apostasieverbots das Recht auf freien Religionswechsel verwehrt; die öffentliche Abkehr vom Islam wird zumindest zivilrechtlich geahndet. Schlichtweg verboten und als Apostaten strafrechtlich verfolgt werden die Baha'is, Babis und Ahmadis, die sich im 19. Jahrhundert in einem muslimischen Milieu herausbildeten, wobei die Babis und Ahmadis sich selbst als Muslime betrachten, während die Baha'is sich zu einer eigenen Religionsgemeinschaft entwickelt haben. Angehörige der «himmlischen Religionen» genießen in den genannten Grenzen fast überall Religionsfreiheit, dürfen im Gegensatz zu den Muslimen aber nicht missionieren. «Neue Religionsgemeinschaften» werden von Staats wegen nicht anerkannt und besitzen (übrigens nicht selten im Einklang mit den Wünschen der etablierten christlichen Kirchen und jüdischen Gemeinden, unter denen sie vorrangig missionieren) kein Recht auf Glaubens- und Kultfreiheit. «Heiden» gibt es im Mittleren Osten offiziell nicht mehr, in Süd- und Südostasien wurden unterschiedliche Wege gefunden, ihren Status zu regeln.

Eine gewisse Bandbreite decken im Übrigen auch islamistische Toleranzkonzeptionen ab:[125] Hier stehen am einen Ende diejenigen, die Nichtmuslime nur als Schutzbefohlene (*dhimmi*s) in dem vom Islam und den Muslimen dominierten Staat zu dulden bereit sind, die Kopfsteuer einfordern, Nichtmuslime von allen Hoheitsfunktionen ausschließen und als Fünfte Kolonne der «Kreuzritter und Juden» unter Generalverdacht stellen. Am anderen Ende stehen jene, die, vom modernen Nationalstaat ausgehend, Nichtmuslime als Bürger mit «gleichen Rechten, gleichen Pflichten» anerkennen, ihnen in Fragen des Personalstatuts Autonomie gewähren und sie (ebenso wie Frauen) lediglich vom Amt des Staatspräsidenten ausschließen. Die harte Linie stellt eine Minderheitsposition dar, die unter anderem militante Islamisten in und um *al-Qaʿida* vertreten, die offenere ist sehr viel weiter verbreitet. Islamistische Stellungnahmen zu den Juden sind weniger unter dem Vorzeichen der religiösen Toleranz zu sehen, als vielmehr dem des politischen Konflikts: Ihr Ausgangspunkt ist die Existenz und Politik Israels als jüdischer Staat, wobei dies bekanntlich der Selbstdarstellung Israels entspricht, nicht einer antisemitisch gefärbten Fremdwahrnehmung. Zu Unrecht leiten zumindest militante Islamisten daraus ab, *alle* Juden seien wenigstens potentiell Unterstützer Israels und seiner Politik, mit der es die Gläubigen «in ihrer Religion bekämpft» und «aus ihren Wohnungen vertreibt» (Sure 60,8–9). Gleichzeitig haben vielfach rassistische, erkennbar antisemitische Stereotypen in islamistische Darstellungen Israels und der Juden Eingang gefunden, die auch über islamistische Kreise hinaus Wirkung zeigen.[126]

Mit Blick auf das Toleranzprinzip sieht die historische Bilanz muslimischer Gesellschaften ungleich besser aus als die des christlichen Europa, auch des neuzeitlichen. Der Gedanke einer von Gott gewollten religiösen Pluralität lässt sich aus dem Koran ableiten; die duldende Toleranz wurde islamrechtlich früh verankert und über Jahrhunderte praktiziert. Der vollen Anerkennung anderer Religionen, Konfessionen und Weltanschauungen als gleichrangig und gleichwertig stehen allerdings religiöse Vorbehalte entgegen, die in den meisten muslimischen Mehrheitsgesellschaften nach wie vor auf die Rechtsordnung, die Verfassung und die Verfassungswirklichkeit einwirken. Hier – nicht im Gewicht religiöser Argumente, Stimmen und Kräfte im öffentlichen Raum – liegt der entscheidende Unterschied zu den säkularisierten Rechtsordnungen des Westens. Das muss nicht so sein, und es muss nicht so bleiben. Die Kräfte, die in diesem Punkt auf eine Veränderung drängen, waren bis vor kurzem allerdings schwach.

7. Antisemitismus in der arabischen Welt

Kaum ein Thema ist heute sensibler und zugleich kontroverser als der Antisemitismus in muslimischen Milieus und Gesellschaften oder, wie oft gesagt wird, im Islam. Fachwissenschaftler haben lange gezögert, sich dieses Themas anzunehmen, sei es aus Angst, entweder als Feinde des Islam oder aber als Antisemiten gebrandmarkt zu werden, sei es, weil sie fanden, das Thema sei für eine ernsthafte Auseinandersetzung noch nicht hinreichend erforscht.[127] Fachleute können jedoch nicht stumm bleiben, wenn sich andere – oft auf der Grundlage dürftiger Informationen und begrenzter Kenntnisse – lautstark an der öffentlichen Diskussion beteiligen, Bilder prägen und Stereotypen schaffen, die der Kritik desto besser standhalten, je tiefer sie ins öffentliche Bewusstsein eingedrungen sind. Nach wie vor wird die Debatte vor allem im Westen und in Israel geführt, und aus naheliegenden Gründen stößt sie in Deutschland auf starken Widerhall. Es gibt daher gute Gründe, sich mit diesem Thema zu befassen – nicht nur um einige strittige Fragen zu vertiefen, sondern auch, um die Debatte über ihren derzeitigen Stand hinaus zu führen.

Die Furcht vor einem wachsenden Antisemitismus im Nahen Osten und in der muslimischen Welt insgesamt ist zwar nicht ganz neu, sie hat sich nach Beginn der Zweiten Intifada im Jahr 2000 und der Welle islamistischer Gewalt vor und nach dem 11. September 2001 aber verstärkt.[128] Das *European Monitoring Centre on Racism and Xenophobia* (EUMC) veröffentlichte daher in Zusammenarbeit mit dem Berliner Zentrum für Antisemitismusforschung 2003 eine Dokumentation zu antisemitischen Einstellungen und Aktivitäten unter Muslimen in den Ländern der Europäischen Union. Angesichts der sensiblen Befunde und der wachsenden Spannungen im Nahen Osten beschloss das EUMC jedoch, diese Dokumentation nicht zu veröffentlichen. Allerdings wurde sie von einigen jüdischen Organisationen online gestellt und damit einer größeren Öffentlichkeit zugänglich gemacht. Ähnliche Berichte dokumentierten rassistische, antijüdische und antisemitische Vorfälle in verschiedenen Mitgliedsstaaten der Europäischen Union.[129] Zugleich wurden antijüdische und antisemitische Äußerungen im Mittleren Osten und in anderen Teilen der islamischen Welt registriert, insbesondere in Iran und in der arabischen Welt.

Wenig überraschend lösten öffentlicher Tadel und Kritik aus dem Westen unter Arabern und Muslimen apologetische Reaktionen aus. Beide Seiten sind seither in ein bestimmtes Schema verfallen: Während die eine Seite nicht nur die Muslime, sondern den Islam als solchen angreift, behauptet die andere, der Islam sei gänzlich frei von Rassismus im Allgemeinen und von Antisemitismus im Besonderen; Juden hätten unter dem Islam stets Schutz und Frieden genossen, und da die Araber selber Semiten seien, könnten sie keine Antisemiten sein. (Diese Argumentation ignoriert unter anderem, dass die «semitische Rasse» selbst ein rassistisches Konstrukt ist und dass nicht alle Bewohner des Mittleren Ostens, geschweige denn alle Muslime Araber sind.)[130]

Apologetik ist nie weiterführend. Es steht außer Zweifel, dass die Einstellungen und Geschehnisse, die für Europa, den Mittleren Osten und andere Regionen dokumentiert wurden, Realität sind und dass sie Muslime unterschiedlicher Herkunft und Nationalität betreffen. Die Interpretation der Befunde ist allerdings häufig kontrovers. Ein Kernproblem liegt in der

Kontextualisierung, der Einordnung also einzelner Äußerungen und Vorkommnisse in einen größeren politischen Zusammenhang (Kolonialismus, arabisch-israelischer Konflikt),
und zugleich in der Frage, inwieweit diese Kontextualisierung
benutzt wird oder benutzt werden kann, um das Phänomen
zu bagatellisieren, statt ihm auf allen Ebenen entgegenzutre-
ten. Bislang hat sich die Debatte auf mehrere Themen konzentriert: auf den Status von Juden «im Islam», das heißt im Koran, in der Sunna des Propheten und in der islamischen
Tradition insgesamt, sowie «unter dem Islam», das heißt in
den Gesellschaften, die im Verlauf der Geschichte unter islamischer Herrschaft standen (beides lässt sich nicht immer klar
voneinander trennen); auf den arabisch-israelischen Konflikt
und seine Folgen für die wechselseitige Wahrnehmung; auf die
Kritik an Israel und der israelischen Politik, Antijudaismus
und Antizionismus; auf die Haltung der Araber und Muslime
zur Judenvernichtung (Holocaust/Shoah); auf Islam, *jihad*
und Gewalt sowie auf den politischen Islam und seine Einordnung als totalitäre Ideologie (hierauf verweist das polemische Schlagwort des «Islamo-Faschismus»).

Selbst wenn Kritiker dazu neigen, über den Islam als Ganzen und über die Muslime weltweit zu sprechen, liegt der
Schwerpunkt in der Regel doch auf Europa und dem Nahen
Osten; Muslime in den Vereinigten Staaten von Amerika
beispielsweise scheinen in diesem Zusammenhang noch nicht
systematisch erfasst worden zu sein. Auch die wissenschaftliche Literatur stellt diejenigen arabischen Länder in den
Mittelpunkt, die am stärksten in den arabisch-israelischen
Konflikt involviert sind. Es wird bei alledem viel verallge-
meinert, die empirische Basis ist noch immer recht schmal.

Juden im Islam, Juden unter dem Islam

Wer sich mit dem Status von Juden «im Islam» und «unter dem Islam» beschäftigt, muss zunächst zur Kenntnis nehmen, dass die Juden in den meisten Fällen nur eine von mehreren nichtmuslimischen Gemeinschaften darstellten und dass spezifische Bestimmungen und Maßnahmen in der Regel nicht speziell mit Blick auf die Juden getroffen wurden, sondern auf alle Nichtmuslime, die auf dem jeweiligen Territorium lebten.[131] Mittlerweile liegt eine Fülle von Fallstudien zur Frühen Neuzeit und zur Neuzeit vor. Man muss sich daher nicht lange mit der alten Debatte aufhalten, ob Nichtmuslime unter islamischer Herrschaft als «Bürger zweiter Klasse» generell unterdrückt wurden und unter muslimischem Fanatismus und der orientalischen Despotie zu leiden hatten, oder ob im Gegenteil Toleranz das entscheidende Merkmal des Islam war und Nichtmuslime deren vorrangige Nutznießer: Weder der «schwarze Mythos» noch der «goldene» wird der Komplexität der historischen Wirklichkeit gerecht, in der – wenig überraschend – Grautöne dominieren.[132]

Der Sache näher kommen die Frage nach der Bedeutung von Religion für sozialen Zusammenhalt, soziale Ordnung und gesellschaftlichen Austausch in muslimischen Gesellschaften (oder genauer: in Gesellschaften unter islamischer Herrschaft), die Frage nach der Bedeutung von Religion und Recht für die soziale Praxis sowie die Frage nach dem Zusammenhang zwischen sozialen und religiösen Unterschieden auf der einen Seite und sozialen und politischen Spannungen auf der anderen. Bis ins 20. Jahrhundert hinein (und darüber hinaus) diente die religiöse Zugehörigkeit als wichtiger Indikator der Gruppenidentität im Mittleren Osten wie auch in vielen anderen Gesellschaften. Aus diesem Grund spielte sie für das soziale Leben und den sozialen Raum eine wichtige Rolle. Wie in anderen Kulturen und Gesellschaften reflektierten Rechtsnormen und soziale Praktiken die bestehenden Machtverhältnisse, und in dieser Hinsicht waren Nichtmuslime in der Regel die Schwächeren. Äußere Unterscheidungsmerkmale wie Kleidung oder Haartracht markierten zwar auch andere Gruppen der Gesellschaft, einige aber wurden den schwächsten Mitgliedern der Gesellschaft entweder aufgezwungen oder aber verweigert – Nichtmuslimen, Frauen sowie unterworfenen muslimischen Gruppen. Dennoch ist Differenz nicht gleichbedeutend mit sozialer Spannung oder Unterdrückung. Es ist sogar argumentiert worden, dass gerade die Tatsache, dass ethnische und religiöse Unterschiede in der Regel sichtbar waren und als selbstverständlich hingenommen wurden, Menschen von niedrigem sozialem Rang oder einer anderen Religionszugehörigkeit in die Lage versetzte, sich in der Öffentlichkeit frei zu bewegen – vorausgesetzt, sie blieben metaphorisch gesprochen an «ihrem» Platz.[133]

Status und Stellung von Nichtmuslimen in muslimischen Gesellschaften variierten über Raum und Zeit sehr stark. Islamische Rechtsauffassungen und gängige Einstellungen basierten zum Teil auf uneindeutigen und widersprüchlichen Koranversen, die ihrerseits die wechselnden Beziehungen zwischen der frühen Gemeinschaft der Muslime und ihren nichtmuslimischen Nachbarn widerspiegelten. Das erlaubte es späteren Kommentatoren, diejenigen Passagen auszuwählen, die ihren Ansichten entsprachen.[134] Während der muslimischen Eroberungen des 7. und 8. Jahrhunderts passte sich die Praxis den jeweils herrschenden Bedingungen an und war daher von Ort zu Ort recht unterschiedlich. Es scheint jedoch ein Bedürfnis gewesen zu sein, zwischen Muslimen und Nichtmuslimen klare Grenzen zu ziehen, und zwar weniger durch eine räumliche Trennung als vielmehr durch äußere *markers* – Bekleidungsvorschriften, Kopfbedeckung oder Haartracht –, die *Personen* identifizierten, Muslime ebenso wie Nichtmuslime. Die islamische Jurisprudenz, die sich herausbildete, nachdem sich die Muslime als die Herren über ehemals christliche und zoroastrische Territorien etabliert hatten, versuchte, der gängigen Praxis strengere Vorschriften aufzuerlegen.

Im Wesentlichen theologischen Kriterien folgend, unterschieden muslimische Rechtsgelehrte zwei Kategorien von Ungläubigen: zum einen die Heiden oder Polytheisten, die mehr als eine Gottheit verehrten und keine Offenbarungsschrift besaßen; mit ihnen sollte es keinen sozialen Austausch geben, vielmehr sollten sie bekämpft werden, bis sie entweder zum Islam übertraten oder getötet beziehungsweise versklavt wurden. Die zweite Kategorie bildeten die «Schriftbesitzer» (*ahl al-kitab*) – Christen, Juden, die nicht eindeutig identifizierbaren Sabier sowie die Zoroastrier (deren religiöser Status allerdings umstritten blieb) –, mit denen der soziale Austausch erlaubt war.

Ausgehend von dem Koranvers «In der Religion (soll es) keinen Zwang geben» (Sure 2,256) wurde der Status der «Schriftbesitzer» durch einen Schutzvertrag (*dhimma*) gesichert, der ihnen Leben, körperliche Unversehrtheit, Eigentum und in gewissen Grenzen auch Kultfreiheit garantierte. Im Laufe der Zeit erhielten auch religiöse Gemeinschaften wie die Buddhisten, Hindus und Jainas in Süd- und Südostasien, die im Koran nicht als «Schriftbesitzer» anerkannt waren, Schutzrechte und wurden dementsprechend als *dhimmi*s behandelt. Der sogenannte 'Umar-Pakt legte ihrer Bewegungsfreiheit und ihrem Verhalten eine Reihe von Beschränkungen auf, insbesondere *in puncto* Kleidung und Haartracht, Benutzung von Waffen und Pferden, öffentlicher Ausübung der Religion, Höhe ihrer Häuser sowie Bau, Erweiterung und Instandsetzung von Kirchen, Klöstern, Synagogen und Tempeln. Diese Vorschriften dienten nicht nur dazu, *dhimmi*s auf den ersten Blick erkennbar zu machen, sondern sie als sozial niedriger stehend zu kennzeichnen.[135] Bekleidungsvorschriften bildeten ein gängiges Unterscheidungsmerkmal vormoderner Gesellschaften, auch in Europa. Sie mit dem gelben Stern gleichzusetzen, den die Juden unter den Nationalsozialisten tragen mussten, ist anachronistisch und irreführend.

Schutz wurde gegen die Zahlung von Tribut, Abgaben und Steuern unterschiedlicher Art gewährt, unter anderem einer Kopfsteuer (*jizya*, auf der Grundlage von Sure 9,29), die alle körperlich unversehrten freien männlichen erwachsenen *dhimmi*s ihren Vermögensverhältnissen entsprechend zu bezahlen hatten. Die islamischen Rechtsschulen definierten die Rechte und Pflichten der *dhimmi*s recht unterschiedlich. Die Rechtsgelehrten der Zwölferschia erklärten Nichtmuslime (wenn nicht überhaupt alle Nichtschiiten) für rituell unrein (*najis*), eine Bewertung, die insbesondere in Iran nach der safawidischen Eroberung im Jahr 1501 bedeutsam wurde. Es muss in diesem Zusammenhang daran erinnert werden, dass die Sorge um Reinheit und Unreinheit von den Juden und den Zoroastriern geteilt wurde, die die Grenzen ihrer Gemeinschaft ebenso entschlossen verteidigten wie die schiitischen Rechtsgelehrten.

Theorie und Praxis

Die Theorie war somit uneinheitlich. Aber auch die Praxis stand mit den gesetzlichen Vorschriften häufig nicht in Einklang – sie war bisweilen nachsichtiger, bisweilen aber auch strenger. Obrigkeitliche Anordnungen wurden auf lokaler

Ebene nicht immer umgesetzt, und ein Herrscher folgte nicht unbedingt der Politik seiner Vorgänger. Die tatsächliche Lage der *dhimmi*s hing von wirtschaftlichen und politischen Variablen ab. Gleichzeitig behielten die religiösen und rechtlichen Lehren ihre normative Kraft und beeinflussten herrschende Einstellungen. Wenn Nichtmuslime die vorgegebenen Grenzen überschritten, wurde dies als Verstoß verurteilt. Die Sprache war die der Moral: Den Nichtmuslimen wurden «Arroganz» und «anmaßendes Verhalten» vorgehalten (ein Aspekt, der im Kontext der Überlegenheit Israels gegenüber Arabern und Muslimen neue Bedeutung erlangte).

Im Laufe der Zeit wurden Nichtmuslime fast überall im Nahen Osten demographisch zu Minderheiten. Im Gegenzug für ihre Unterwerfung unter die muslimische Herrschaft genossen sie in Bezug auf Personalstatut und Familienrecht, Kultus und Bildung erhebliche Freiräume. Das machte sie zu weitgehend autonomen Gemeinschaften mit eigenen religiösen, rechtlichen und sozialen Institutionen und eigenen Bildungs- und Wohltätigkeitseinrichtungen. Bei den Juden bildeten die örtlichen Synagogengemeinden (Singular *kohel*) die für das Alltagsleben und die Beziehungen zu den anderen Gemeinschaften relevante Einheit. Die Autonomie der (anerkannten) Religionsgemeinschaften fand ihren deutlichsten Ausdruck im osmanischen *Millet*-System, das freilich erst im 19. Jahrhundert voll entwickelt war. Autonomie war nicht gleichbedeutend mit Segregation, wie es die Vorstellung vom «ethnischen Mosaik» suggeriert, das für die islamische Gesellschaft angeblich typisch ist. Nichtmuslime konnten sehr wohl Mitglieder verschiedener gemeinschaftsübergreifender Einheiten sein, seien es die des städtischen Wohnviertels, seien es Zünfte und Handwerkervereinigungen. Die Bindungen innerhalb der Gemeinschaft schlossen somit Beziehungen zu

Außenstehenden nicht aus; die Grenzen der religiösen Gemeinschaften waren keineswegs undurchlässig.

Während in den meisten Teilen des Nahen Ostens keine erzwungene Segregation herrschte, waren berufliche Spezialisierung und die Konzentration in bestimmten Wohngebieten entlang ethnischer und religiöser Grenzen weit verbreitet. Die berufliche Spezialisierung ist als «ethnische Arbeitsteilung» bezeichnet worden, bei der Nichtmuslime sich auf bestimmte wirtschaftliche Rollen und Funktionen konzentrierten, von denen manche unter Muslimen als niedrig oder rituell unrein galten. Ein oft zitiertes Beispiel sind die jemenitischen Juden, die gezwungen wurden, die Latrinen zu reinigen und den Abfall zu entsorgen; die koptischen Müllsammler im modernen Kairo sind ein anderes.[136] Doch auch hier herrschten je nach Zeit und Raum große Unterschiede. Wie Minderheiten in anderen Teilen der Welt engagierten sich Juden und Christen stark im internationalen Handel; die jüdischen und armenischen Handelshäuser im fatimidischen Ägypten, safawidischen Iran und Osmanischen Reich bilden prominente Beispiele. Damit zählten sie zu den wohlhabendsten Gruppen ihrer Gesellschaft, waren zugleich jedoch angreifbar: Sie waren reich, aber ohne eigenständige Machtbasis und spielten damit eine ähnliche Rolle wie die europäischen Hofjuden. Die *dhimmi*s wussten um ihre Angreifbarkeit und verhielten sich dementsprechend: Sie blieben unauffällig, vermieden es, ihren Reichtum zur Schau zu stellen, und pflegten gute Beziehungen zu den politischen Eliten, denen sie nur durch die Konversion zum Islam angehören konnten.

Fast überall im Nahen Osten herrschte eine gewisse räumliche Trennung nach ethnischer und religiöser Zugehörigkeit, Status und Beruf. In der Regel bildeten sich, häufig um religiöse Einrichtungen gruppiert, entlang bestimmter Straßen oder Straßenabschnitte innerhalb der einzelnen Stadtviertel «Nachbarschaften» auf ethnischer oder religiöser Grundlage. Im gesamten Nahen Osten waren jüdische Viertel oder Nachbarschaften deutlicher von den umliegenden Wohngebieten abgegrenzt und nicht selten durch Tore und Mauern abgeschirmt – nicht nur aus Sicherheitsgründen, sondern auch aus praktischen Erwägungen: Die Synagoge musste am Sabbat in Fußnähe sein. Die geschlossenen jüdischen Viertel oder Gettos im frühneuzeitlichen Marokko (*mellah*), im Jemen und in manchen iranischen Städten bildeten eher die Ausnahme als die Regel.[137]

Tradierte Vorstellungen, wie Nichtmuslime in einer muslimischen Gesellschaft zu leben und sich zu verhalten hatten, waren noch immer weit verbreitet, als sich von der Mitte des 19. Jahrhunderts an vor allem in den Territorien des Osmanischen Reiches Status und Rolle der Nichtmuslime und die interne Organisation ihrer Gemeinschaften zu wandeln begannen. Die Entwicklung verlief nicht einheitlich. Nur selten wurde eine Gemeinschaft als Ganze transformiert; in der Regel veränderten sich Status und Stellung von Individuen und deren Familien. Sie profitierten von den neuen Chancen in Bildung und Wirtschaft und erhielten Zugang zu rechtlichem Schutz und Privilegien, die ihnen von europäischen Mächten im Rahmen der sogenannten Kapitulationen angeboten wurden.[138] Ihr Erfolg und Scheitern wurde dann auf die Gemeinschaften projiziert, denen sie angehörten und als deren Repräsentanten sie wahrgenommen wurden. Im 19. Jahrhundert genossen freilich nicht nur Individuen den Schutz ausländischer Mächte, sondern ganze nichtmuslimische Gemeinschaften: Frankreich protegierte so die Katholische Kirche beziehungsweise die lateinischen Christen, der russische Zar die Griechisch-Orthodoxe Kirche. Die Juden hatten keine offizielle Schutzmacht, wenngleich sie vielerorts unter der Protektion europäischer oder amerikanischer Konsuln standen. Das galt insbesondere für Palästina. (Erst die Balfour-Deklaration vom November 1917, die unter britischer Mandatsverwaltung, also erst nach dem Zusammenbruch des Osmanischen Reiches, in Kraft trat, versprach britische Unterstützung bei der Errichtung einer «nationalen Heimstätte» für das jüdische Volk in Palästina.) Im Osmanischen Reich wurde, wie erwähnt, im Zuge der *Tanzimat*-Reformen 1855/56 die Kopfsteuer (*jizya*) abgeschafft und die rechtliche Gleichstellung von Muslimen und Nichtmuslimen proklamiert, das *Millet*-System jedoch nicht aufgehoben.[139]

Der verbesserte Rechtsstatus, verbunden mit wirtschaftlichem Erfolg, gab den Nichtmuslimen Selbstvertrauen und ein Gefühl der Sicherheit. Das war jedoch nicht gleichbedeutend mit dem Ende tradierter Vorstellungen von Überlegenheit, Unterwerfung und Schutz, die über Jahrhunderte hinweg die Beziehungen zwischen Muslimen und Nichtmuslimen bestimmt hatten. Unter Muslimen stießen die Reformen vielfach auf Ablehnung, nicht zuletzt, weil sie so offenkundig mit europäischer Einmischung verknüpft waren. In Libanon und in Damaskus kam es in den 1840er und 1860er Jahren zu massiver Gewalt zwischen Muslimen, Christen und Drusen; Juden blieben weitgehend unbehelligt.[140] Unabhängig davon jedoch, ob lokale Nichtmuslime tatsächlich unter ausländischer Protektion standen, wurden sie zunehmend als «lokale ausländische Minderheiten» wahrgenommen. Die koloniale Einflussnahme verstärkte diese Wahrnehmung.

Die Entstehung von Stereotypen

Nach dem Ersten Weltkrieg gerieten die meisten arabischen Provinzen des untergegangenen Osmanischen Reiches in Form von Protektoraten und Mandatsgebieten unter europäische Herrschaft, und sei es unter der Regie des Völkerbundes. Selbst die nominell unabhängigen Staaten waren in ihrer Innenpolitik in Bezug auf ihre nichtmuslimischen Minderheiten nicht frei. Ägypten ist dafür ein gutes Beispiel. Hier behielt sich Großbritannien auch nach Gewährung der nominellen Unabhängigkeit im Jahr 1922 ausdrücklich das Recht vor, die lokalen Minderheiten – mehrheitlich koptische Christen, aber auch Juden unterschiedlicher Herkunft und Nationalität – zu «schützen». Das konnte diesen in einer Zeit des erstarkenden Nationalismus nur schaden. Ähnliches galt für den Irak, Syrien, Libanon und den Maghreb. Iran und die Türkei müssten gesondert behandelt werden. Drei Phänomene beeinflussten im Folgenden Status und Wahrnehmung der Juden im arabischen Nahen Osten: die Ausbreitung antisemitischen Gedankenguts in der Region, das Aufkommen des Faschismus in Europa und die wachsenden Spannungen in Palästina. Die Phänomene überlagerten sich häufig und verstärkten einander, so dass es vielfach schwierig, wenn nicht unmöglich ist, sie klar voneinander zu trennen.

1. Exportierter Antisemitismus – In der wissenschaftlichen Literatur herrscht allgemeiner Konsens, dass Kernelemente des christlichen Antijudaismus und des modernen Antisemitismus durch den Kontakt zu Europa in den Nahen Osten gelangten – sei es, dass Besucher aus dem Nahen Osten in Europa mit diesen Ideen vertraut wurden, sei es, dass Europäer sie in den Nahen Osten trugen. Antijüdisches und antisemitisches Bild-

und Textmaterial in europäischen Sprachen verbreitete sich erstmals Anfang des 19. Jahrhunderts unter lokalen Christen der katholischen und unierten Kirchen. Auch im Nahen Osten waren die Beziehungen zwischen den einzelnen christlichen Kirchen sowie zwischen Christen und Juden seit alters her von Konkurrenz, Misstrauen und religiösen Vorurteilen belastet. Davon zeugen nicht zuletzt die Ritualmord- oder «Blutanklagen» gegen Juden, die (oft mit tatkräftiger Unterstützung europäischer Konsuln, Lehrer und Missionare) im 19. und frühen 20. Jahrhundert von lokalen Christen erhoben wurden – die sogenannte Damaskus-Affäre von 1840 bildet das bekannteste Beispiel.[141] Untersuchungen arabischer Lyrik und Belletristik legen nahe, dass Shakespeares *Kaufmann von Venedig* mit der Figur des Shylock zur Verbreitung des Stereotyps des grausamen und gierigen Juden unter einem arabischen Publikum beitrug.[142] Man wird davon ausgehen können, dass Shakespeares Ruf als einer der größten Schriftsteller Europas diesem Stereotyp ein gewisses Gewicht verlieh.

Studien zur Verbreitung europäischer antisemitischer Motive haben sich bisher auf schriftliche Quellen konzentriert, insbesondere *Die Protokolle der Weisen von Zion* und Hitlers *Mein Kampf* sowie deren arabische Übersetzungen. Über die Verbreitung anderer antisemitischer Werke in Originalsprache oder Übersetzung wissen wir wenig. In welchem Maße die antisemitische Ikonographie durch Publikationen, Plakate, Karikaturen, Spielfilme oder filmische Berichterstattung vor dem Zweiten Weltkrieg im Nahen Osten verbreitet und rezipiert wurde, ist noch weitgehend unerforscht. Es fehlen auch gründliche Untersuchungen türkischer und persischer Literatur und Quellen, ganz zu schweigen von Suaheli, Hindi und Punjabi, Urdu, Usbekisch oder Malaiisch. Soweit es solche Studien gibt, sind ihre Ergebnisse in die wissenschaftliche

Literatur zu Antijudaismus und Antisemitismus «im Islam» bislang nicht systematisch eingeflossen.

Die Protokolle der Weisen von Zion, die berühmt-berüchtigte Fälschung, der zufolge eine Verschwörung von Freimaurern und Juden nach der Weltherrschaft strebte, wurden zuerst 1903 in Russland veröffentlicht und nach der Oktoberrevolution von 1917 rasch jenseits der russischen Territorien verbreitet.[143] 1920 wurden sie ins Englische und Deutsche übersetzt. Die erste arabische Übersetzung soll 1921 im britischen Mandatsgebiet Palästina entstanden sein; sie wird dem griechisch-orthodoxen Herausgeber der nationalistischen Zeitung *Filastin*, 'Isa Da'ud al-'Isa (1878–1950), zugeschrieben. Die erste sicher belegte arabische Übersetzung erschien im Januar 1926 in der katholischen Zeitung *Raqib Sahyun* in Jerusalem, 1927 oder 1928 gefolgt von einer weiteren Übersetzung in Ägypten. Stefan Wild, dem wir mehrere bahnbrechende Untersuchungen zu diesem Thema verdanken, vermutet, die Texte hätten keine breite arabische Leserschaft erreicht, da die Übersetzer Christen waren. Zu dieser Zeit wurden jedoch zahlreiche große Zeitungen und Zeitschriften von arabischen Christen herausgegeben, an erster Stelle *Filastin* selbst, ohne dass dies ihren Leserkreis eingeschränkt hätte.[144] In den 1930er Jahren zirkulierten bereits (oft zensierte und bereinigte) Übersetzungen von *Mein Kampf*: in englischer Sprache schon seit 1933, in französischer Sprache seit 1938; arabische (Teil-)Übersetzungen kamen erstmals 1934 in Umlauf, angefangen mit Auszügen in der libanesischen Presse.[145] Im Übrigen sind nicht alle Bücher mit dem Titel *Kifahi* tatsächlich Übersetzungen von *Mein Kampf*; verschiedentlich handelt es sich um Schriften zu Hitler oder Biographien mit Auszügen aus seinen Reden und Schriften.

Die Bedeutung dieser Publikationen ist schwer einzuschätzen: Mit etwas Glück lassen sich Erscheinungsdatum, Erscheinungsort, Auflage und die Zahl der Nachdrucke und überarbeiteten Neuauflagen ermitteln. Daraus erschließen sich noch nicht die tatsächliche Leserschaft, die Rezeption und die Relevanz dieser Schriften für ein breiteres Publikum. Es kann daher nicht überraschen, dass die Rezeption antisemitischen Materials unter einer nahöstlichen Leserschaft nach wie vor kontrovers beurteilt wird.[146] Untersuchungen zu Ägypten zwischen den beiden Weltkriegen deuten darauf hin, dass ihr Einfluss selbst in nationalistischen Kreisen, die sich der britischen kolonialen Präsenz entschieden widersetzten, sehr beschränkt war. Studien zur jüdischen Minderheit in Ägypten bestätigen diesen Eindruck.[147]

Diese Bewertung muss jedoch hinsichtlich islamistischer Kreise modifiziert werden, insbesondere mit Blick auf die ägyptische Muslimbruderschaft, deren Führer Hasan al-Banna (1906–1949) von faschistischen Ideen der Einheit und starken Führerschaft durchaus fasziniert war, den Rassismus (*'unsuriyya*) allerdings als mit dem Islam unvereinbar verurteilte.[148] In den 1940er Jahren agitierten die Muslimbrüder gegen die in Ägypten ansässigen Juden als angeblicher Fünften Kolonne des Zionismus. Dabei vermischten sich antijüdische Motive der islamischen Tradition mit antisemitischen Stereotypen europäischer Provenienz. Die Muslimbrüder zählten auch zu den Ersten, die, angefangen mit dem arabischen Aufstand 1936–1939, den palästinensischen Widerstand gegen die Briten und Zionisten unterstützten. Dennoch gilt, dass in der gesamten Zwischenkriegszeit keine arabische Regierung antijüdische oder antisemitische Maßnahmen rechtlicher oder sonstiger Art traf.

2. Die Anziehungskraft des Faschismus – Die Beziehungen zwischen nahöstlichen Akteuren und dem nationalsozialistischen Deutschland sind sowohl aus deutscher als auch aus der jeweiligen lokalen Perspektive recht intensiv erforscht worden.[149] Der Schwerpunkt liegt wiederum auf den arabischen Ländern von Marokko bis zum Irak; Iran und die Türkei sind weniger gut untersucht.[150] Demnach beruhten die arabischen Sympathien für Deutschland sowohl unter Kaiser Wilhelm II. als auch unter Hitler (die Weimarer Republik ist in diesem Zusammenhang weniger relevant) größtenteils auf dem Konkurrenzverhältnis Deutschlands zu Großbritannien und Frankreich als den wichtigsten Kolonialmächten im Nahen Osten («der Feind meines Feindes ist mein Freund»). Den Ausschlag gaben somit politische und strategische Überlegungen und nicht eine ideologische Affinität. Italien, das 1911/12 Libyen annektierte, in den 1920er und frühen 1930er Jahren das libysche Hinterland brutal unterwarf und 1935 in Abessinien (Äthiopien) einfiel, war für antikolonialistische arabische Nationalisten und islamische Aktivisten von geringer Attraktivität.[151]

Und doch ging es um mehr als um reines Machtkalkül: In den 1930er und 1940er Jahren verbanden sich die Sympathien für Deutschland häufig mit der Bewunderung für bestimmte Elemente der faschistischen Ideologie, Organisation und Symbolpolitik – die Betonung von Einheit, Disziplin und Stärke, die Idee nationaler Wiedergeburt unter der Regie eines starken Führers, der das Gemeinwohl über den Eigennutz stellte. Namentlich in Syrien, Libanon und im Irak gehörte hierzu die Kritik am Konfessionalismus als Hindernis auf dem Weg zu politischer Einheit und sozialem Zusammenhalt. In den Augen vieler standen Faschismus und Nationalsozialismus für Modernität, Dynamik, Energie und Willenskraft –

alles hoch attraktiv für nationalistische Theoretiker und Aktivisten im Kampf gegen die westliche Kolonialherrschaft.

In den meisten Fällen führte die Faszination durch faschistische Ideen (und durch Elemente faschistischer Politik, die nicht sämtlich symbolischer Natur waren) nicht zu Rassismus und Antisemitismus.[152] Fallstudien zu paramilitärischen Jugendbewegungen wie der Organisation Junges Ägypten (*Misr al-Fatat*) in Ägypten, den christlichen Phalangisten (*Kata'ib*) in Libanon oder der Syrischen Sozialen Nationalistischen Partei und ihrem Gründer Antun Sa'ada (1904–1949) veranschaulichen dies.[153] Untersuchungen zum Irak zwischen den Weltkriegen und der antibritischen Bewegung unter Rashid 'Ali al-Kailani (Gailani) vom Frühjahr 1941 zeitigen weniger eindeutige Ergebnisse: Wenn das Bagdad der 1920er Jahre auch als ein «goldenes Zeitalter» muslimisch-jüdischer Koexistenz in Erinnerung geblieben ist, so kam es doch eben hier zu einem der ersten Massaker an Juden im modernen Nahen Osten (bekannt als *farhud* von Bagdad). Der Gewaltausbruch vollzog sich unter den Augen der Regierung al-Kailani und muss daher als Pogrom bezeichnet werden.[154] Studien zu den Maghreb-Staaten unter der Vichy-Regierung unterstreichen die begrenzte Wirkung antisemitischer und antijüdischer Maßnahmen der Vichy-Behörden.[155] Der arabische Antifaschismus muss noch genauer untersucht werden.[156] Insgesamt deutet alles darauf hin, dass antijüdische und antisemitische Einstellungen ebenso wie tätliche Angriffe auf Juden und auf jüdisches Eigentum größtenteils auf den eskalierenden Konflikt zwischen (zionistischen) Juden und Arabern in Palästina zurückzuführen sind.

3. Der Palästina-Konflikt – Palästina kommt im aktuellen Zusammenhang besondere Bedeutung zu, nicht nur, weil sich in der Mandatszeit (1920–1948) die «nationale Heimstätte» für das jüdische Volk konsolidierte – eine Entwicklung, die in der arabischen und der muslimischen Welt mit wachsender Sorge verfolgt wurde –, sondern auch wegen der Rolle des Mufti von Jerusalem, Hajj Amin al-Husaini (um 1895–1974).[157] Amin al-Husainis Sympathien für das faschistische Italien und für das nationalsozialistische Deutschland vor und nach seiner Entlassung aus dem Amt als Vorsitzender des Obersten Muslimischen Rats und seiner Flucht aus Jerusalem im Jahr 1937 sind gut dokumentiert, ebenso seine Beteiligung an der deutschen Kriegsführung während seines Aufenthalts in Berlin in den Jahren 1941–1945. Ein Vergleich mit anderen Kollaborateuren des NS-Regimes innerhalb und außerhalb Europas (Subhas Chandra Bose in Indien ist ein Beispiel) könnte in diesem Zusammenhang hilfreich sein. Kein seriöser Biograph lässt unerwähnt, dass al-Husaini sich an die Achsenmächte und deren europäische Verbündete wandte, um die Auswanderung europäischer Juden nach Palästina zu verhindern (die er als eine unmittelbare Bedrohung palästinensischer Interessen betrachtete). Aber er beteiligte sich nicht aktiv an der Judenvernichtung, und er besuchte entgegen anderslautender Berichte auch kein nationalsozialistisches Vernichtungslager.[158]

Die Zusammenarbeit des Mufti mit dem NS-Regime muss im Kontext des arabischen Widerstands gegen das zionistische Projekt, die jüdische Einwanderung und die Konsolidierung des jüdischen *Yishuv* (der in Palästina/Eretz Israel lebenden Juden) unter zionistischer Führung gesehen werden. Kontextualisieren heißt nicht rechtfertigen: Amin al-Husaini vertrat zumindest nach seiner Flucht aus Palästina nicht nur antizionistische, sondern antisemitische Positionen. Das warf einen Schatten auf die palästinensische Nationalbewegung, wenn nicht die palästinensische Gesellschaft insgesamt – auch deshalb, weil seine Kollaboration mit dem nationalsozialistischen Deutschland ihn in den Augen der meisten arabischen Nationalisten selbst nach dem Zusammenbruch des Dritten Reiches nicht diskreditierte. Seine Rolle in der palästinensischen und arabischen Politik nach 1937 bleibt im Einzelnen jedoch zu untersuchen. Es ist richtig, dass Amin al-Husaini in den späten 1920er und 1930er Jahren, insbesondere während des Arabischen Aufstands von 1936 bis 1939, zum prominentesten arabischen Führer aufstieg; richtig ist auch, dass er, um auf die Nationalsozialisten Eindruck zu machen, mit dem Anspruch auftrat, für das arabische Palästina, wenn nicht die arabische Welt überhaupt zu sprechen. Hier aber klaffen Anspruch und Wirklichkeit auseinander: Amin al-Husaini war nicht identisch mit der nationalistischen Bewegung und schon gar nicht mit der palästinensischen Gesellschaft.[159]

Im Zentrum der meisten Debatten über arabische (und muslimische) Einstellungen gegenüber den Juden und Israel steht die schwierige Unterscheidung zwischen Juden und Zionisten auf der einen Seite und zwischen Antizionismus, Antijudaismus und Antisemitismus auf der anderen. Bis 1948 unterschieden nur wenige arabische Journalisten, Schriftsteller und politische Aktivisten zwischen Juden und Zionisten; am ehesten tat dies noch die Linke, und auch sie war nicht konsequent. Die Mehrheit sprach von Juden, auch wenn sie allein die Zionisten meinte. Schon 1905 verfasste Naguib Azoury (gest. 1916) eines der ersten Bücher gegen die, wie er es nannte, «jüdische Gefahr» (*le péril juif*). Ähnlich hielten es spätere nationalistische und islamistische Aktivisten. Die Unterscheidung war umso schwieriger, als die Zionisten selbst den Anspruch erhoben, das *jüdische Volk* zu vertreten, und auf die Schaffung eines *jüdischen*, nicht eines zionistischen Staates abzielten. Ihre bedeutendste internationale Vereinigung nannte sich zwar Zionistische Weltorganisation (*World Zionist Organization*), doch die in Palästina selbst aktivsten und erfolgreichsten Institutionen waren die *Jewish Agency* und der *Jewish National Fund*. Es kann daher nicht erstaunen, dass andere nicht konsequent eine Unterscheidung trafen, die zu widerlegen und zu diskreditieren führende Zionisten sich alle Mühe gaben.

Die arabische Literatur – vorwiegend Lyrik, Romane und Theaterstücke –, die in der Zwischenkriegszeit in Palästina veröffentlicht wurde, weist in dieser Hinsicht eine beträchtliche Bandbreite auf: Manche Autoren unterschieden sehr genau zwischen Juden und Zionisten, ja sogar zwischen Juden mit arabischem, orientalischem oder europäischem Hintergrund; andere taten dies nicht oder jedenfalls nicht konsequent. Der arabische Widerstand gegen das zionistische Projekt und das britische Mandat war auf jeden Fall nicht auf zionistische und britische Einrichtungen beschränkt, sondern schloss – unabhängig von deren persönlichen Überzeugungen und Aktivitäten – auch Angriffe gegen einzelne Juden, jüdische Einrichtungen und jüdische Nachbarschaften ein. Dies zeigen die Aufstände von 1920, 1921, 1929 und 1936–1939, bei denen zionistische und antizionistische Juden unterschiedslos von einem arabischen «Mob» angegriffen wurden.[160] Zur gleichen Zeit aber waren tägliche Begegnungen am Arbeitsplatz, auf der Straße und dem Markt nuancenreicher und vielschichtiger, als die politische Literatur es suggeriert. Im Alltagsleben fand mehr sozialer Austausch statt als oft angenommen – mit all den Möglichkeiten positiver wie negativer Begegnungen, die sich damit verbanden.

Die Gründung des Staates Israel im Mai 1948, das Trauma der arabischen Niederlage im ersten Krieg gegen Israel und die Massenflucht und -vertreibung von Palästinensern markierten einen Wendepunkt in der palästinensischen und arabischen Geschichte, die im Arabischen als *an-nakba*, «die Katastrophe», bekannt wurde und ein eigenes literarisches Genre hervorbrachte, *adab an-nakba*. Diese Literatur war selbstkritisch und versuchte die Ursache(n) und Bedeutung(en) der Ereignisse für die arabische Politik, Kultur und Gesellschaft zu analysieren.[161] Die Militärputsche der ausgehenden 1940er und der 1950er Jahre brachten Veränderungen auf nationaler und regionaler Ebene, die das kulturelle und politische Klima tiefgreifend beeinflussten. Der arabische Nationalismus, für den Gamal Abdel Nasser in Ägypten und die Ba'th-Parteien in Syrien und im Irak standen, war antiimperialistisch und antizionistisch und darauf ausgerichtet, den Staat Israel (beziehungsweise das «zionistische Gebilde») zu zerstören.

Das Streben nach nationaler Befreiung von westlicher Hegemonie (das sich nicht nur auf jüdische, sondern vor allem auf christliche Minderheiten in der arabischen Welt auswirkte) und die politische Konfrontation mit Israel (die Juden wurden weithin als Fünfte Kolonne des Zionismus und des Staates Israel verdächtigt) prägten das öffentliche Klima. 1951, noch vor dem Putsch der Freien Offiziere vom Juli 1952, erschien in Kairo zu einem Zeitpunkt, da sie in Europa endgültig diskreditiert waren, die erste von einem Muslim ins Arabische übertragene Fassung der *Protokolle der Weisen von Zion* mit einem Vorwort des angesehenen ägyptischen Schriftstellers 'Abbas Mahmud al-'Aqqad (1889–1964). Zahlreiche Übersetzungen von Hitlers *Mein Kampf* folgten in den nächsten Jahrzehnten.

Eine wachsende Zahl von Publikationen, viele davon mit blutrünstigen Illustrationen, die europäische antisemitische Motive übernahmen, trugen zur Dämonisierung der Juden als eines die Gesellschaft korrumpierenden Elements bei. Die Rolle internationaler jüdischer Organisationen bei der Verwirklichung des zionistischen Projekts und ihre Unterstützung für den Staat Israel erleichterten die Ausbreitung von Verschwörungstheorien. *Die Protokolle der Weisen von Zion* behaupten eine solche Verschwörung; daher die Attraktivität dieser Schrift und die Versuchung, den Erfolg «der Juden» und die Ohnmacht «der Araber» mit einer jüdischen Weltverschwörung zu erklären, die vom westlichen Kolonialismus unterstützt werde. Dass zwischen (unterschiedlichen Gruppen von) Juden und Zionisten mit ihren unterschiedlichen Ansichten und Strategien nicht klar differenziert wurde, erschwerte auch die Unterscheidung zwischen Antizionismus und Antijudaismus.

Zwei Elemente waren in diesem Zusammenhang neu: die Tatsache, dass antisemitisches Material, besonders im nasseristischen Ägypten, mit staatlicher Hilfe veröffentlicht und verbreitet wurde,[162] und die wachsende Beteiligung islami(sti)scher Autoren und Bewegungen, die dem (negativen) Bild des/der Juden eine dezidiert religiöse Note gaben. Die Niederlage der arabischen Armeen im Junikrieg 1967 veränderte die politische Landkarte noch einmal gründlich. Die israelische Eroberung des Gazastreifens und der West Bank einschließlich Jerusalems und des Tempelbergs mit der al-Aqsa-Moschee und dem Felsendom, der Niedergang des arabischen Nationalismus und der Aufstieg des politischen Islam schufen neue Realitäten, die auf das Verhältnis von Juden und Arabern zurückwirkten.

Die Islamisierung des Antisemitismus

Islamische Autoren, die, unabhängig davon, ob sie einen auf die Scharia gegründeten islamischen Staat errichten wollen, mit erklärtem Bezug auf islamische Referenzen argumentieren, bewegen sich bis heute in einer, wie Stefan Wild schreibt, «Grauzone zwischen Koranexegese, Geschichtstheologie und religiös-politischer Agitation».[163] Sie konnten und können auf ein über die Jahrhunderte entstandenes Repertoire religiöser Polemik gegen Nichtmuslime zurückgreifen (die ihrerseits eine polemische Literatur gegen den Islam und die Muslime entwickelt hatten). Die Juden nahmen in dieser Polemik einen wichtigen, wenngleich keinen einzigartigen Platz ein. Der Koran und die Sunna enthalten, wie angedeutet, zahlreiche Hinweise auf die vermeintlichen religiösen und moralischen Defizite der Juden sowie ihre Opposition gegenüber Muhammad als Prophet und Führer der muslimischen Gemeinschaft in Medina (*umma*). Doch im Gegensatz zur Behauptung mancher kritischer Kommentatoren zeichnet der Koran kein ausschließlich negatives Bild der Juden. Mehr noch: Das Bild, das Koran und Sunna skizzieren, war über Jahrhunderte hinweg für das Zusammenleben von Muslimen und Juden von geringer praktischer Bedeutung.[164]

Das änderte sich mit dem Aufstieg des Zionismus, der Gründung des Staates Israel und den israelischen Siegen über arabische («muslimische») Armeen. Damit änderte sich auch der Referenzrahmen muslimischer Autoren, die mit dem erklärten Ziel schrieben, die *islamische* Position zum Judentum und den Juden zu formulieren. Wenn Ronald Nettler von «islamischen Archetypen der Juden und des Judentums» spricht, die durch die Erfahrungen in Medina geprägt waren und ein «festes Bild der Juden» begründeten,[165] so übergeht er dieses

Element des Wandels und der Innovation. Den Wandel und die Innovation betonen jene Beobachter, die auf der Notwendigkeit der Kontextualisierung beharren, ohne die essentialistischen Züge des modernen Feindbilds «Jude» zu banalisieren, geschweige denn sie als Ausdruck einer legitimen Selbstverteidigung gegenüber einem überlegenen Gegner rechtfertigen zu wollen.

Unter den Verfassern antijüdischer, antizionistischer und antisemitischer Titel lassen sich ein islamischer und ein islamistischer Grundtypus identifizieren. Aus der Feder «islamischer» Autoren erschienen kurz vor und kurz nach der arabischen Niederlage im Junikrieg von 1967 zwei einflussreiche Werke: 1966 veröffentlichte der Azhar-Scheich Muhammad Sayyid Tantawi eine Monographie mit dem Titel *Die Kinder Israels in Koran und Sunna (Banu Isra'il fi l-qur'an wa-s-sunna)*,[166] zwei Jahre später wurden die Akten einer Konferenz der al-Azhar-Akademie für Islamische Studien vom September 1968 publiziert.[167] Tantawis Buch hätte wohl keine so große Öffentlichkeit erreicht, wenn er nicht später in die höchsten Ämter des ägyptischen religiösen Establishments aufgestiegen wäre: Von 1986 bis 1996 diente er als Mufti der Republik und von 1996 bis zu seinem Tod im Jahr 2010 als Rektor der al-Azhar-Universität (*shaykh al-Azhar*). Auch Vertreter der in Mekka angesiedelten Islamischen Weltliga (*Rabitat al-ʿAlam al-Islami*) veröffentlichten eine Reihe von Büchern und Artikeln, in denen die Juden als Feinde des Islam, ja der Menschheit denunziert wurden.[168]

Zur gleichen Zeit fügten islamistische Theoretiker und Aktivisten ihrem Bild der Juden neue Aspekte hinzu, die gleichfalls erkennbar vom arabisch-israelischen Konflikt um Palästina geprägt waren. Sayyid Qutbs Traktat *Unser Kampf mit den Juden (Maʿrakatuna maʿa l-yahud)*, Anfang der

1950er Jahre in Kairo veröffentlicht, zählt zu den bekanntesten Schriften dieses Genres, nicht zuletzt aufgrund der Berühmtheit, die ihr Verfasser als einer der ersten Märtyrer der ägyptischen Muslimbruderschaft genoss; er wurde 1966 vom Nasser-Regime hingerichtet. Prominente Gelehrte und Prediger wie der aus Ägypten stammende Yusuf al-Qaradawi (geb. 1926), ein ehemaliges Mitglied der Muslimbruderschaft, der ein Publikum weit über den Nahen Osten hinaus erreicht, spannen den Bogen zwischen islamischen und islamistischen Positionen und popularisieren gängige «islamische» Vorstellungen von den Juden.[169]

Das Bild, das sie zeichnen, ist dezidiert negativ und von der Verschwörungstheorie der *Protokolle der Weisen von Zion* geprägt. Die *Hamas*-Charta, die 1988, kurz nach dem Ausbruch der Ersten Intifada und nach der Gründung der *Hamas* selbst, veröffentlicht wurde, veranschaulicht diesen Trend.[170] Die Flugblätter der *Hamas* sprechen eine ähnliche Sprache. Aus ihnen spricht eine Wahrnehmung, die den Islam von übermächtigen Feinden umstellt und belagert sieht – dem westlichen Imperialismus (aus dieser Sicht eine Fortsetzung der christlichen Kreuzzüge), dem atheistischen Kommunismus (der zugleich für moralische Verkommenheit steht), dem Zionismus und dem «Weltjudentum». Deren unheilige Allianz verkörpert aus islami(sti)scher Sicht die Mächte der Finsternis, ja die Achse des Bösen. Apokalyptische Visionen islamischer und islamistischer Autoren gehören in denselben Kontext.[171]

Natürlich macht es einen Unterschied, ob antijüdisches und antisemitisches Gedankengut auf die praktische Politik übertragen wird oder nicht. Auch Islamisten haben freilich unterschiedliche Prioritäten: Für militante islamistische Gruppen in Ägypten wie *al-Takfir wa-l-Hijra* oder die *Jama'at Islamiyya* war die Befreiung von nichtislamischer Herrschaft im eigenen Land stets wichtiger als die Befreiung muslimischer Territorien an anderer Stelle, Palästina eingeschlossen. Usama bin Ladin, *al-Qaʿida* und die mit ihnen verbundenen Gruppen zählen zwar zu den islamistischen Aktivisten, die den *jihad* gegen die Juden und Kreuzfahrer lautstark propagier(t)en, aber sie führ(t)en keinen Kampf gegen Israel, jedenfalls nicht in direkter Form. Anders bekanntlich die islamischen Bewegungen in Libanon und Palästina selbst.

Die Erinnerung an die Judenvernichtung

In der aktuellen Debatte um Antisemitismus in der muslimischen Welt spielt die kollektive Erinnerung an die Judenvernichtung (in Europa) eine wichtige Rolle. Die Wahrnehmung des Antisemitismus in Europa, insbesondere in Deutschland, wird unausweichlich von den eigenen geschichtlichen Erfahrungen und den damit verbundenen Erinnerungen bestimmt. Für sie bilden der christliche Antijudaismus und der moderne Antisemitismus, der in den Holocaust/die Shoah mündete, die wichtigsten Bezugspunkte. Das gilt im Wesentlichen auch für Israel.[172] Westliche und israelische Beobachter neigen dazu, die Einstellungen, Äußerungen und Handlungen von Arabern und Muslimen vor dem Hintergrund der europäischen Erfahrung zu interpretieren. Die Erfahrungen der mehrheitlich muslimischen Gesellschaften des Nahen Ostens aber sind andere. Es gibt keinen Grund, warum in ihnen die Stereotypen des christlichen Antijudaismus eine prominente Rolle spielen und warum die Judenvernichtung für ihre historischen Narrative und Konzepte kollektiver Identität konstitutiv sein sollten.[173]

Seit langem schon sind Bezichtigungen der Sympathie und der Kollaboration mit Faschismus und Nationalsozialismus fester Bestandteil wechselseitiger Polemik. Im Westen und in Israel wurden und werden nahöstliche Politiker immer wieder mit Hitler verglichen: Hajj Amin al-Husaini, Nasser, Arafat und Saddam Husain zählen zu den bekanntesten Beispielen. Der neu geprägte Begriff des Islamo-Faschismus weist in dieselbe Richtung. Verbindungen zwischen islamistischen Gruppen und rechtsextremen Organisationen im Westen sind tatsächlich belegt, bedürfen aber im Hinblick auf ihr tatsächliches Gewicht einer genauen Analyse. In bestimmten Kreisen wird jede Kritik am Zionismus und an Israel mit Antisemitismus gleichgesetzt, mit dem offenkundigen Ziel, diese Kritik als unzulässig zu diskreditieren. Araber, unter ihnen auch säkulare Nationalisten, spielen den Ball zurück und bezichtigen die Zionisten der Kollaboration mit den Nationalsozialisten. (Den Hintergrund liefert das *Haavara*-Abkommen aus dem Jahr 1933, das die jüdische Einwanderung und den Transfer jüdischen Eigentums vom Deutschen Reich nach Palästina erleichtern sollte).[174] Dabei setzen sie Zionismus mit Rassismus, wenn nicht sogar dem Nationalsozialismus gleich und brandmarken die israelische Politik als faschistisch und rassistisch.[175]

Westliche und israelische Autoren appellieren an die Araber und Muslime, die Judenvernichtung (Holocaust/Shoah) endlich zur Kenntnis zu nehmen und ihre Bedeutung für die jüdische Identität und Geschichte anzuerkennen, statt ihr Ausmaß und ihre Bedeutung kleinzureden oder gar zu leugnen. Für viele Araber und Palästinenser aber ist die Anerkennung der Judenvernichtung gleichbedeutend mit der Anerkennung der Legitimität des Staates Israel – ein Dilemma, vergleichbar dem der arabischen Palästinenser nach dem Ersten Weltkrieg, als die Anerkennung der Balfour-Deklaration die Akzeptanz des britischen Mandats über Palästina bedeutete. Westliche Autoren wie Roger Garaudy und David Irving, die den Holocaust teilweise oder in Gänze leugnen, erfreuen sich im Nahen Osten weiterhin einiger Popularität (auch hierfür fehlen allerdings verlässliche empirische Daten). Nicht wenige sind der Auffassung, *Die Protokolle der Weisen von Zion* seien zwar eine Fälschung, sagten aber trotzdem die Wahrheit über jüdische Pläne und das Wesen des Zionismus und des Staates Israel.[176] Eine Reihe arabischer Intellektueller, Publizisten und politischer Aktivisten hat allerdings begonnen, sich ernsthaft und öffentlich mit der Judenvernichtung als einer für die jüdische wie für die arabisch-palästinensische Geschichte und Identität relevanten Tatsache auseinanderzusetzen.[177] Sie ernten damit durchaus Kritik in arabischen Reihen. Üblicherweise lautet die Gegenposition, Araber und Muslime hätten keinen Grund, sich mit einem Verbrechen auseinanderzusetzen, das nicht sie begangen haben, sondern Europäer, und dessen Opfer sie letztlich selber sind, und sei es auch indirekt (die Palästinenser als «Opfer der Opfer»). Immer wieder wird die Ausnutzung des Holocaust durch jüdische und israelische Kreise angeprangert, die, so sehen sie es, westlichen Staaten und Gesellschaften, die (zu Recht) ein schlechtes Gewissen haben, Unterstützung abzuringen und Kritik an der israelischen Politik im Keim zu ersticken suchen.

Die Debatte ist in vollem Gang, viel steht auf dem Spiel. Der Ton ist in der Regel scharf, nicht selten denunziatorisch. Dennoch gilt: Ein Ausweichen gibt es nicht.

8. Kritik und Selbstkritik: Reformistisches Denken im Islam

Die Erneuerung der Gesellschaft aus der Kraft des reinen Glaubens ist ein klassisches Anliegen islamischer Reformer unterschiedlicher Zeiten und Orte. In der Moderne ist es eng geknüpft an das Bewusstsein der Krise. Die «Krise der arabischen Welt», ihrer Kultur und Gesellschaft, Wirtschaft und politischen Verfassung, regionalen Ordnung und weltpolitischen Stellung wird von arabischen Intellektuellen tief empfunden – und als Formel geradezu gebetsmühlenhaft wiederholt. Sie bewegt, auch dies ein Ergebnis der von vielen Muslimen als problematisch erfahrenen Modernisierungsprozesse, breitere Kreise denn je.[178]

Die geistigen Wurzeln der islamischen Reformbewegung reichen vor das 19. Jahrhundert zurück und damit vor die direkte Konfrontation mit Europa.[179] Ob dabei allerdings, wie einige westliche Islamwissenschaftler nachzuweisen suchten, im 18. Jahrhundert aus dem Geist der Mystik tatsächlich Ansätze einer eigenständigen islamischen Aufklärung entwickelt wurden, muss solange offenbleiben, wie die Forschung nicht mehr Licht in die Zusammenhänge gebracht hat.[180] Islamische Reform ist auf jeden Fall nicht identisch mit Aufklärung, ist weniger die systematische Überprüfung, wenn nicht radikale Infragestellung der eigenen religiösen Überzeugungen und Praktiken als vielmehr die Suche nach einer, wenn auch wohl fiktiven Kontinuität, die die innersten Werte des «wahren», «reinen» Islam erneut zur Richtschnur individueller Lebensführung und gesellschaftlicher Ordnung machen soll. Seit dem 19. Jahrhundert ist islamische Reform immer auch bewusste Auseinandersetzung mit Europa; ihre regionalen Schwerpunkte liegen dort, wo diese Auseinandersetzung besonders früh und besonders intensiv geführt wurde, auf dem Indischen Subkontinent, im ägyptisch-syrischen Raum und im Maghreb, namentlich Algerien und Tunesien. Das macht sie noch lange nicht zum bloßen Reflex europäischer Geistesregungen; die Eigenheiten islamischer Reformansätze lassen sich, wie ein Überblick über die arabische Debatte zeigen mag, durchaus bestimmen.

Der «intellektuelle Ansturm» des Westens oder: Kraft durch Reinheit

Entgegen weitverbreiteten Vorstellungen ist der islamische Aktivismus des ausgehenden 19. und des 20. Jahrhunderts weniger Ausdruck aggressiv-expansionistischer Bestrebungen der Muslime als vielmehr ihres Ringens um Selbstbehauptung in einer von nicht-islamischen Kräften und Ideen beherrschten Welt. Das Vordringen des europäischen Kolonialismus hatte im 19. Jahrhundert zahllose Muslime in ihrem Selbstverständnis und Selbstbewusstsein erschüttert. Dem Ende der direkten Kolonialherrschaft, der Protektorats- und der Mandatsverhältnisse folgten in der Mitte des 20. Jahrhunderts neue Formen westlicher Einflussnahme und Durchdringung, die vielen Arabern und Muslimen noch perfider schienen, da ungleich schwerer zu fassen und zu bekämpfen als der direkte militärisch-politische Übergriff der Vergangenheit. Für dieses, die eigene Identität oder, wie heute meist gesagt wird, die «Authentizität» bedrohende Vordringen westlicher Werte, Waren und Verhaltensmuster hat sich der Begriff des «intellektuellen Ansturms» (*al-ghazw al-fikri*) eingebürgert. Der intellektuelle Ansturm des Westens, so wird es vielfach gesehen, lässt die Muslime ohne Schutz, er unterhöhlt ihre Widerstandskraft und macht sie zu willfährigen Nachahmern des hegemonialen, westlich geprägten und vom Westen propagierten Kultur-, Wirtschafts- und Gesellschaftsmodells.

Als Antwort auf diese Bedrohung islamischer Identität und Lebensform hat es stets die Position radikaler Verweigerung gegeben, und es gibt sie nach wie vor unter politischen Aktivisten wie unter Anhängern dezidiert unpolitischer Bewegungen der «inneren Mission», die ihr Wirken ganz auf die Wiederbelebung urislamischer Frömmigkeit in der Nachahmung des Propheten Muhammad ausgerichtet haben. Wenn überhaupt, ist die erstrebte Reinheit islamischer Lebensweise unter den heutigen Bedingungen jedoch allenfalls noch im unpolitischen Bereich zu verwirklichen. Politische Organisationen verraten auf jeden Fall mehr Einflüsse moderner Denk- und Organisationsmuster, als ihnen selbst bewusst und lieb sein dürfte. Den Verweigerern ist Authentizität gleichbedeutend mit Autarkie. Der Islam ist ihnen ein festes, unveränderliches Gebäude, im 7. Jahrhundert auf dem Fundament der Offenbarung erbaut, seither in Teilen zerstört und nun in alter Form, unbefleckt von fremden Ideen, Werten und Verhaltensweisen, wieder aufzurichten. Begriffe wie Freiheit, Menschenrechte, Sozialismus oder Demokratie lehnen sie allein deswegen ab, weil sie von außen kommen. Die Verfechter der Autarkie sind nicht zu vernachlässigen; ihre Kompromisslosigkeit lässt sie auffallen. Aber sie beherrschen das islamische Lager weder intellektuell noch quantitativ. Hier dominiert nicht die Verweigerung, sondern die kritische Auseinandersetzung mit den eigenen intellektuellen Traditionen und den westlichen Denk- und Lebensformen.

Kritik und Krise

«Warum», so die berühmt gewordene Formulierung des drusischen Panislamisten Shakib Arslan (1869–1946), «sind die Muslime zurückgeblieben?»[181] Warum sind sie, die Erben eines Weltreichs, einer blühenden Zivilisation, nicht in der Lage, ihren Gegnern Paroli zu bieten, Franzosen, Briten und Italienern in der Vergangenheit, Amerikanern und Israelis in der Gegenwart? Ist es wegen des Islam oder gerade umgekehrt deshalb, weil sie sich von ihm abgewandt und entfremdet haben? Beide Thesen haben ihre Anhänger gefunden, bei beiden verbindet sich die Kritik an den eigenen Traditionen untrennbar mit der Kritik an den herrschenden gesellschaftlich-politischen Verhältnissen. Selbst in den Jahren der intensiven, ja demonstrativen «Re-Islamisierung» sind diejenigen nicht verstummt, die Einheit, Stärke und Entwicklung nur von einer Befreiung aus der, wie Kant gesagt hatte, selbstverschuldeten Unmündigkeit tradierter, religiös legitimierter Denkweisen und Verhaltensmuster erwarten. Dass allein die Überwindung des Islam die Rettung bringe, hatte für europäische Beobachter schon früh festgestanden. Das Stichwort gab in den 1880er Jahren der Religionswissenschaftler Ernest Renan, als er in einer Vorlesung an der Pariser Sorbonne Islam und moderne Wissenschaft für unvereinbar erklärte.[182] In den 1950er Jahren formulierte der amerikanische Modernisierungsforscher Daniel Lerner das Dilemma der Muslime noch prägnanter: «Mekka oder Mechanisierung», so laute die Alternative.[183]

Seither ist die These, der zufolge der Islam die Muslime unfähig mache zu rationalem Denken und Tun, zu Fortschritt und Demokratie, in vielen Varianten wiederholt worden. Nicht eine Reform ihres religiösen Erbes könne die Muslime retten, sondern nur eine echte Reformation, die zu Aufklärung führe und letztlich in einer säkularistischen Staats- und Gesellschaftsordnung nach europäischem Vorbild münde. In der arabischen Welt selbst sind die Verfechter einer strikten Trennung von Religion und Politik, wie erwähnt, in den letzten Jahrzehnten jedoch selten geworden.[184] In den Vordergrund geschoben haben sich diejenigen, die argumentieren, die Muslime verdankten ihre Schwäche ihrer Abkehr vom Glauben, und zu alter Kraft und Stärke könnten sie nur durch eine Rückbesinnung auf den Islam finden. Allerdings nicht den real existierenden, von Aberglaube, Laxheit und Zersplitterung entstellten Islam, sondern den reinen, ursprünglichen Islam der Frühzeit, der Zeit des Propheten und der Prophetengenossen (*as-salaf as-salih*) – so wie sie ihn sich vorstellen. «Der Islam ist die Lösung» lautete dementsprechend von den 1980er Jahren an die Losung politischer islamischer Bewegungen in verschiedenen arabischen Ländern, mit ihr bestritten sie intellektuelle Debatten und ganze Wahlkämpfe. Die moralische Läuterung des Einzelnen, gesellschaftliche Reform und kollektive Stärke kommen demnach nur aus dem Islam – aber einem seinerseits gereinigten Islam. Es ging und geht ihnen also um eine zweifache Erneuerung: die der Gesellschaft aus dem Islam und die des Islam aus sich selbst.

Mauerbau

So gegensätzlich die Antworten auf die erlebte Krise der eigenen Kultur und Gesellschaft auch ausfallen mochten und mögen, eines haben sie gemeinsam: Sie verstehen den Islam gewissermaßen als Mauer, die einen, indem sie ihn zur Barriere für Fortschritt, Freiheit und Entwicklung erklären, die anderen, indem sie ihn als Schutzwall vor Entfremdung, Schwäche und blinder Unterwerfung unter fremde Wertvorstellungen und Verhaltensmuster sehen. Während die einen, wie erwähnt, argumentieren, es könne in der islamischen Welt keine Entwicklung geben ohne Reformation, Aufklärung und Säkularisierung, ist die Position der anderen in der Regel nuancierter, zugleich allerdings häufig auch weniger präzis durchdacht und schwerer einzuordnen. Denn die erstrebte Reform und die Erneuerung können ganz unterschiedlichen Richtungen folgen, sie können modernistisch ausfallen, können aber auch betont restaurative Züge annehmen.

In der zeitgenössischen islamischen Bewegung sind die unterschiedlichsten Tendenzen vertreten. Politische Breitenwirkung haben über lange Jahre vor allem konservative Strömungen entfaltet, vertreten durch die Muslimbruderschaften in Ägypten, Syrien, Jordanien und dem Sudan, die Islamische Heilsfront in Algerien oder die Erneuerungspartei (*Hizb an-Nahda*) in Tunesien, die zur Abwehr von Fremdbestimmung, Verteidigung der «Werte» und dem Schutz der Familie die Durchsetzung der Scharia forderten. Noch mehr Aufmerksamkeit haben militante Organisationen wie die schon erwähnte Islamische Befreiungspartei (*Hizb at-Tahrir*) auf sich gezogen, die aus einem revolutionären Verständnis der islamischen Botschaft heraus individuelles Verhalten und gesellschaftliche Ordnung gewaltsam zu verändern suchen und daher nicht als reformistisch einzustufen sind. Im Gegensatz zu ihnen treten modernistische oder, wie sie sich selbst gelegentlich bezeichnen, «aufgeklärte» Reformzirkel (*al-islamiyyun al-mustanirun*) eher literarisch hervor, als unmittelbar politisch zu wirken.[185]

Die Reformer suchen den Weg zu Authentizität und Stärke weniger in der Abgrenzung von nicht-islamischen Normen und Lebensformen als vielmehr in der kritischen Sichtung des fremden wie des eigenen religiös-kulturellen Erbes und in der

Weiterentwicklung eigener Denkansätze und Ordnungsprinzipien, die auch eine, allerdings wohlüberlegte und bewusst vollzogene Übernahme und Einpassung ursprünglich fremder Ideen, Techniken und Organisationsformen einschließen kann. Auch für sie bezeichnet «der Islam» den Kern der eigenen Identität, auch sie lehnen eine Säkularisierung nach westlichem Muster ab und distanzieren sich vom Atheismus. Doch weichen sich unter ihren Augen die Konturen des scheinbar so festgefügten islamischen Gebäudes auf, die Mauer wird gewissermaßen umgebaut, ja möglicherweise ganz neu konstruiert.

Auf die oft gestellte Frage: «Wie kann der Muslim modern und authentisch sein?», das heißt, wie kann er der modernen, von westlichen Werten, Mächten und Strukturen geprägten Welt angehören, ohne seine Identität zu verleugnen oder aufzugeben, antworten die Reformer: durch eine konsequente Weiterentwicklung seines religiös-kulturellen Erbes, die es an die Gegebenheiten der modernen Welt anpasst, ohne seine Essenz preiszugeben – ein problematisches Unterfangen, das stets umstritten war und bleiben muss. Denn was die Essenz des islamischen Glaubens und muslimischer Identität ausmacht und was dem Wandel von Ort und Zeit unterworfen ist, was also, im modernen Sprachgebrauch ausgedrückt, im Islam das «Feste» (*ath-thabit*) ist und was das «Wandelbare» (*al-mutaghayyir*), bleibt strittig. Die vielgebrauchte Formel, westliche Wissenschaft und Technik könnten unbeschadet übernommen werden, westliche Werte hingegen nicht, lässt mehr Fragen offen, als sie beantwortet. Kontrovers sind somit die Grenzen legitimer Reform, Kritik und Erneuerung. Kontrovers ist zugleich, wer diese Grenzen festlegen und Überschreitungen definieren, gegebenenfalls sogar ahnden kann.

Die Grenzen sind, das macht die Angelegenheit so schwierig, nicht sachlich vorgegeben und durch gründliche Erforschung der islamischen Tradition gewissermaßen «objektiv» festzustellen. Die ganze Debatte um Authentizität, Islam und gesellschaftliche Reform ist ihrem Wesen nach hochpolitisch, und sie ist es immer gewesen. Die heftige Islamkritik von nichtmuslimischer Seite hat beinahe unausweichlich Abwehr und Apologetik befördert und eine offene Auseinandersetzung unter Muslimen zusätzlich erschwert. Den Apologeten erscheinen Kritik und Selbstkritik potentiell stets als Nestbeschmutzung, als Munition für die «Feinde des Islam», gleichgültig ob diese sich innerhalb der eigenen Gesellschaft befinden oder außerhalb. Die schwierigen Rahmenbedingungen haben lange auch die Reformdebatte verzerrt: Die Kritik am islamischen Erbe wurde verschlüsselt, das Festhalten am Glauben emphatisch unterstrichen, die klassischen Autoritäten eifrig zitiert – allerdings in je eigener Auswahl. So schwierig die Bedingungen sind und so laut die Kritik, haben sie, wie ein Blick auf die arabische Welt beweist, die Reformer nicht zum Schweigen gebracht.

Reform der Fundamente

Die Anpassung religiös begründeter Werte und Verhaltensnormen an wechselnde zeit- und ortsgebundene Umstände ist historisch gesehen nichts Neues. Die kritische Durchsicht der religiösen Überlieferung in der Absicht, überhaupt erst deren Gültigkeit für die eigene Gesellschaft zu belegen, hingegen schon. Vollends neuartig ist die Absicht, deren Vereinbarkeit mit Wertvorstellungen zu beweisen, die zumindest historisch gesehen im Westen entfaltet wurden und von westlicher Seite als erstrebenswert propagiert wurden und werden, also bei-

spielsweise Fortschritt und Wissenschaft, Vernunft und Aufklärung, Freiheit, Gleichheit, Menschenwürde, Sozialismus
und Demokratie. Das Bestreben, die Vereinbarkeit von Islam
und Moderne beweisen zu wollen, charakterisiert die Reformer des ausgehenden 19. und des frühen 20. Jahrhunderts. Die
Bedeutung der sogenannten Salafiyya-Bewegung, die eine Reform von Islam, Staat und Gesellschaft aus dem Geist der Prophetengenossen (*as-salaf as-salih*) versuchte, ist heute weithin
unbestritten. Auf sie berufen sich Muslimbrüder und «aufgeklärte» Intellektuelle gleichermaßen. Aber die Vertreter der
historischen Salafiyya ebenso wie ihre Nachfolger sahen und
sehen sich zugleich dem Vorwurf ausgesetzt, die Anpassung
zu weit getrieben, den Islam letztlich an fremden Werten ge-
messen und damit lediglich, wie ein mit der islamischen Bewegung sympathisierender ägyptischer Journalist, Fahmi
Huwaidi, es einmal ausdrückte, «islamische Antworten auf
europäische Fragen» gegeben zu haben.[186]
Im Mittelpunkt islamischer Reformbemühungen stehen,
anders als im Christentum, nicht Institutionen wie Kirche,
Klerus oder Papsttum. Normative Quelle und Bezugspunkt
islamischer Glaubenslehre sind nicht Institutionen, sondern
Texte, an erster Stelle das geoffenbarte Wort Gottes, der Koran; daneben die Überlieferung des Redens und Handelns des
Propheten Muhammad, die Sunna, die dem gläubigen Muslim
als vorbildliche Umsetzung des im Koran geoffenbarten Gotteswortes gilt; schließlich der auf der Grundlage von Koran
und Sunna entwickelte Kanon ethischer Maximen und rechtlicher Bestimmungen, die Scharia. Hauptanliegen der Reformer war und ist es, Moral, Glauben und Gesellschaft durch
den direkten Rückgriff auf diese Textgrundlagen zu erneu-
ern. Insofern sind sie alle Fundamentalisten, doch wollen
sie durchaus nicht zurück ins Mittelalter, die Modernisten

unter ihnen nicht einmal im übertragenen Sinn. Entscheidend ist vielmehr, welche Inhalte sie in den Texten suchen, wie sie sie lesen, welches Interesse, frei nach Habermas, ihre Erkenntnis leitet. Bereits ein flüchtiger Überblick enthüllt die Vielfalt der Positionen, die alle auf denselben Fundamenten gründen.

Die Freiheit der Exegese kennt allerdings Grenzen. Der Text des Koran als solcher ist, so die verbindliche Lehrmeinung, unantastbar. Dies betonen auch und gerade die Anhänger der Salafiyya-Bewegung. Wer hieran zweifelt, stellt sich außerhalb der Gemeinschaft der Gläubigen, ist nicht Reformer, sondern Ketzer. Wandeln können sich aber Verständnis, Auslegung und praktische Umsetzung der koranischen Aussagen. Es gibt also, so zumindest die Position explizit modernistisch ausgerichteter Muslime, einen verbindlichen, im Wortlaut unantastbaren Text, der aber verschiedene Lesarten erlaubt. Als Vertreter dieser Position hat zumindest im Westen der 2010 verstorbene Mohammed Arkoun Aufmerksamkeit gefunden, der bezeichnenderweise vornehmlich in französischer Sprache publizierte und in der islamischen Welt als vermeintlich verwestlichter Denker auf erhebliche Vorbehalte stieß.[187] Das nimmt ihm nichts von seiner intellektuellen Bedeutung, die in kleineren Reformzirkeln auch gewürdigt wurde, die weniger auf politische Breitenwirkung als vielmehr auf, wenn man so will, geistige Grundlagenforschung abzielten.

Schwerer übersehbar wird das Feld in Bezug auf Neuinterpretationen der Sunna, des zweiten Stützpfeilers der islamischen Lehre, die im Laufe der Geschichte als annähernd gleichwertige Quelle neben den Koran getreten ist.[188] Im Gegensatz zum Koran handelt es sich hierbei für die Mehrheit der Reformer um Menschenwerk, und zwar im doppelten Sinn: um die Worte und Taten eines, wenn auch vorbildlichen, von allen Muslimen hochverehrten Menschen, die wiederum von Menschen aufgenommen, gesammelt und tradiert wurden. Dass die Sunna in anderer Weise als der Koran historisch bedingt und daher in anderem Umfang mit möglichen Fehlern und Fälschungen behaftet ist, haben muslimische Gelehrte früh erkannt und mit spezifischen Methoden der Kritik versucht, einen Corpus unanfechtbar echter Überlieferungen (Hadithe) zusammenzustellen. Ihr Augenmerk richtete sich allerdings in erster Linie auf die Kette der Überlieferer und leistete damit letztlich einen Beitrag zur Gelehrten-Prosopographie, nicht zur historischen Textkritik. Eine systematische Kritik der Prophetentradition mit Blick auf zeitgenössische Fragen und Anliegen steht auf jeden Fall noch aus.

Eine ganz zentrale Rolle in der modernen Reformdebatte spielt schließlich die Scharia, das sogenannte islamische Gesetz, das in den ersten Jahrhunderten islamischer Geschichte nach allmählich verfestigten und stetig verfeinerten Regeln auf der Grundlage von Koran, Sunna und lokal gültigen Normen und Gebräuchen, dem «guten alten Recht», entwickelt wurde – der gläubige Muslim würde sagen: aus den Aussagen von Koran und Sunna abgeleitet wurde, der kritische Beobachter würde hingegen wohl die Elemente eigenständigen, vernunftgeleiteten, praxisbezogenen Nachdenkens hervorheben. Die Scharia fußt zwar auf dem Text des Koran und dem Vorbild des Propheten Muhammad, wurde in ihren Einzelheiten jedoch auf dem Weg der eigenständigen Rechtsentwicklung, des *ijtihad*, entwickelt, den die Genossen und ersten Nachfolger des Propheten, die sogenannten rechtgeleiteten Kalifen, noch ausgiebig praktizierten; der zweite Kalif, 'Umar b. al-Khattab (reg. 634–644), dient regelrecht als Hauptgewährsmann moderner Reformer. Ihnen folgte eine Anzahl herausragender Rechtsgelehrter, die diesen Auslegungen gewisse Regeln und

Schranken auferlegten und eine eigene Methodologie islamischer Jurisprudenz entwickelten (*usul al-fiqh*).

Im 10. Jahrhundert war, so die später verbreitete Vorstellung, das Feld menschlicher Betätigung jedoch abgesteckt: Das «Tor des *ijtihad*» war «geschlossen», die Regelungen von herausragenden Vertretern der verschiedenen Rechtsschulen verbindlich erarbeitet, Platz nur noch für die Übernahme der dort festgelegten Bestimmungen (*taqlid*). Einer historischen Überprüfung hält diese These nicht stand, denn selbstverständlich tauchten im Laufe der Zeit immer neue, den frühen Autoritäten unbekannte Probleme auf, erforderten geänderte gesellschaftlich-politische Voraussetzungen geänderte rechtliche Bestimmungen. Tatsächlich bestand auch die islamische Rechtspraxis in den sogenannten Jahrhunderten der Dekadenz nicht nur aus Konformismus und steriler Nachahmung. Aber die Änderungen wurden nicht offen als Neuerungen deklariert, der Begriff der Neuerung (*bid'a*) blieb in Theologie, Recht und religiöser Praxis als Abweichung vom Ideal der Frühzeit überhaupt negativ besetzt und wurde von der erstrebten Erneuerung des Glaubens (*tajdid*) deutlich abgegrenzt.

Die Scharia, deren «Anwendung» islamische Aktivisten als wesentliches Kennzeichen einer islamischen Ordnung so vehement fordern, enthält somit einen Kern koranischer Aussagen, beruht zum überwiegenden Teil jedoch auf menschlicher Anstrengung (*ijtihad*) und ist somit in weiten Teilen streng genommen *fiqh*, Jurisprudenz oder Juristenrecht. Als Ergebnis menschlichen Nachdenkens aber kann *fiqh* keine überzeitliche Gültigkeit für sich beanspruchen, ist steter Überprüfung und Kritik ausgesetzt. Die Unterscheidung zwischen Scharia und *fiqh* hatte sich in dem Maß verschliffen, in dem die Kompendien anerkannter Koran- und Hadithkenner als verbindliche Auslegung der Textgrundlagen anerkannt und befolgt wurden. Sie ist jedoch grundlegend für die Gegner einer «Anwendung der Scharia»: In dem, was islamische Rechtsgelehrte und islami(sti)sche Aktivisten als Scharia darstellen, können sie nur *fiqh* erkennen, das weder heilig noch verbindlich ist. Die Gültigkeit der Scharia leugnen sie keineswegs; aber sie sehen ihren Kern nicht im Gesetz, sondern in der Ethik. Die von ihnen vertretene Ethisierung der Scharia wiederum schafft Raum für pragmatische Regelungen auf unterschiedlichen Feldern, ja selbst eine Säkularisierung; eine islamische Gesellschaft ist für sie eine Gesellschaft von Muslimen, nicht eine von der Scharia regierte Gesellschaft.

Tabus und wie man sie umgeht

Hierin folgt ihnen die Mehrheit der Reformer nicht, doch sind die Übergänge zu einem weitgehend säkularisierten Gesellschaftsmodell fließender, als es auf den ersten Blick erscheinen mag. Der Frontalangriff auf zentrale Annahmen wie die Unantastbarkeit des Gotteswortes und die umfassende Verbindlichkeit islamischer Moral-, Glaubens- und Verhaltensnormen («Der Islam ist Religion und Welt») hat bislang wenig gefruchtet. Das berühmteste Beispiel bietet der Azhar-Gelehrte 'Ali 'Abd ar-Raziq (1888–1966), der 1925, kurz nach Abschaffung des Kalifats durch die türkische Regierung, mit seiner These einen Skandal provozierte, der Prophet habe keinerlei politische Mission gehabt, und die islamische Gemeinschaft sei nicht politischer, sondern ausschließlich religiöser Natur – womit er faktisch dem Säkularismus das Wort redete. 'Abd ar-Raziq verlor seine Lehrberechtigung an der Azhar, sein Fall wirkt abschreckend bis heute. Er hat die Grenzen aufgezeigt, jenseits derer eine Debatte nicht mehr möglich ist, ohne an die Tabus islamischen Denkens zu rühren.[189] Das bekamen später Gelehrte und Intellektuelle wie Taha Husain oder Muhammad Ahmad Khalafallah zu spüren, als sie die Methoden der Textkritik auf den Koran selbst anzuwenden versuchten. Noch weiter ging der sudanesische Reformer Mahmud Muhammad Taha, Gründer und Haupt der «Republikanischen Brüder», indem er zwischen einer stärker politisch bestimmten, für spätere Zeiten nicht mehr verbindlichen medinensischen und einer für alle Zeiten religiös verbindlichen mekkanischen Phase der Offenbarung unterschied («Die Zweite Botschaft des Islam»).[190] Er wurde auf Betreiben sunnitischer Rechtsgelehrter und seiner Gegner in der Muslimbruderschaft wegen Volksverhetzung und Apostasie verurteilt und im Januar 1985, wenige Monate vor dem Sturz des Nimairi-Regimes, hingerichtet.

Die Mehrheit derer, die sich in der arabischen Welt heute um eine offene, zeitgemäße und in diesem Sinn moderne Auslegung des Islam bemühen, hat aus diesen Erfahrungen gelernt; selbst scharfe Kritiker der islamischen Bewegung, die eine Trennung von Religion und Politik fordern, meiden die offene Auseinandersetzung mit den sensiblen Themen Koran, Prophet und Prophetengenossen. Vereinfacht ausgedrückt besteht der reformerische Ansatz darin, die grundsätzliche und umfassende Gültigkeit islamischer Normen zu unterstreichen, im Bereich der Rechtsvorschriften aber selbst festzulegen, welche Elemente überzeitlich gültig sein sollen und welche den wechselnden Bedürfnissen von Ort und Zeit angepasst. Den Schlüssel bietet die Historisierung der Überlieferung, die einzelne Aussagen in Koran und Sunna einem spezifischen historischen Kontext zuordnet und sie damit in ihrer Allgemeinverbindlichkeit relativiert. Der Islam, so wird betont, ist sehr wohl Religion und Politik, der Prophet hatte eine religiöse und eine politische Mission, Koran und Sunna bilden die Grundlage muslimischer Lebensführung. Aber sie schreiben nicht alle Einzelheiten bindend fest; Gott lässt dem Menschen Raum zur Gestaltung seines Lebens.[191]

Verbindlich geregelt, so die Linie der Reformer, sind nur die Beziehungen zwischen Gott und Mensch (*'ibadat*), die in erster Linie die religiösen Pflichten des Betens, Fastens usw. umfassen, nicht aber die Beziehungen zwischen den Menschen (*mu'amalat*), und damit weite Bereiche des Ehe- und Familienrechts, der Wirtschaftsordnung, der politischen Verfassung und der internationalen Beziehungen der muslimischen Gemeinschaft. Die Sunna des Propheten zerfällt ihnen zufolge in einen rechtsverbindlichen und einen für spätere Generationen nicht verbindlichen Teil (*sunna tashri'iyya* und *ghair tashri'iyya*); die Scharia ist weitgehend *fiqh*, und selbst der harte, unabänderliche Kern göttlicher Gebote und Verbote (*nass*) ist nur dann praktisch anzuwenden, wenn das dem Individuum oder der Gesellschaft nicht mehr Schaden zufügt, als es beheben soll.

Das Prinzip lautet somit: grundsätzlich bejahen und dann eingrenzen. Die Verbindlichkeit und Rechtskraft der göttlichen Gebote werden bejaht, ihre faktische Anwendung wird jedoch konditioniert, an die Wahrung des «Gemeinwohls» der Muslime gebunden und damit nach Maßgabe menschlicher Vernunft eingeschränkt. Die verwendeten Konzepte der vernunftgeleiteten Urteilsfindung (*ra'y*) und des Gemeinwohls (*maslaha*) sind in der klassischen Rechtslehre zwar verankert, erhalten in der modernen Reformdiskussion aber einen ganz anderen, zentralen Stellenwert.

Was die Scharia aus dieser Perspektive kennzeichnet, ist somit nicht ihre vermeintliche Starre und Geschlossenheit, sondern gerade die auch von «orthodoxen» Rechtsgelehrten so hochgelobte Flexibilität (*muruna*), die sie, wie die Formel lautet, für alle Orten und Zeiten angemessen macht. Die Flexibilität der Scharia aber bedeutet zugleich ihre Vielgestaltigkeit. Etwas überspitzt liegt ein Problem islamischer Reform in der Verbindung von Verbindlichkeit und Beliebigkeit, mit der die akzeptierten Grundsätze interpretiert und angewandt werden bzw. werden können. Die Frage, wer die Grenzen legitimer Interpretation definiert – Herrscher, Parlamente, Rechtsgelehrte? –, bleibt in der Diskussion auffällig unterbelichtet; gefragt wurde die längste Zeit weniger nach gesellschaftlicher Macht als nach individueller Moral. Ein Weiteres kommt hinzu: Die Salafiyya-Reformer hatten mit dem Rückgriff auf die «reinen» Quellen von Koran und Sunna gehofft, die Spaltung der muslimischen Gemeinschaft in unterschiedliche Strömungen (vor allem Sunniten und Schiiten), Rechtsschulen und «Sekten» überwinden und die ursprüngliche Einheit der *umma* wiederherstellen zu können. Wenn modernistische Zeitgenossen nun auf der Anpassungsfähigkeit der Scharia insistieren und auf der Notwendigkeit, den Islam in Auseinandersetzung mit der je eigenen Gesellschaft zu leben, ihn geradezu dialektisch weiterzuentwickeln, so folgt daraus notwendig ein Pluralismus der Deutungen. Die Absicht der frühen Reformer ist damit, zumindest in dieser Hinsicht, ins Gegenteil verkehrt worden.

Selbstkritik

Die islamische Debatte um Reform und Erneuerung ist in vollem Gang, und sie wird nach klassischen Mustern geführt: Alle Seiten berufen sich auf die normativen Texte, alle deuten sie unterschiedlich, alle ziehen ihre je eigene Auswahl der klassischen Autoritäten zu Rate. «Der Islam» verlange, so die geläufige Argumentation, recht verstanden, diese oder jene Haltung zum *jihad*, zur Rolle der Frau, zum Steuer- oder Strafrecht. Kritik wird gekontert mit dem Vorwurf des Abweichler-, ja des Apostatentums vom «wahren Glauben». Auf die «Exkommunikation» (*takfir*) der einen Seite, wie sie vor allem radikale, militante Gruppen aussprechen, reagiert die andere Seite in bewährter Manier mit dem Vorwurf der Unruhestiftung (*fitna*), die die muslimische Gemeinschaft spalte, schwäche und in letzter Konsequenz sogar dem Hochverrat gleichkomme.

Das Unvermögen zumindest der arabischen islamischen Bewegungen, die aus ihrer Sicht «ungläubigen» Regime durch eine wahrhaft islamische, auf die Scharia gegründete Ordnung zu ersetzen, hat neben der sattsam bekannten Kritik an Herrschern, Außenstehenden und politischen Gegnern aber auch Selbstkritik hervorgebracht, Kritik also an den eigenen intellektuellen Prämissen, Organisations- und Aktionsformen, die sich nicht nur – wie bislang schon verbreitet – gegen radikale und militante Organisationen richtet, sondern auch gegen Vertreter des gemäßigten Mainstream einschließlich der ägyptischen Muslimbruderschaft.[192] Kritisiert wird die Fixierung vieler Aktivisten auf Politik und die Erlangung der Macht, die auch ihr Verständnis des Verhältnisses zwischen Gott und Mensch prägt. Bemängelt wird, auch außerhalb sufischer Kreise, die mangelnde Spiritualität der Bewegungen, ihre Verengung auf den Gesetzesislam, die geistlose Obsession mit Äußerlichkeiten, die kritiklose Verehrung der Führergestalten von Abu l-A'la Maududi über Hasan al-Banna und Sayyid Qutb bis zu Ruhollah Khomeini, ihre historische Ahnungslosigkeit, ihr religiöser Analphabetismus und verantwortungsloser Utopismus.[193] Selbstkritik dieser Art, die islamische Aktivisten wie der Syrer Khalis Jalabi, der Kuwaiter 'Abdallah an-Nafisi oder der Tunesier Rachid al-Ghannouchi schon vor Jahren einklagten und selbst praktizierten, ist in ihrer praktischen Wirkung nach wie vor beschränkt.[194] Das Bemühen um grundlegend neu durchdachte islamische Positionen zu Fragen der Moral, der Staats- und Gesellschaftsordnung, zur Rolle der Frau und der Minderheiten, zu Demokratie und Menschenrechten konzentriert sich weiterhin auf intellektuelle Kreise.[195] Und doch verdienen sie, wenn die stete Aufforderung zum Dialog mit «dem Islam» beziehungsweise «der arabischen Welt» ernstgemeint sein soll, die Aufmerksamkeit, die den Vertretern radikaler Positionen von Maududi, Qutb und Khomeini bis zu ihren militanten Nachfolgern in so reichlichem Maß zuteil geworden ist.

Anmerkungen

1 Über Muhammad ist in der jüngeren Vergangenheit viel publiziert worden; vgl. namentlich die Arbeiten von Tilman Nagel, darunter: Mohammed. Leben und Legende, München 2008, sowie Tarif Khalidi, Images of Muhammad. Narratives of the Prophet in Islam Across the Centuries, New York 2009; zur Einführung in Forschungsfragen und Forschungsstand eignet sich Jonathan Brockopp (Hg.), The Cambridge Companion to Muhammad, Cambridge 2010.

2 Vgl. die Überblicksdarstellungen von Jonathan P. Berkey, The Formation of Islam. Religion and Society in the Near East, 600–1800, Cambridge 2003, und meine Geschichte des Islam, München 2005 (leicht überarb. Taschenbuchausgabe Frankfurt a. M. 2008).

3 Engagiert Angelika Neuwirth, Der Koran als Text der Spätantike. Ein europäischer Zugang, Berlin 2010; mit anderer Stoßrichtung Ludwig Ammann, Die Geburt des Islam. Historische Innovation durch Offenbarung, Göttingen 2001.

4 Vgl. Michael Cook, The Koran. A Very Short Introduction, Oxford 2000; gut lesbar sind auch Hartmut Bobzin, Der Koran. Eine Einführung, München 1999; Tilman Seidensticker, Koran, in: Udo Tworuschka (Hg.), Heilige Schriften. Eine Einführung, Darmstadt 2000, S. 111–130. Zur wissenschaftlichen Vertiefung sind zu empfehlen: Jane Dammen McAuliffe (Hg.), The Cambridge Companion to the Qur'an, Cambridge 2006, und dies. (Hg.), Encyclopaedia of the Qur'an, 6 Bde., Leiden 2001–2006. Unter den neueren Übersetzungen ragen hervor: Der Koran. Neu übertragen von Hartmut Bobzin, München 2010, und The Qur'an. A New Translation by Tarif Khalidi, London 2008.

5 Vgl. Bryan S. Turner, Weber and Islam. A Critical Study, London/Boston 1974; Wolfgang Schluchter (Hg.), Max Webers Sicht des Islams. Interpretation und Kritik, Frankfurt a. M. 1987.

6 Vgl. Stefan Wild, Mensch, Prophet und Gott im Koran. Muslimische Exegeten des 20. Jahrhunderts und das Menschenbild der Moderne, Münster 2001. Als Einführungen eignen sich Ulrich Rudolph, Islamische Philosophie, München 2004; Lutz Berger, Islamische Theologie, Wien 2010.

7 Vgl. Matthias Radscheit, Die koranische Herausforderung, Berlin 1996; Navid Kermani, Gott ist schön. Das ästhetische Erleben des

Koran, München 1999. Zur Koranexegese vgl. neben den Titeln oben, Anm. 3, 4, 6, vor allem Claude Gilliot/Rotraud Wielandt, Exegesis of the Qur'an, in: Jane Dammen McAuliffe (Hg.), Encyclopaedia of the Qur'an, Bd. 2, Leiden/Boston 2002, S. 99–142.

8 Vgl. Andreas Christmann (Hg.), The Qur'an, Morality and Critical Reason. The Essential Muhammad Shahrur, Leiden/Boston 2009; Thomas Amberg, Auf dem Weg zu neuen Prinzipien islamischer Ethik. Muhammad Shahrour und die Suche nach religiöser Erneuerung in Syrien, Würzburg 2009.

9 Ausführlicher hierzu Gudrun Krämer/Sabine Schmidtke (Hg.), Speaking for Islam. Religious Authorities in Muslim Societies, Leiden/ Boston 2006, bes. die Einführung.

10 Vgl. als gut lesbaren Überblick: Annemarie Schimmel, Und Muhammad ist sein Prophet. Die Verehrung des Propheten in der islamischen Frömmigkeit, Düsseldorf/Köln 1981; für Fortgeschrittene Fritz Meier, Nachgelassene Schriften, hg. von Gudrun Schubert. Bemerkungen zur Mohammedverehrung, Bd. 1, Teil 1 und 2, Leiden 2002/2005.

11 Vgl. die Titel oben, Anm. 1, sowie Daniel W. Brown, Rethinking Tradition in Modern Islamic Thought, Cambridge 1996; Mohammad Hashim Kamali, Hadith Methodology, Kuala Lumpur 2002.

12 Ausführlicher zu Scharia und *fiqh* unten, Kap. 3: Wettstreit der Werte. Aus der umfangreichen Literatur vgl. einführend Mathias Rohe, Das islamische Recht, München 2009, sowie die Titel unten, Anm. 35.

13 Vgl. Suha Taji-Farouki (Hg.), Modern Muslim Intellectuals and the Qur'an, Oxford/London 2004; Katajun Amirpur/Ludwig Ammann (Hg.), Der Islam am Wendepunkt. Liberale und konservative Reformer einer Weltreligion, Freiburg 2006.

14 Ausführlicher hierzu unten, Kap. 3: Wettstreit der Werte.

15 Die Literatur wächst rasch an. Internationale Beachtung finden vor allem englischsprachige Veröffentlichungen; vgl. John L. Esposito/John O. Voll, Islam and Democracy, New York/Oxford 1996; Robert W. Hefner (Hg.), Remaking Muslim Politics. Pluralism, Contestation, Democratization, Princeton/Oxford 2005, oder auch Noah Feldman, The Rise and Fall of the Islamic State, Princeton 2008; aus politikwissenschaftlicher Perspektive: Kai Hafez, Heiliger Krieg und Demokratie. Radikalität und politischer Wandel im islamisch-westlichen Vergleich, Bielefeld 2009. Meine eigenen Ideen finden sich in meiner Studie: Gottes Staat als Republik. Reflexionen zeitgenössischer Muslime zu Islam, Menschenrechten und Demokratie, Baden-Baden 1999. Vgl. auch unten, Kap. 5: Islam, Menschenrechte und Demokratie.

16 Unter den zahlreicher werdenden Titeln vgl. James Piscatori, Islam, Islamists, and the Electoral Principle in the Middle East, Leiden 2000; Gudrun Krämer, The Integration of the Integrists. A Comparative Study of Egypt, Jordan and Tunisia, in: Ghassan Salamé (Hg.), Democracy Without Democrats? The Renewal of Politics in the Muslim World, London/New York 1994, S. 200–226; Jillian Schwedler, Faith in Moderation. Islamist Parties in Jordan and Yemen, Cambridge 2006; oder, basierend auf dem selten durchgeführten Vergleich zwischen Ägypten und Iran, Asef Bayat, Making Islam Democratic. Social Movements and the Post-Islamist Turn, Stanford 2007. Materialreich und weit gespannt sind: Ivesa Lübben, ‹Der Islam ist die Lösung›? Moderate islamistische Parteien in der MENA-Region und Fragen ihrer politischen Integration, hg. von der Konrad-Adenauer-Stiftung, Sankt Augustin 2006; Muriel Asseburg (Hg.), Moderate Islamisten als Reformakteure?, Bonn 2008.

17 Zur Definition von Islamismus, Fundamentalismus und politischem Islam vgl. ausführlicher meine Arbeit: Gottes Staat als Republik, Baden-Baden 1999, insbes. Kap. 1.

18 Zum *jihad* in Theorie und Praxis vgl. Ella Landau-Tasseron, Jihad, in: Jane Dammen McAuliffe (Hg.), Encyclopaedia of the Qur'an, Bd. 3, Leiden 2003, S. 35–43; David Cook, Understanding Jihad, Berkeley 2005; ders., Martyrdom in Islam, Cambridge 2007; stärker historisch orientiert ist Michael Bonner, Jihad in Islamic History. Doctrines and Practice, Princeton/Oxford 2006; als einschlägige Fallstudie vgl. Sabine Damir-Geilsdorf, Herrschaft und Gesellschaft. Der islamistische Wegbereiter Sayyid Qutb und seine Rezeption, Würzburg 2003.

19 Vgl. Henri Lauzière, The Construction of the *Salafiyya*, in: International Journal of Middle East Studies 42,3 (2010), S. 369–389; Bernard Rougier (Hg.), Qu'est-ce que le Salafisme?, Paris 2008; Roel Meijer (Hg.), Global Salafism. Islam's New Religious Movement, London 2009.

20 Aus ideengeschichtlicher Sicht vgl. Malcolm H. Kerr, Islamic Reform. The Political and Legal Theories of Muhammad 'Abduh and Rashid Rida, Berkeley/Los Angeles 1966. Am Beispiel Syriens und Libanons lassen sich die unterschiedlichen Pfade islamischer Reform illustrieren; zum sunnitischen Milieu vgl. David Dean Commins, Islamic Reform. Politics and Social Change in Late Ottoman Syria, New York/Oxford 1990; Itzhak Weismann, Taste of Modernity. Sufism, Salafiyya, and Arabism in Late Ottoman Damascus, Leiden 2001; zum schiitischen Milieu vgl. Sabrina Mervin, Un réformisme chiite.

Ulémas et lettrés du Gabal ʿAmil (actuel Liban-Sud) de la fin de l'Empire ottoman à l'indépendance du Liban, Paris 2000.

21 Vgl. Martin van Bruinessen/Julia Day Howell (Hg.), Sufism and the ‹Modern› in Islam, London/New York 2007; eine interessante Feldstudie liefert ʿAmmar ʿAli Hasan, As-sufiyya wa-s-siyasa fi misr (Sufismus und Politik in Ägypten), Kairo 1997.

22 Muhammad Khalid Masud (Hg.), Travellers in Faith. Studies of the Tablighi Jamaʿat as a Transnational Islamic Movement for Faith Renewal, Leiden 2000; Thomas K. Gugler, Mission Medina. Daʿwat-e Islami und Tabligi Gamaʿat, Würzburg 2011.

23 Vgl. Jan-Peter Hartung, Viele Wege und ein Ziel. Leben und Wirken von Sayyid Abu l-Hasan Ali al-Hasani Nadwi (1914–1999), Würzburg 2004.

24 Vgl. Hamid Dabashi, Theology of Discontent. The Ideological Foundation of the Islamic Revolution in Iran, New York/London 1993; Forough Jahanbaksh, Islam, Democracy and Religious Modernism in Iran (1953–2000), Leiden/Boston 2001; Katajun Amirpur, A Doctrine in the Making? Velayat-e faqih in Post-Revolutionary Islam, in: Gudrun Krämer/Sabine Schmidtke (Hg.), Speaking for Islam, Leiden/Boston 2006, S. 218–240.

25 Vgl. Bettina Gräf, Medien-Fatwas@Yusuf al-Qaradawi. Die Popularisierung des islamischen Rechts, Berlin 2010; dies./Jakob Skovgaard-Petersen (Hg.), Global Mufti. The Phenomenon of Yusuf al-Qaradawi, London 2009, sowie meinen Aufsatz: Drawing Boundaries: Yusuf al-Qaradawi on Apostasy, in: dies./Sabine Schmidtke (Hg.), Speaking for Islam, Leiden/Boston 2006, S. 181–217.

26 Die libanesische Hizbullah beispielsweise übernahm als eine arabische zwölferschiitische Gruppierung zunächst Khomeinis Doktrin, wandte sich dann jedoch schrittweise von ihr ab und belegt damit die Lernfähigkeit auch solcher islamistischer Bewegungen, die gemeinhin als radikal bezeichnet werden; vgl. Stephan Rosiny, Islamismus bei den Schiiten im Libanon, Berlin 1996; vgl. mit breiterem Fokus: Dale F. Eickelman/James Piscatori, Muslim Politics, Princeton 1996; Gudrun Krämer, The Integration of the Integrists, in: Ghassan Salamé (Hg.), Democracy Without Democrats?, London/New York 1994, S. 200–226. Vgl. auch unten, Kap. 8: Kritik und Selbstkritik: Reformistisches Denken im Islam.

27 Ausführlicher hierzu meine Monographien: Gottes Staat als Republik, Baden-Baden 1999; Hasan al-Banna, Oxford 2010, sowie meine Beiträge: Aus Erfahrung lernen? Die islamische Bewegung in Ägypten, in: Clemens Six/Martin Riesebrodt/Siegfried Haas (Hg.), Religiöser

Fundamentalismus. Vom Kolonialismus zur Globalisierung, Innsbruck 2004, S. 185–200; Gute Regierungsführung. Neue Stimmen aus der islamischen Welt, in: Verfassung und Recht in Übersee 38,3 (2005), S. 258–275. Zum Hintergrund vgl. Richard P. Mitchell, The Society of the Muslim Brothers, New York/Oxford 1969, 1993; Brynjar Lia, The Society of the Muslim Brothers in Egypt, Reading 1998; Ulrike Dufner, Islam ist nicht gleich Islam. Die türkische Wohlfahrtspartei und die ägyptische Muslimbruderschaft: Ein Vergleich ihrer politischen Vorstellungen vor dem gesellschaftspolitischen Hintergrund, Opladen 1998.

28 Zur aktivistischen Dimension, die im Folgenden nicht im Mittelpunkt steht, vgl. Michael Cook, Commanding Right and Prohibiting Wrong in Islamic Thought, Cambridge 2000, und die Literatur zum *jihad*, oben, Anm. 18.

29 Marshall G.D. Hodgson, The Venture of Islam. Conscience and History in a World Civilization, 3 Bde., Chicago/London 1961, 1974; ders., Rethinking World History, hg. von Edmund Burke III, Cambridge 1993.

30 Birgit Schaebler/Leif Stenberg (Hg.), Globalization and the Muslim World. Culture, Religion, and Modernity, Syracuse 2004.

31 Vgl. unten, Kap. 4: Religion, Recht und Politik: Säkularisierung im Islam.

32 Vgl. Aziz Al-Azmeh, Muslim Kingship. Power and the Sacred in Muslim, Christian and Pagan Polities, London/New York 1997, 2001; Jocelyne Dakhlia, Le divan des rois. Le religieux et le politique dans l'islam, Paris 1998.

33 Vgl. Helga Rebhan, Geschichte und Funktion einiger politischer Termini im Arabischen des 19. Jahrhunderts (1798–1882), Wiesbaden 1986; Ami Ayalon, Language and Change in the Arab Middle East, New York/Oxford 1987; Bernard Lewis, The Political Language of Islam, Chicago/London 1988; Heidemarie Doganalp-Votzi/Claudia Römer, Herrschaft und Staat. Politische Terminologie des Osmanischen Reiches der Tanzimatzeit, Wien 2008.

34 Einführend vgl. Hamid Enayat, Modern Islamic Political Thought, Austin 1982; Patricia Crone, God's Rule. Government and Islam. Six Centuries of Islamic Political Rule, New York 2004.

35 Gut lesbar sind Peter Scholz, Scharia in Tradition und Moderne – Eine Einführung in das islamische Recht, in: Jura. Juristische Ausbildung 23,8 (2001), S. 525–534, und Mathias Rohe, Das islamische Recht. Geschichte und Gegenwart, München 2009; vgl. aus unterschiedlichen Perspektiven auch: Mohammad Hashim Kamali, Principles of

Islamic Jurisprudence, Cambridge 1991; Wael B. Hallaq, A History of Islamic Legal Theories, Cambridge 1997; Bernard G. Weiss, The Spirit of Islamic Law, Athens/London 1998.

36 Vgl. Peri Bearman/Rudolph Peters/Frank E. Vogel (Hg.), The Islamic School of Law. Evolution, Devolution, and Progress, Cambridge 2005; Muhammad Khalid Masud/Rudolph Peters/David S. Powers (Hg.), Dispensing Justice in Islam. Qadis and their Judgments, Leiden/Boston 2006. Ein Fallbeispiel diskutiert Bülent Ucar, Recht als Mittel zur Reform von Religion und Gesellschaft. Die türkische Debatte um die Scharia und die Rechtsschulen im 20. Jahrhundert, Würzburg 2005.

37 Vgl. unten, Kap. 3: Wettstreit der Werte, und Kap. 5: Islam, Menschenrechte und Demokratie.

38 Einen guten Überblick bietet Nathan J. Brown, Constitutions in a Nonconstitutional World. Arab Basic Laws and the Prospects for Accountable Government, Albany 2000.

39 Vgl. Gudrun Krämer, Gottes Staat als Republik, Baden-Baden 1999, S. 175–179. Zuletzt ist recht viel zur «Gemeindeordnung» publiziert worden; vgl. Michael Lecker, The ‹Constitution of Medina›. Muhammad's First Legal Document, Princeton 2004; Said Amir Arjomand, The Constitution of Medina. A Sociolegal Interpretation of Muhammad's Act of Foundation of the Umma, in: International Journal of Middle East Studies 41 (2009), S. 555–575.

40 Eine gute Einführung bieten die Studien von Heinz Halm: Die Schia, Darmstadt 1988; Die Schiiten, München 2005.

41 Vgl. Stephan Rosiny, Islamismus bei den Schiiten im Libanon, Berlin 1996; Forough Jahanbaksh, Islam, Democracy and Religious Modernism in Iran (1953–2000), Leiden/Boston 2001.

42 Vgl. Roswitha Badry, Die zeitgenössische Diskussion um den islamischen Beratungsgedanken (*šūrā*) unter dem besonderen Aspekt ideengeschichtlicher Kontinuitäten und Diskontinuitäten, Stuttgart 1998.

43 Vgl. meinen Beitrag: Gute Regierungsführung. Neue Stimmen aus der islamischen Welt, in: Verfassung und Recht in Übersee 38,3 (2005), S. 258–275.

44 Ebd., S. 272.

45 Vgl. meinen Beitrag: The Importance of Being Modern. Islamic Reform, Hasan al-Banna, and the Muslim Brotherhood (i. Vorb.).

46 Vgl. neben den oben, Anm. 4, genannten Titeln: Stefan Wild (Hg.), The Qur'an as Text, Leiden 1996; Hans Zirker, Der Koran. Zugänge und Lesarten, Darmstadt 1999; Neal Robinson, Discovering the Qur'an. A Contemporary Approach to a Veiled Text, London ²2003.

47 Vgl. die Titel oben, Anm. 1 und 11.

48 Vgl. neben den Titeln oben, Anm. 4 und 7, Suha Taji-Farouki (Hg.), Modern Muslim Intellectuals and the Qur'an, Oxford/London 2004; Johanna Pink, Sunnitischer Tafsir in der modernen islamischen Welt. Akademische Traditionen, Popularisierungen und nationalstaatliche Interessen, Leiden/Boston 2011. Aufsehen erregte international der Fall des 2010 verstorbenen ägyptischen Literatur- und Islamwissenschaftlers Nasr Hamid Abu Zaid, der in den 1990er Jahren wegen seiner literaturkritischen Arbeiten über den Koran der Apostasie beschuldigt, aus der Universität verdrängt und schließlich sogar von seiner Frau zwangsgeschieden wurde; er fand in Europa Asyl. Unter seinen ins Deutsche übersetzten Werken vgl. Islam und Politik. Kritik eines religiösen Diskurses, Frankfurt a. M. 1996.

49 Davon prinzipiell unabhängig ist die Frage zu behandeln, ob das Glaubensbekenntnis (*shahada*) ausreicht, um als Muslim gelten zu können, oder ob es nicht durch Handeln unablässig bestätigt werden muss, und ob schwere Sünden zum Ausschluss des durch sie ungläubig Gewordenen aus der Gemeinschaft der Muslime führen (arab. *takfir*, etwas unzureichend mit «Exkommunikation» übersetzt) und gegen ihn oder gegebenenfalls auch sie der *jihad* geführt werden muss, der unter Muslimen nicht geführt werden darf (vgl. oben, Anm. 18). Die Fragen der Werkgerechtigkeit, der Definition schwerer Sünden und des Umgangs mit den Sündern – ein großes Thema der frühislamischen Theologie und Politik – sind für die heutige Auseinandersetzung mit dem militanten Islamismus noch immer zentral.

50 Vgl. oben, Anm. 35. Zu der Frage, ob der Mensch auch unabhängig von der Offenbarung sicheres Wissen über das Gute erlangen kann, vgl. A. Kevin Reinhart, Ethics and the Qur'an, in: Jane Dammen McAuliffe (Hg.), Encyclopaedia of the Qur'an, Bd. 2, Leiden/Boston 2002, S. 55–79; ders., Before Revelation. The Boundaries of Muslim Moral Thought, Albany 1995; zu islamischer Ethik generell vgl. Toshihiko Izutsu, Ethico-Religious Concepts in the Qur'an, Montreal 1966; Richard G. Hovannisian (Hg.), Ethics in Islam. Ninth Giorgio della Vida Biennial Conference, Malibu 1985; Majid Fakhry, Ethical Theories in Islam, Leiden ²1994; Daniel Brown, Islamic Ethics in Comparative Perspective, in: The Muslim World 89,2 (1999), S. 181–192.

51 Vgl. oben, Anm. 36.

52 Vgl. Judith E. Tucker, Women, Family, and Gender in Islamic Law, Cambridge 2008, und die Studien des Netzwerks *musawah* («Gleichheit/Gleichberechtigung»; getragen von der Gruppe *Sisters in Islam*,

Selangor, Malaysia): Home Truths. A Global Report on Equality in the Muslim Family, 2009; CEDAW and Muslim Family Laws. In Search of Common Ground, 2011; Zainah Anwar (Hg.), Wanted. Equality and Justice in the Muslim Family, 2009; ferner die Titel unten, Anm. 68–70.

53 Dazu ausführlicher meine Studie: Gottes Staat als Republik, Baden-Baden 1999, bes. Kap. 3 und 6 mit der Diskussion sunnitisch-arabischer islamistischer Autoren. Den nicht-islamistischen Ansatz repräsentiert besonders gut der aus Afghanistan stammende und in Kuala Lumpur lehrende (sunnitische) Jurist Mohammad Hashim Kamali, der mit einer Reihe von Arbeiten zu dem Thema hervorgetreten ist, darunter namentlich: Freedom of Expression in Islam, Cambridge 1997; Freedom, Equality and Justice in Islam, Cambridge 2002; The Right to Life, Security, Privacy and Ownership in Islam, Cambridge 2008.

54 Vgl. von Seiten engagierter Vertreter des Prinzips: Jasser Auda, Maqasid al-Shari'ah. A Beginner's Guide; Muhammad Hashim Kamali, Maqasid al-Shari'ah Made Simple, beide London/Washington 1429/2008; aus der Perspektive der kritischen Wissenschaft vgl. Birgit Krawietz, Hierarchie der Rechtsquellen im tradierten sunnitischen Islam, Berlin 2002.

55 Syed Nawab Haider Naqvi, Perspectives on Morality and Human Well-Being. A Contribution to Islamic Economics, Leicester 2003, S. 129 (Übersetzung GK).

56 Lawrence Rosen, Justice, in: John L. Esposito (Hg.), The Oxford Encyclopedia of the Modern Islamic World, Bd. 2, New York/Oxford 1995, S. 388–391, hier: S. 391; ähnlich seine Studien: The Anthropology of Justice. Law as Culture in Islamic Society, Cambridge 1989; The Justice of Islam, Oxford 2000. Vgl. auch meinen Aufsatz: Justice in Modern Islamic Thought, in: Abbas Amanat/Frank Griffel (Hg.), Shari'a. Islamic Law in the Contemporary Context, Stanford 2007, S. 20–37. Breit angelegt, aber ahistorisch ist Majid Khadduri, The Islamic Conception of Justice, Baltimore/London 1984. Die historische Einbettung muslimischer Gerechtigkeitsideale illustrieren Franz Rosenthal, Political Justice and the Just Ruler, in: Israel Oriental Studies 10 (1982), S. 92–101; Boğaç A. Ergene, On Ottoman Justice: Interpretations in Conflict (1600–1800), in: Islamic Law and Society 8,1 (2001), S. 52–87.

57 Farid 'Abd al-Khaliq, Fi l-fiqh as-siyasi al-islami. Mabadi' dusturiyya. Ash-shura, al-'adl, al-musawat (Über die islamische politische Doktrin. Verfassungsgrundsätze: Konsultation, Gerechtigkeit, Gleichheit), Kairo/Beirut 1998, S. 195, 196 f.

58 Mohammad Hashim Kamali, Freedom, Equality and Justice in Islam, Cambridge 2002, S. 107. Kamali hebt im Übrigen die Gemeinsamkeiten von islamischen und nicht-islamischen Gerechtigkeitsidealen hervor.

59 Vom römischen Juristen Domitius Ulpianus (um 170–228 n. Chr.) formuliert und in Justinians Corpus Iuris Civilis aufgenommen, laute-te die Maxime: *Juris praecepta sunt haec: honeste vivere, alterum non laedere, suum cuique tribuere* (ehrlich leben, anderen nicht schaden, jedem das Seine zuteilen); vgl. Otfried Höffe, Gerechtigkeit. Eine phi-losophische Einführung, München 2001, S. 49–53.

60 Vgl. hierzu auch Michael Stolleis, Das Auge des Gesetzes. Geschichte einer Metapher, München 2004.

61 Zum sogenannten Zirkel der Gerechtigkeit vgl. Roy P. Mottahedeh, Loyalty and Leadership in an Early Islamic Society, Princeton 1980, bes. Kap. 4; Jocelyne Dakhlia, Le divan des rois, Paris 1998; Aziz Al-Azmeh, Muslim Kingship, London/New York 1997, 2001.

62 Prägnant formuliert dies am Beispiel einer Rebellion im frühen 18. Jahrhundert Boğaç A. Ergene, On Ottoman Justice: Interpretations in Conflict (1600–1800), in: Islamic Law and Society 8,1 (2001), S. 52–87, hier: S. 86 f.

63 Vgl. Louise Marlow, Hierarchy and Egalitarianism in Islamic Thought, Cambridge 1997; Mohammad Hashim Kamali, Freedom, Equality and Justice in Islam, Cambridge 2002, Kap. 2 und 3.

64 Vgl. Mohammad Hashim Kamali, The Dignity of Man: An Islamic Perspective, Cambridge 2002; auch Gudrun Krämer, Gottes Staat als Republik, Baden-Baden 1999, S. 74–76.

65 Vgl. William Gervase Clarence-Smith, Islam and the Abolition of Slavery, Oxford 2006; Ehud R. Toledano, As if Silent and Absent. Bonds of Enslavement in the Islamic Middle East, New Haven/London 2007.

66 Vgl. Cornelia Schöck, Adam and Eve, in: Jane Dammen McAuliffe (Hg.), Encyclopaedia of the Qur'an, Bd. 1, Leiden/Boston 2001, S. 22–26.

67 Sa'id Ramadan, Ma'alim at-tariq (Wegmarken), Kairo 1987, S. 44.

68 Einen guten Überblick vermittelt Barbara F. Stowasser, Women in the Qur'an, Traditions, and Interpretation, New York/Oxford 1994; an-regend der Beitrag der ägyptischen Islamistin Umaima Abu Bakr in: dies./Shirin Shukri, Al-mar'a wa-l-gender. Ilgha' at-tamyiz ath-thaqa-fi wa-l-ijtima'i baina l-jinsain (Frau und Gender. Aufhebung der kul-turellen und sozialen Diskriminierung zwischen den Geschlech-tern), Damaskus/Beirut 1423/2002, S. 11–77; in der Tendenz ähnlich, wenn auch mit anderer Argumentation Mohammad Hashim Kamali,

Freedom, Equality and Justice in Islam, Cambridge 2002, S. 61–78. Zur aktuellen Rechtslage vgl. Abdullahi A. An-Na'im (Hg.), Islamic Family Law in a Changing World. A Global Resource Book, London/New York 2002, und die Studien der Gruppe *musawah/Sisters in Islam* (vgl. oben, Anm. 52).

69 Amina Wadud, Qur'an and Woman. Rereading the Sacred Text from a Woman's Perspective, New York/Oxford 1999, bes. S. 66–78, 82–85. Ähnlich die in den USA lehrende Asma Barlas, «Believing Women» in Islam. Unreading Patriarchal Interpretations of the Qur'an, Austin 2002, bes. S. 184–202; lesenswert ist auch Azizah Yahia Al-Hibri, Muslim Women's Rights in the Global Village: Challenges and Opportunities, in: Journal of Law and Religion 15 (2000–2001), S. 37–66.

70 Riffat Hassan, Challenging the Stereotypes of Fundamentalism. An Islamic Feminist Perspective, in: The Muslim World 91,1 (2001), S. 55–69; dies., Rights of Women Within Islamic Communities, in: John Witte, Jr./Johan D. van der Vyver (Hg.), Religious Human Rights in Global Perspective, Den Haag/Boston/London 1996, S. 361–386.

71 Eine gut lesbare Einführung bietet Khurshid Ahmad (Hg.), Studies in Islamic Economics, Leicester 1400/1980. Knapp und kritisch Timur Kuran, On the Notion of Economic Justice in Contemporary Islamic Thought, in: International Journal of Middle East Studies 21 (1989), S. 171–191; ausführlicher ders., Islam and Mammon. The Economic Predicaments of Islamism, Princeton/Oxford 2004; Charles Tripp, Islam and the Moral Economy. The Challenge of Capitalism, Cambridge 2006.

72 Khurshid Ahmad, Vorwort, in: Syed Nawab Haider Naqvi, Perspectives on Morality and Human Well-Being, Leicester 2003, S. xiii.

73 Am meisten Aufmerksamkeit haben die französischen Politikwissenschaftler Roy und Kepel gefunden; vgl. Olivier Roy, The Failure of Political Islam, Cambridge 1996; Gilles Kepel, Das Schwarzbuch des Islam. Aufstieg und Niedergang des Islamismus, München 2002. Der 11. September 2001 hat auf breiter Front zu einer Neubewertung des politischen Islam geführt.

74 Dies ist nicht der Ort, um die Religionspolitik der europäischen Kolonialmächte zu durchleuchten, die im Allgemeinen eher eine Politik der Nichteinmischung in religiöse Angelegenheiten verfolgten, um auf diesem so sensiblen Feld Konflikten vorzubeugen. In Indien allerdings griffen die Briten mit der Einführung des sogenannten Anglo-Muhammadan Law nachhaltig in die bestehende Rechtsordnung ein. Im Osmanischen Reich hingegen, das nie direkt kolo-

nisiert wurde, gingen die Reformen von Recht, Verfassung und Verwaltung im Zeitalter der *Tanzimat* (1839-1878), die einzeln und in ihrer Gesamtheit einen Säkularisierungsschub bewirkten, von den osmanischen Eliten aus, die sich von europäischen Vorbildern lediglich inspirieren ließen.

75 Der im Arabischen lange vorherrschende Terminus für Säkularismus, *la-diniyya*, macht dies deutlich: Er verweist auf die «Abwesenheit» oder «Verleugnung» der Religion. Heute ist im Arabischen *'almaniyya* üblicher, das, sprachlich nicht ganz überzeugend, meist mit *'ilm*, Wissen, in Verbindung gebracht wird.

76 Die säkularismuskritische, vielfach polemische Literatur ist umfangreich; stellvertretend sei eine Schrift des einflussreichen Muftis und Predigers Yusuf al-Qaradawi (geb. 1926) genannt: At-tatarruf al-'almani fi muwajahat al-islam (namuzaj turkiya wa-tunis) (Der säkularistische Extremismus in Konfrontation mit dem Islam. Das Beispiel Türkei und Tunesien), Kairo 2001. Kritische Einblicke in die Diskussion bieten: Kate Zebiri, Muslim Anti-Secularist Discourse in the Context of Muslim-Christian Relations, in: Islam and Christian-Muslim Relations 9,1 (1998), S. 47–64; Ibrahim Abu Rabi, Contemporary Arab Thought. Studies in post-1967 Arab Intellectual History, London 2004.

77 Nicht wenige arabische Säkularisten publizieren in französischer Sprache; vgl. Fouad Zakariya (Ägypten), Laïcité ou islamisme: les Arabes à l'heure du choix, Paris 1991; Mohamed-Chérif Ferjani (Tunesien), Islamisme, laïcité et droits de l'homme. Un siècle de débat sans cesse reporté au sein de la pensée arabe contemporaine, Paris 1991, oder, mit anderer Stoßrichtung, der in Europa wirkende islamische Aktivist und Intellektuelle Tariq Ramadan, Les Musulmans dans la laïcité. Responsabilités et droits des musulmans dans les sociétés occidentales, Lyon 1994. Zu den bekanntesten Vertretern säkularen Denkens zählt der aus Syrien stammende Islamwissenschaftler Aziz Al-Azmeh; vgl. seine Schriften: Al-asala au siyasat al-hurub min al-waqi' (Authentizität oder die Politik der Flucht vor der Wirklichkeit), London/Beirut 1992; Die Islamisierung des Islam. Imaginäre Welten einer politischen Theologie, Frankfurt a. M./New York 1996.

78 Säkularistische Positionen sind am besten für Ägypten untersucht; vgl. Rotraud Wielandt, Zeitgenössische ägyptische Stimmen zur Säkularisierungsproblematik, in: Die Welt des Islams 22 (1982), S. 117–133; Fritz Steppat, Säkularisten und Islamisten. Ein Kategorisierungsversuch in Ägypten, in: Asien, Afrika, Lateinamerika 19 (1991), S. 699–704; Alexander Flores, Secularism, Integralism and Political Islam.

The Egyptian Debate, in: Middle East Report 183 (1993), S. 32–38; Talal Asad, Thinking About Secularism and Law in Egypt, Leiden 2001.

79 Vgl. Rajeev Bhargava (Hg.), Secularism and its Critics, New Delhi 1999; Azzam Tamimi/John Esposito (Hg.), Islam and Secularism in the Middle East, London 2000; Talal Asad, Formations of the Secular. Christianity, Islam, Modernity, Stanford 2003.

80 José Casanova, Chancen und Gefahren öffentlicher Religion. Ost- und Westeuropa im Vergleich, in: Otto Kallscheuer (Hg.), Das Europa der Religionen, Frankfurt a. M. 1996, S. 181–210; ders., Public Religions in the Modern World, Chicago 1994. Besonders einflussreich daneben Charles Taylor: Drei Formen des Säkularismus, in: Kallscheuer (Hg.), Das Europa der Religionen, S. 217–246; ders., Modes of Secularism, in: Rajeev Bhargava (Hg.), Secularism and its Critics, New Delhi 1999, S. 31–53. Anregend auch Danièle Hervieu-Léger, Le Pèlerin et le converti. La religion en mouvement, Paris 1999, sowie, im deutschen Kontext viel diskutiert, Jürgen Habermas/Joseph Ratzinger, Dialektik der Säkularisierung. Über Vernunft und Religion, Freiburg 2005.

81 Vgl. dazu Friedrich Wilhelm Graf, Die Wiederkehr der Götter, München 2004.

82 Ein Vergleich mit nicht-monotheistischen Religionen (der Religionsbegriff kann hier nicht problematisiert werden) findet in der Regel weder in der innermuslimischen Diskussion noch in der wissenschaftlichen Literatur statt.

83 Vgl. hierzu Dominique Iogna-Prat/Gilles Veinstein (Hg.), Histoires des hommes de Dieu dans l'islam et le christianisme, Paris 2003; Marc Gaborieau/Malika Zeghal (Hg.), Autorités religieuses en Islam (Archives de Sciences Sociales des Religions 49/125), Paris 2004; Gudrun Krämer/Sabine Schmidtke (Hg.), Speaking for Islam. Religious Authorities in Muslim Societies, Leiden/Boston 2006, insbes. die Einführung; einen knappen Überblick bietet auch meine Geschichte des Islam, München 2005.

84 Vgl. Hasan Elboudrari (Hg.), Modes de transmission de la culture religieuse en Islam, Kairo 1993; Nicole Grandin/Marc Gaborieau (Hg.), Madrasa. La transmission du savoir dans le monde musulman, Paris 1997.

85 Vgl. Malika Zeghal, Gardiens de l'Islam. Les oulémas d'Al Azhar dans l'Egypte contemporaine, Paris 1996; Jakob Skovgaard-Petersen, Defining Islam for the Egyptian State. Muftis and Fatwas of the Dar al-Ifta, Leiden 1997.

86 Grundlegend ist noch immer Patricia Crone/Martin Hinds, God's Caliph. Religious Authority in the First Centuries of Islam, Cambridge 1986; weiter gespannt ist Patricia Crone, God's Rule. Government and Islam, New York 2004; zur monarchischen Tradition vgl. die Titel oben, Anm. 32.

87 Tatsächlich sind in der islamischen Geschichte wiederholt charismatische Figuren aufgetreten, die, zum Teil unter Rückgriff auf zyklische Geschichtsvorstellungen, für sich prophetischen Rang beanspruchten oder diesen Rang von ihren Anhängern zugesprochen bekamen. Die Mehrheit ging aus schiitischen Milieus hervor, wobei gerade die Schia sich früh in unterschiedliche Gruppierungen auffächerte. Vor allem im 14./15. und im 19. Jahrhundert kam es zur Gründung neuer Gemeinschaften, die sich in einigen Fällen sogar in aller Form von der islamischen *umma* lösten (zu nennen sind vor allem die Babis und Baha'is, während die Aleviten und die Ahmadis nach eigenem Verständnis nach wie vor Muslime sind und die Drusen sich je nach Lage und Interessen der muslimischen Gemeinschaft zurechnen oder auch nicht).

88 Vgl. oben, Anm. 18.

89 Vgl. Muhammad Qasim Zaman, Religion and Politics under the Early 'Abbasids. The Emergence of the Proto-Sunni Elite, Leiden 1997; Michael Cooperson, Classical Arabic Biography. The Heirs of the Prophet in the Age of al-Ma'mun, Cambridge 2000.

90 Vgl. Said Amir Arjomand, The Shadow of God and the Hidden Imam. Religion, Political Order, and Societal Change in Shi'ite Iran from the Beginning to 1890, Chicago/London 1984; Rula J. Abisaab, Converting Persia. Religion and Power in the Safavid Empire, London/New York 2004; für gegenläufige Tendenzen vgl. Kathryn Babayan, Mystics, Monarchs, and Messiahs. Cultural Landscapes of Early Modern Iran, Cambridge/London 2002.

91 Vgl. Abdellah Hammoudi, Master and Disciple, Chicago 1997; Mohamed Tozy, Monarchie et islam politique au Maroc, Paris ²1999; weiter gefasst auch mein Beitrag: Good Counsel to the King: The Islamist Opposition in Saudi Arabia, Jordan and Morocco, in: Joseph Kostiner (Hg.), Middle East Monarchies: the Challenge of Modernity, Boulder 2000, S. 257–287.

92 Vgl. hierzu meine Studie: Gottes Staat als Republik, Baden-Baden 1999, S. 80–86; Katajun Amirpur, A Doctrine in the Making? Velayat-e faqih in Post-Revolutionary Iran, in: Gudrun Krämer/Sabine Schmidtke (Hg.), Speaking for Islam, Leiden/Boston 2006, S. 218–240.

93 Vgl. Armando Salvatore/Schirin Amir-Moazami, Religiöse Diskurs-traditionen. Zur Transformation des Islam in kolonialen, postkolo-nialen und europäischen Öffentlichkeiten, in: Berliner Journal für Soziologie 12,3 (2002), S. 309–330; Levent Tezcan, Das Islamische in den Studien zu Muslimen in Deutschland, in: Berliner Journal für Soziologie 32,3 (2003), S. 237–261.

94 Vgl. Dale F. Eickelman, Print, Islam, and the Prospects for Civic Pluralism. New Religious Writings and their Audiences, in: Journal of Islamic Studies 8 (1997), S. 43–62; ders./Jon W. Anderson (Hg.), New Media in the Muslim World. The Emerging Public Sphere, Bloo-mington/Indianapolis 1999; Gary R. Bunt, Islam in the Digital Age. E-Jihad, Online Fatwas and Cyber Islamic Environments, London 2003; auch Matthias Brückner/Johanna Pink (Hg.), Von Chatraum bis Cyberjihad. Muslimische Internetnutzung in lokaler und globaler Perspektive, Würzburg 2009.

95 Vgl. Jan Michiel Otto (Hg.), Sharia Incorporated. A Comparative Overview of the Legal Systems of Twelve Muslim Countries in Past and Present, Leiden 2010; Rudolph Peters, Crime and Punishment in Islamic Law. Theory and Practice from the Sixteenth to the Twenty-first Century, Cambridge 2005; zum Ehe- und Familienrecht vgl. die mehrfach zit. Studien von *musawah/Sisters in Islam*, An-Na'im und Tucker.

96 Musterbeispiele bilden hier die Modifikationen des Eheschließungs- und Scheidungsrechts, die zum einen die Möglichkeiten muslimischer Männer einengen, bis zu vier Frauen zu ehelichen oder sich von ihrer Ehefrau jederzeit und ohne Angabe von Gründen scheiden zu lassen. Zum anderen erweitern sie die Möglichkeiten von Ehefrauen, eigen-ständig die Scheidung einzureichen, und verbessern ihren Rechts-anspruch auf Unterhalt und das Sorgerecht für die gemeinsamen Kinder.

97 Die vom *International Institute for the Study of Islam in the Modern World (ISIM)* herausgegebene Zeitschrift *ISIM Report* berichtete bis zu ihrer Einstellung regelmäßig und mit beachtlicher geographischer Streuung über diese Themen. Die einschlägige Literatur wächst stetig; vgl. Günter Seufert, Politischer Islam in der Türkei, Istanbul/Stuttgart 1997; Mona Abaza, Changing Consumer Cultures of Modern Egypt, Leiden/Boston 2006; Johanna Pink (Hg.), Muslim Societies in the Age of Mass Consumption. Politics, Culture and Identity between the Local and the Global, Cambridge 2009.

98 Gudrun Krämer, Drawing Boundaries. Yusuf al-Qaradawi on Apos-tasy, in: dies./Sabine Schmidtke (Hg.), Speaking for Islam, Leiden/

Boston 2006, S. 181–217; Armin Hasemann, Zur Apostasiediskussion im modernen Ägypten, in: Die Welt des Islams 42 (2002), S. 72–121; Abdullah Saeed/Hassan Saeed, Freedom of Religion, Apostasy and Islam, Aldershot 2004. Vgl. auch unten, Kap. 6: «Kein Zwang in der Religion»?

99 Die sogenannte Orientalismus-Debatte, die Edward Saids 1978 erschienenes Buch «Orientalism» entfachte, hat nicht nur in Fachkreisen lebhafte, zum Teil recht polemische Kontroversen ausgelöst. Für einen Orientalismus-kritischen Ansatz steht die Studie von Aziz Al-Azmeh, Die Islamisierung des Islam, Frankfurt/New York 1996. Meine eigene Position ist knapp zusammengefasst in: Unterscheiden und Verstehen: Über Nutzen und Missbrauch der Islamwissenschaft, in: Abbas Poya/Maurus Reinkowski (Hg.), Das Unbehagen in der Islamwissenschaft, Bielefeld 2008, S. 263–270.

100 Zu Möglichkeiten und Problemen der Koranexegese vgl. oben, Anm. 7, 8, 13.

101 Vgl. oben, Anm. 1, 11.

102 Vgl. unten, Kap. 8: Kritik und Selbstkritik: Reformistisches Denken im Islam.

103 Zur allgemeinen Diskussion vgl. Heiner Bielefeldt, Philosophie der Menschenrechte, Darmstadt 1998; zu den Debatten im sunnitisch-arabischen Islam vgl. meine Studie: Gottes Staat als Republik, Baden-Baden 1999, bes. Kap. 3 und 6; einen breiten Überblick bietet: Hatem Ellisie (Hg.), Beiträge zum islamischen Recht VII. Islam und Menschenrechte/Islam and Human Rights/al-islam wa-huquq al-insan, Frankfurt a. M. 2010.

104 Ausführlicher hierzu mein Beitrag: Justice in Modern Islamic Thought, in: Abbas Amanat/Frank Griffel (Hg.): Shari'a. Islamic Law in the Contemporary Context, Stanford 2007, S. 20–37.

105 Vgl. Louise Marlow, Hierarchy and Egalitarianism in Islamic Thought, Cambridge 1997. Die Diskussion um die Sklaverei illustriert die Problematik; vgl. oben, Anm. 65.

106 Vgl. oben, Kap. 3: Wettstreit der Werte, den Abschnitt Gerechtigkeit und Gleichheit.

107 Ausführlicher unten, Kap. 6: «Kein Zwang in der Religion»?

108 Eine interessante Fallstudie bietet Johanna Pink, Neue Religionsgemeinschaften in Ägypten. Minderheiten im Spannungsfeld von Glaubensfreiheit, öffentlicher Ordnung und Islam, Würzburg 2003.

109 Vgl. oben, Anm. 40.

110 Zum Folgenden vgl. eingehender meine Studie: Gottes Staat als Republik, Baden-Baden 1999, bes. Kap. 4 und 5, und meinen Aufsatz:

Good Counsel to the King: the Islamist Opposition in Saudi Arabia, Jordan and Morocco, in: Joseph Kostiner (Hg.), Middle East Monarchies: the Challenge of Modernity, Boulder 2000, S. 257–287; von der prinzipiellen Vereinbarkeit demokratischer und (zumindest bestimmter) islamistischer Ordnungsvorstellungen geht Ahmad S. Moussalli aus; vgl. ders., Modern Islamic Fundamentalist Discourses on Civil Society, Pluralism and Democracy, in: Augustus Richard Norton (Hg.), Civil Society in the Middle East, Bd. 1, Leiden/Boston 1995, S. 79–119. Auf empirischer Basis beruhen: Jillian Schwedler, Faith in Moderation. Islamist Parties in Jordan and Yemen, Cambridge 2006; Asef Bayat, Making Islam Democratic. Social Movements and the Post-Islamist Turn, Stanford 2007.

111 Hierzu informiert umfassend Roswitha Badry, Die zeitgenössische Diskussion um den islamischen Beratungsgedanken (*šūrā*) unter dem besonderen Aspekt ideengeschichtlicher Kontinuitäten und Diskontinuitäten, Stuttgart 1998.

112 Das koranische Gebot, «das Rechte zu gebieten und das Verwerfliche zu verhindern» (*al-amr bil-maʿruf wa-n-nahy ʿan al-munkar*), das alle Abstufungen von engagiertem Bürgersinn bis hin zu umfassender Zensur und repressivem Vigilantentum umfassen kann, hat Michael Cook in seiner Studie: Commanding Right and Forbidding Wrong in Islamic Thought, Cambridge 2000, erschöpfend behandelt.

113 Mit Blick auf Europa vgl. Rainer Forst, Toleranz im Konflikt. Geschichte, Gehalt und Gegenwart eines umstrittenen Begriffs, Frankfurt a. M. 2003. Forst unterscheidet vier Konzeptionen von Toleranz mit je eigener Begründung und Tragweite: Erlaubnis, Koexistenz, Respekt und Wertschätzung, die auch mit Blick auf den Islam interessieren.

114 Einen guten Überblick bieten Yohanan Friedmann, Tolerance and Coercion in Islam. Interfaith Relations in the Muslim Tradition, Cambridge 2003. Zur Definition der «Gläubigen» in zeitgenössischen Korankommentaren vgl. Johanna Pink, Sunnitischer Tafsir in der modernen Welt, Leiden/Boston 2011. Die Koranübersetzungen in diesem Kapitel folgen (abzüglich diverser Klammern) weitgehend Rudi Paret, Der Koran. Übersetzung, Kommentar und Konkordanz, 2 Bde., Stuttgart ²1980.

115 Vgl. oben, Anm. 18.

116 Zum Folgenden vgl. Jane Dammen McAuliffe, Qur'anic Christians. An Analysis of Classical and Modern Exegesis, Cambridge 1991; Johan Bouman, Der Koran und die Juden. Die Geschichte einer

Tragödie, Darmstadt 1990; Hava Lazarus-Yafeh (Hg.), Muslim Authors on Jews and Judaism. The Jews Among Their Muslim Neighbours, Jerusalem 1996; Uri Rubin, Between Bible and Qur'an. The Children of Israel and the Islamic Self-Image, Princeton 1999. Vgl. ausführlicher unten, Kap. 7: Antisemitismus in der arabischen Welt.

117 Vgl. Uri Rubin, Apes, Pigs, and the Islamic Identity, in: Israel Oriental Studies 107 (1997), S. 89–105; Michael Cook, Ibn Qutayba and the Monkeys, in: Studia Islamica 89 (1999), S. 43–74.

118 Zum Folgenden vgl. meine Geschichte des Islam, München 2005, Kap. 1 und 2, und meinen Aufsatz: Moving Out of Place. Minorities in Middle Eastern Urban Societies, 1800–1914, in: Peter Sluglett (Hg.), The Urban Social History of the Middle East, 1750–1950, Syracuse 2008, S. 182–223.

119 Vgl. Antoine Fattal, Le Statut légal des non-musulmans en pays d'Islam, Beirut 1958; Adel Th. Khoury, Christen unterm Halbmond. Religiöse Minderheiten unter der Herrschaft des Islams, Freiburg 1994; weitergehend Fuad I. Khuri, Imams and Emirs. State, Religion and Sects in Islam, London/Beirut 1990; zur koranischen Grundlage vgl. oben, Anm. 114.

120 Vgl. Mark R. Cohen, Unter Kreuz und Halbmond. Die Juden im Mittelalter, München 2005 (engl. Original 1994), Kap. 4; ders., What was the Pact of 'Umar? A Literary-Historical Study, in: Jerusalem Studies in Arabic and Islam 23 (1999), S. 100–157; Albrecht Noth, Abgrenzungsprobleme zwischen Muslimen und Nicht-Muslimen. Die ‹Bedingungen 'Umars (aš-šurūt al-'umariyya)› unter einem anderen Aspekt gelesen, in: Jerusalem Studies in Arabic and Islam 9 (1987), S. 290–315.

121 Vgl. oben, Anm. 98.

122 Exemplarisch sei hier auf den mehrfach erwähnten ägyptischen Prediger und Gelehrten Yusuf al-Qaradawi (geb. 1926) verwiesen (vgl. oben, Anm. 25); vgl. meine Beiträge: Drawing Boundaries. Yusuf al-Qaradawi on Apostasy, in: dies./Sabine Schmidtke (Hg.), Speaking for Islam, Leiden/Boston 2006, S. 181–217; «New *fiqh*» applied: Yusuf al-Qaradawi on Non-Muslims in Islamic Society, in: Jerusalem Studies in Arabic and Islam 36 (2009), S. 489–515.

123 Aus der reichen Literatur vgl. Mark R. Cohen, Unter Kreuz und Halbmond. Die Juden im Mittelalter, München 2005; François Georgeon/Paul Dumont (Hg.), Vivre dans l'Empire ottoman. Sociabilités et relations intercommunautaires (XVIIe–XXe siècles), Paris 1997; Abraham Marcus, The Middle East on the Eve of Modernity. Aleppo in the Eighteenth Century, New York 1989;

Bruce Masters, Christians and Jews in the Ottoman Arab World. The Roots of Sectarianism, Cambridge 2001. Einen Einblick in wechselseitige Wahrnehmungen vermitteln: Camilla Adang/Sabine Schmidtke (Hg.), Contacts and Controversies between Muslims, Jews and Christians in the Ottoman Empire and Pre-Modern Iran, Würzburg 2010.

124 Vgl. Bruce L. Masters, Christians and Jews in the Ottoman World, Cambridge 2001, Kap. 1 und 2, bes. S. 61–67; Benjamin Braude, Foundation Myths of the *Millet*-System, in: ders./Bernard Lewis (Hg.), Christians and Jews in the Ottoman Empire, New York 1982, Bd. 1, S. 69–88. Im safawidischen und qajarischen Iran genossen Christen, Juden und Zoroastrier gleichfalls ein hohes Maß an Autonomie; vgl. David Yeroushalmi, The Jews of Iran in the Nineteenth Century. Aspects of History, Community, and Culture, Leiden/Boston 2010.

125 Eingehender hierzu meine Arbeiten: Gottes Staat als Republik, Baden-Baden 1999, S. 162–179; Gute Regierungsführung: Neue Stimmen aus der islamischen Welt, in: Verfassung und Recht in Übersee 38,3 (2005), S. 258–275, sowie die Studien zu Qaradawi, oben, Anm. 25, 122.

126 Vgl. unten, Kap. 7: Antisemitismus in der arabischen Welt.

127 Zum weiteren Umfeld vgl. zwei von Thorsten Gerald Schneiders herausgegebene Sammelbände: Islamfeindlichkeit. Wenn die Grenzen der Kritik verschwimmen, Wiesbaden 2009; Islamverherrlichung. Wenn die Kritik ein Tabu wird, Wiesbaden 2010.

128 Aus der stetig wachsenden Literatur vgl. Sylvia G. Haim, Arabic Anti-Semitic Literature. Some Preliminary Notes, in: Journal of Jewish Social Studies 17 (1955), S. 307–312; Michael Curtis (Hg.), Antisemitism in the Contemporary Arab World, Boulder/London 1986; Bernard Lewis, Semites and Anti-Semites. An Inquiry into Conflict and Prejudice, New York 1986 (Neuauflage 1999); Robert S. Wistrich (Hg.), Anti-Zionism and Antisemitism in the Contemporary World, New York 1990; Michael Kiefer, Antisemitismus in den islamischen Gesellschaften. Der Palästina-Konflikt und der Transfer des Feindbildes, Düsseldorf 2002; Klaus Holz, Die Gegenwart des Antisemitismus. Islamische, demokratische und antizionistische Judenfeindschaft, Hamburg 2005. Einige Autoren sind unverblümt polemisch; so Matthias Küntzel, Djihad und Judenhass. Über den neuen antijüdischen Krieg, Freiburg 2003; Robert S. Wistrich, Muslim Anti-Semitism: A Clear and Present Danger, The American Jewish Committee, 2002.

129 Werner Bergmann/Juliane Wetzel, Manifestations of Anti-Semitism in the European Union. First Semester 2002. Synthesis Report, Wien 2003; vgl. auch Juliane Wetzel, Neuer Antisemitismus oder Aktualisierung eines alten Phänomens? Eine Bestandsaufnahme, in: Hansjörg Schmid/Britta Frede-Wenger (Hg.), Neuer Antisemitismus? Eine Herausforderung für den interreligiösen Dialog, Berlin 2006, S. 9–30.

130 Kritisch zu diesen Argumentationsmustern auch Hillel Schwenker/Ziad Abu-Zayyad (Hg.), Islamophobia and Anti-Semitism, Princeton 2006.

131 Diese Tatsache negieren Autoren wie Bat Ye'or (Pseud.), The Dhimmi. Jews and Christians under Islam, Rutherford/New Jersey 1985, und Martin Gilbert, The Jews of Arab Lands. Their History in Maps, Oxford 1975. Beide haben mit ihrer These von einem tief verwurzelten islamischen Fanatismus, Antijudaismus, ja Antisemitismus die westliche Sicht auf den Status der Juden im Islam stark beeinflusst.

132 Zum Folgenden vgl. Bruce Masters, Christians and Jews in the Ottoman Arab World, Cambridge 2001, Kap. 1 und 2; Gudrun Krämer, Moving Out of Place. Minorities in Middle Eastern Urban Societies, 1800–1914, in: Peter Sluglett (Hg.), The Urban Social History of the Middle East, 1750–1950, Syracuse 2008, S. 182–223; sowie oben, Kap. 6: «Kein Zwang in der Religion»?

133 Abraham Marcus, The Middle East on the Eve of Modernity. Aleppo in the Eighteenth Century, New York 1989, S. 39–48, hier: S. 43.

134 Vgl. oben, Anm. 114, 119, 120.

135 Vgl. oben, Anm. 120.

136 Vgl. den (erstmals 1917 veröffentlichten) Aufsatz von A. J. Sussnitzki, Ethnic Division of Labor, in: Charles Issawi (Hg.), The Economic History of the Middle East, 1800–1914, Chicago 1966, S. 114–125; Robert Brunschvig, Métiers vils en Islam, in: Studia Islamica 16 (1962), S. 21–50.

137 Vgl. Daniel Schroeter, Jewish Quarters in the Arab-Islamic Cities of the Ottoman Empire, in: Avigdor Levy (Hg.), The Jews of the Ottoman Empire, Princeton 1994, S. 287–300; Gudrun Krämer, Moving Out of Place, in: Peter Sluglett (Hg.), The Urban Social History of the Middle East, Syracuse 2008, S. 182–223, hier: S. 194–199.

138 Vgl. Maurits van den Boogert, The Capitulations and the Ottoman Legal System. Qadis, Courts and Beratlis in the 18th Century, Leiden/Boston 2005. Zum Verhältnis von Identität und Rechtsstatus

vgl. Robert Ilbert, Alexandrie 1830–1930, Bd. 1, Kairo 1996, Kap. 3 und 7.

139 Zur selben Zeit verbesserte die iranische Regierung den Status einheimischer Nichtmuslime, ohne ihnen die rechtliche Gleichstellung zu gewähren; vgl. Daniel Tsadik, The Legal Status of Religious Minorities. Imami Shi'i Law and Iran's Constitutional Revolution, in: Islamic Law and Society 10 (2003), S. 376–408; David Yeroushalmi, The Jews of Iran in the Nineteenth Century, Leiden/Boston 2010.

140 Vgl. Leila Fawaz, An Occasion for War. Civil Conflict in Lebanon and Damascus in 1860, Berkeley/Los Angeles 1994.

141 Vgl. Jonathan Frankel, The Damascus Affair. ‹Ritual Murder›, Politics, and the Jews in 1840, Cambridge 1997. Zu Ägypten vgl. Jacob M. Landau, Ritual Murder Accusations in Nineteenth-Century Egypt, in: ders. (Hg.), Middle Eastern Themes, London 1973, S. 99–142; Gudrun Krämer, The Jews in Modern Egypt, 1914–1952, London 1989.

142 Stefan Wild, Judentum, Christentum und Islam in der palästinensischen Poesie, in: Die Welt des Islams 23/24 (1984), S. 259–297; Adel al-Osta, Die Juden in der palästinensischen Literatur zwischen 1913 und 1987, Berlin 1993. Einen breiten Überblick über die Literatur und die ikonographischen Stereotypen geben Julius H. Schoeps/ Joachim Schlör (Hg.), Antisemitismus. Vorurteile und Mythen, Frankfurt a. M. 2000.

143 Vgl. Wolfgang Benz, Die Protokolle der Weisen von Zion, München 2007; Jeffrey L. Sammons (Hg.), Die Protokolle der Weisen von Zion. Text und Kommentar, Göttingen 1998; für den arabischen Raum vgl. Stefan Wild, Die arabische Rezeption der ‹Protokolle der Weisen von Zion›, in: Rainer Brunner u. a. (Hg.), Islamstudien ohne Ende. Festschrift für Werner Ende zum 65. Geburtstag, Würzburg 2002, S. 517–528.

144 Vgl. Ami Ayalon, The Press in the Arab Middle East. A History, Oxford 1995; ders., Reading Palestine. Printing and Literacy, 1900–1948, Austin 2004.

145 Stefan Wild, ‹Mein Kampf› in arabischer Übersetzung, in: Die Welt des Islams 9 (1964), S. 207–211; ders., National Socialism in the Arab Near East between 1933 and 1939, in: Die Welt des Islams 25 (1985), S. 126–173; Edmond Cao-Van-Hoa, Der Feind meines Feindes … . Darstellungen des nationalsozialistischen Deutschland in ägyptischen Schriften, Frankfurt a.M. 1990, S. 78, 104 und 105, Anm. 8.

146 Bernard Lewis (Semites and Anti-Semites, New York 1986, S. 256) beschreibt den großen Einfluss antisemitischer europäischer Literatur

im arabischen Nahen Osten; Edward Said (The Politics of Dispossession. The Struggle for Palestinian Self-Determination 1969–1994, London 1995, S. 337–340) widerspricht ihm.

147 Israel Gershoni/James Jankowski, Confronting Fascism in Egypt. Dictatorship versus Democracy in the 1930s, Stanford 2010; Gudrun Krämer, The Jews in Modern Egypt, 1914–1952, London 1989; Michael M. Laskier, The Jews of Egypt, 1920–1970. In the Midst of Zionism, Anti-Semitism, and the Middle East Conflict, New York 1992. Zum größeren Kontext vgl. Basheer M. Nafi, Arabism, Islamism and the Palestine Question 1908–1941. A Political History, Reading 1998.

148 Vgl. meine Studien: The Jews in Modern Egypt, 1914–1952, London 1989, insbes. Kap. 3, und Hasan al-Banna, Oxford 2010.

149 Vgl. Gerhard Höpp/Peter Wien/René Wildangel (Hg.), Blind für die Geschichte? Arabische Begegnungen mit dem Nationalsozialismus, Berlin 2004; Francis Nicosia, Arab Nationalism and National Socialist Germany, 1933–1945. Ideological and Strategic Incompatibility, in: International Journal for Middle East Studies 12 (1980), S. 351–372; Stefan Wild, National Socialism in the Arab Near East between 1933 and 1939, in: Die Welt des Islams 25 (1985), S. 126–173; Fritz Steppat, Das Jahr 1933 und seine Folgen für die arabischen Länder des Vorderen Orients, in: Gerhard Schulz (Hg.), Die Große Krise der dreißiger Jahre, Göttingen 1985, S. 261–278; Basheer M. Nafi, The Arabs and the Axis: 1933–1940, in: Arab Studies Quarterly 19 (1997), S. 1–24.

150 Yair P. Hirschfeld, Deutschland und Iran im Spielfeld der Mächte. Internationale Beziehungen unter Reza Shah 1912–1941, Düsseldorf 1980; Tuvia Friling, Between Friendly and Hostile Neutrality. Turkey and the Jews during World War II, in: Minna Rozen (Hg.), The Last Ottoman Century and Beyond. The Jews in Turkey and the Balkans 1808–1945, Tel Aviv 2002, S. 309–423.

151 Juliette Bessis, La Méditerranée fasciste. L'Italie mussolinienne et la Tunisie, Paris 1981; Renzo de Felice, Il fascismo e l'Oriente, Bologna 1988.

152 Vgl. neben den oben zitierten Arbeiten von Stefan Wild die Beiträge von Christoph Schumann und Peter Wien in: Gerhard Höpp/Peter Wien/René Wildangel (Hg.), Blind für die Geschichte?, Berlin 2004; Israel Gershoni/James Jankowski (Hg.), Confronting Fascism in Egypt, Stanford 2010. Die Gegenposition vertritt Jeffrey Herf, Nazi Propaganda for the Arab World, New Haven/London 2009.

153 Vgl. James P. Jankowski, Egypt's Young Rebels. ‹Young Egypt›, 1933–1952, Stanford 1975; Christoph Schumann, Radikalnationalismus in Syrien und Libanon. Politische Sozialisation und Elitenbildung, 1930–1958, Hamburg 2001; Götz Nordbruch, Nazism in Syria and Lebanon. The Ambivalence of the German Option, 1933–1945, London/New York 2009.

154 Vgl. Peter Wien, Iraqi Arab Nationalism. Authoritarian, Totalitarian and Pro-Fascist Inclinations, 1932–1941, London/New York 2006; Walid M. S. Hamdi, Rashid Ali al-Gailani and the Nationalist Movement in Iraq 1939–1941, London 1987; Renate Dieterich, Rashid 'Ali al-Kailani in Berlin – ein irakischer Nationalist in NS-Deutschland, in: Peter Heine (Hg.), Al Rafidayn. Jahrbuch zu Geschichte und Kultur des modernen Iraq, Bd. 3, Würzburg 1995, S. 47–79.

155 Michel Abitbol, Les Juifs d'Afrique du Nord sous Vichy, Paris 1983; Stefano Fabei, La politica maghrebina del Terzo Reich, Parma 1989; Jamaa Baida, Das Bild des Nationalsozialismus in der Presse Marokkos, in: Gerhard Höpp/Peter Wien/René Wildangel (Hg.), Blind für die Geschichte?, Berlin 2004, S. 19–38.

156 Vgl. 'Abdallah Hanna, Al-haraka al-munahida li-l-fashiyya fi suriya wa-lubnan 1933–1945 (Die anti-faschistische Bewegung in Syrien und Libanon 1933–1945), Beirut 1975.

157 Alexander Flores, Judeophobia in Context. Antisemitism among Modern Palestinians, in: Die Welt des Islams 46,3 (2006), S. 306–330; Moshe Zuckermann (Hg.), Antisemitismus – Antizionismus – Israelkritik, Göttingen 2005; 'Abd ar-Rahman 'Abd al-Ghani, Almaniya an-naziyya wa-filastin 1933–1945 (Nazideutschland und Palästina 1933–1945), Beirut 1995; Francis R. Nicosia, The Third Reich and the Palestine Question, Austin 1985.

158 Gerhard Höpp, Der Gefangene im Dreieck. Zum Bild Amin al-Husseinis in Wissenschaft und Publizistik seit 1941. Ein bio-bibliographischer Abriss, in: Rainer Zimmer-Winkel (Hg.), Eine umstrittene Figur: Hadj Amin al-Husseini, Mufti von Jerusalem, Trier 1999, S. 5–23; ders., Mufti-Papiere. Briefe, Memoranden, Reden und Aufrufe Amin al-Hussainis aus dem Exil, 1940–1945, Berlin 2001. Aus der umfangreichen Literatur vgl. Klaus Gensicke, Der Mufti von Jerusalem, Amin el-Husseini, und die Nationalsozialisten, Frankfurt a. M. 1988; Philip Mattar, The Mufti of Jerusalem. Al-Hajj Amin al-Husayni and the Palestinian Arab National Movement, New York ²1992; Zvi Elpeleg, The Grand Mufti. Haj Amin al-Hussaini, Founder of the Palestinian National Movement, London 1993.

159 So René Wildangel, dessen Studie auf einer intensiven Auswertung der arabischen Presse beruht (Zwischen Achse und Mandatsmacht. Palästina und der Nationalsozialismus, Berlin 2008), gegen die – ohne arabisches Primärmaterial – von Klaus-Michael Mallmann und Martin Cüppers vertretene Position (Halbmond und Hakenkreuz. Das «Dritte Reich», die Araber und Palästina, Darmstadt 2006).

160 Vgl. im Überblick: Gudrun Krämer, A History of Palestine, Princeton 2008 (überarb. Fassung des dt. Originals: Geschichte Palästinas, München 2002); zum Arabischen Aufstand von 1936–1939 vgl. Ted Swedenburg, Memories of Revolt, Minneapolis 1995.

161 Vgl. die Schriften des syrischen Intellektuellen Sadiq al-'Azm, darunter: An-naqd adh-dhati ba'da l-hazima (Selbstkritik nach der Niederlage), Beirut 1968; Fouad Ajami, The Arab Predicament. Arab Political Thought and Action since 1967, Cambridge 1981; Daryush Shayegan, La déchirure, in: Hamid Algar u. a., Islam et politique au Proche-Orient aujourd'hui, Paris 1991, S. 259–296; Ibrahim Abu Rabi, Contemporary Arab Thought. Studies in post-1967 Arab Intellectual History, London 2004.

162 Michael Kiefer, Islamischer, islamistischer oder islamisierter Antisemitismus?, in: Die Welt des Islams 46,3 (2006), S. 277–306. Einen Überblick über die Literatur nach dem Zweiten Weltkrieg geben Yehoshafat Harkabi, Arab Attitudes to Israel, Jerusalem 1972; Rivka Yadlin, An Arrogant Oppressive Spirit. Anti-Zionism as Anti-Judaism in Egypt, Oxford 1989; Yossef Bodansky, Islamic Anti-Semitism as a Political Instrument, Houston/Shaarei Tikva 1999; Jan Goldberg, A Lesson from Egypt on the Origins of Modern Anti-Semitism in the Middle East, in: Kirchliche Zeitgeschichte 16 (2003), S. 127–148, bes. S. 138–140.

163 Stefan Wild, Die arabische Rezeption der ‹Protokolle der Weisen von Zion›, in: Rainer Brunner u. a. (Hg.), Islamstudien ohne Ende, Würzburg 2002, S. 517–528, hier: S. 524. Der Begriff der Islamisierung des Antisemitismus wurde maßgeblich von Michael Kiefer geprägt; vgl. oben, Anm. 162.

164 Das gilt auch für die Verunglimpfung von Juden und Christen als Affen und Schweine, die auf einer entstellenden Lesart der einschlägigen Koranverse beruht; vgl. die Titel oben, Anm. 117.

165 Ronald L. Nettler, Islamic Archetypes of the Jews. Then and Now, in: Robert S. Wistrich (Hg.), Anti-Zionism and Anti-Semitism in the Contemporary World, New York 1990, S. 63–73, bes. S. 64; vgl. auch ders., Past Trials and Present Tribulations. A Muslim Fundamentalist's View of the Jews, Oxford 1987.

166 Vgl. Suha Taji-Farouki, A Contemporary Construction of the Jews in the Qur'an. A Review of Muhammad Sayyid Tantawi's ‹Banu Isra'il fi al-Qur'an wa-l-Sunna› and 'Afif 'Abd al-Fattah Tabbara's ‹Al-Yahud fi al-Qur'an›, in: Ronald L. Nettler/dies. (Hg.), Muslim-Jewish Encounters. Intellectual Traditions and Modern Politics, Amsterdam 1998, S. 15–37; Wolfgang Driesch, Islam, Judentum und Israel. Der jüdische Anspruch auf das Heilige Land aus muslimischer Perspektive, Hamburg 2003.

167 D. F. Green (Hg.), Arabische Theologen über die Juden und Israel. Auszüge aus den Akten der vierten Konferenz der Akademie für islamische Forschung, Genf 1976.

168 Vgl. Reinhard Schulze, Islamischer Internationalismus im 20. Jahrhundert. Untersuchungen zur Geschichte der Islamischen Weltliga, Leiden 1990, Kap. 3, bes. S. 397–408.

169 Vgl. meinen Beitrag: «New *fiqh*» applied: Yusuf al-Qaradawi on Non-Muslims in Islamic Society, in: Jerusalem Studies in Arabic and Islam 36 (2009), S. 489–515.

170 Die arabische Fassung ist online verfügbar; englische Übersetzung: The Charter of the Islamic Resistance Movement, in: Journal of Palestine Studies 22 (1993), S. 122–134. Vgl. mit unterschiedlichen Bewertungen Esther Webman, Anti-Semitic Motifs in the Ideology of Hizballah and Hamas, Tel Aviv 1994; Andrea Nüsse, Muslim Palestine: The Ideology of Hamas, Amsterdam 1998; Ilan Pappé, Understanding the Enemy. A Comparative Analysis of Palestinian Islamist and Nationalist Leaflets, 1920s-1980s, in: Robert S. Wistrich (Hg.), Anti-Zionism and Antisemitism in the Contemporary World, New York 1990, S. 87–107, bes. S. 97–105.

171 Vgl. Stefan Reichmuth, The Second Intifada and the ‹Day of Wrath›: Safar al-Hawali and his Anti-Semitic Reading of Biblical Prophecy, in: Die Welt des Islams 46,3 (2006), S. 331–351; David Cook, Contemporary Muslim Apocalyptic Literature, Syracuse 2005; Jean-Pierre Filiu, L'Apocalypse dans l'islam, Paris 2008.

172 Aus einer Vielzahl von Veröffentlichungen vgl. Yael Zerubavel, Recovered Roots. Collective Memory and the Making of Israeli National Tradition, Chicago/London 1995; Moshe Zuckermann, Zweierlei Holocaust. Der Holocaust in den politischen Kulturen Israels und Deutschlands, Göttingen 1998; Dan Diner, «Gedächtniszeiten». Über jüdische und andere Geschichte, München 2003.

173 Karin Joggerst, Getrennte Welten – getrennte Geschichte(n)? Zur politischen Bedeutung von Erinnerungskultur im israelisch-palästinensischen Konflikt, Münster 2002; Juliane Hammer, Homeland

Palestine. Lost in the Catastrophe of 1948 and Recreated in Memories and Art, in: Angelika Neuwirth/Andreas Pflitsch (Hg.), Crisis and Memory in Islamic Societies, Beirut/Würzburg 2001, S. 453–481; Birgit Embalo/Angelika Neuwirth/Friederike Pannewick (Hg.), Kulturelle Selbstbehauptung der Palästinenser. Survey der Modernen Palästinensischen Dichtung, Beirut/Würzburg 2001.

174 Werner Feilchenfeld/Dolf Michaelis/Ludwig Pinner, Haavara-Transfer nach Palästina und Einwanderung deutscher Juden 1933–1939, Tübingen 1972; Edwin Black, The Transfer Agreement. The Untold Story of the Secret Agreement between the Third Reich and Jewish Palestine, New York 1984.

175 Vgl. Edmond Cao-Van-Hoa, Zionismus und Nationalsozialismus – Vergleiche bei arabischen Autoren, in: Die Welt des Islams 27 (1987), S. 250–260. Die Veröffentlichungen von 'Abd al-Wahhab al-Masiri (El-Messiri) verdienen besondere Aufmerksamkeit; vgl. Omar Kamil, Arabische Stimmen zur modernen jüdischen Geschichte, Leipzig 2006, S. 31–40.

176 Vgl. Stefan Wild, Die arabische Rezeption der ‹Protokolle der Weisen von Zion›, in: Rainer Brunner u. a. (Hg.), Islamstudien ohne Ende, Würzburg 2002, S. 517–528, hier: S. 523. Zu der bekannten Fernsehserie ‹Horseman without a Horse› (*Faris bi-la jawad*), die teilweise auf den *Protokollen* basiert und in Ägypten und anderen arabischen Ländern während des Ramadan 2002 ausgestrahlt wurde, vgl. Michael Kiefer, Islamischer, islamistischer oder islamisierter Antisemitismus?, in: Die Welt des Islams 36 (2006), S. 277–306.

177 Vgl. mit unterschiedlichen Bewertungen: Rainer Zimmer-Winkel (Hg.), Die Araber und die Schoa. Über die Schwierigkeiten dieser Konjunktion, Trier 2000; Meir Litvak/Esther Webman, From Empathy to Denial. Arab Responses to the Holocaust, London 2009; Gilbert Achcar, The Arabs and the Holocaust. The Arab-Israeli War of Narratives, New York 2010.

178 Vgl. Gilles Kepel/Yann Richard (Hg.), Intellectuels et militants de l'Islam contemporain, Paris 1990; Ibrahim Abu Rabi, Contemporary Arab Thought. Studies in post-1967 Arab Intellectual History, London 2004.

179 Vgl. Ali Merad/Hamid Algar/Niyazi Berkes/Aziz Ahmad, Islah, in: The Encyclopaedia of Islam, Bd. IV, Leiden 1997, S. 141–171; John O. Voll, Islam. Continuity and Change in the Modern World, Boulder/Essex 1982; Rudolph Peters, Erneuerungsbewegungen im Islam vom 18. bis zum 20. Jahrhundert, in: Werner Ende/Udo Steinbach (Hg.), Der Islam in der Gegenwart, München 1984, S. 91–131.

180 Vgl. Reinhard Schulze, Das islamische achtzehnte Jahrhundert. Versuch einer historiographischen Kritik, in: Die Welt des Islams 30 (1990), S. 140–159; eine andere Position vertritt der tunesische Historiker Hichem Djait, La pensée arabo-musulmane et les Lumières, in: Hamid Algar u. a., Islam et politique au Proche-Orient aujourd'hui, Paris 1991, S. 32–52.

181 Shakib Arslan, Limadha ta'akhkhara l-muslimun wa-limadha taqaddama ghairuhum? (Warum sind die Muslime zurückgeblieben und warum sind die anderen vorangeschritten?), Kairo ³1939.

182 Ernest Renan, L'Islamisme et la science, Vorlesung gehalten am 29. 3. 1883, zit. nach: Ali Merad, Islah, in: The Encyclopaedia of Islam, Bd. IV, Leiden 1997, S. 143; auch Albert Hourani, Arabic Thought in the Liberal Age 1798–1939, Cambridge 1962.

183 Daniel Lerner, The Passing of Traditional Society. Modernizing the Middle East, New York/London 1958, S. 405.

184 Vgl. oben, Kap. 4: Religion, Recht und Politik: Säkularisierung im Islam, bes. Anm. 77–79.

185 Zu den wichtigsten Zeitschriften «aufgeklärter» islamischer Intellektueller zählten in der zweiten Hälfte des 20. Jahrhunderts Fikr (Idee, Kairo), al-Hiwar (Dialog) und al-Ijtihad (beide Beirut), 15/21 (15. Jahrhundert islamischer, 21. Jahrhundert christlicher Zeitrechnung, Tunis) und al-Insan (Der Mensch, Paris). In Masqat, der Hauptstadt Omans, erscheint at-Tasamuh (Toleranz).

186 Fahmi Huwaidi, Al-qur'an wa-s-sultan (Koran und Herrschaft), Beirut/Kairo ²1982, S. 137. Zur Salafiyya vgl. oben, Anm. 19.

187 Vgl. Ursula Günther, Mohammed Arkoun. Ein moderner Kritiker der islamischen Vernunft, Würzburg 2004. Unter seinen Schriften vgl. vor allem: Lectures du Coran, Paris 1982; Pour une critique de la raison islamique, Paris 1984.

188 Vgl. oben, Anm. 11.

189 So Leonard Binder, Islamic Liberalism. A Critique of Development Ideologies, Chicago/London 1988, S. 22.

190 Vgl. Mahmoud Mohamed Taha, The Second Message of Islam. Translation and Introduction by Abdullahi Ahmed an-Na'im, Syracuse 1987; Abdullahi Ahmed An-Na'im, Toward an Islamic Reformation. Civil Liberties, Human Rights, and International Law, Syracuse 1990.

191 Vgl. oben, Kap. 3: Wettstreit der Werte, bes. Anm. 53, 54.

192 Vgl. meinen Beitrag: Die Korrektur der Irrtümer. Innerislamische Debatten um Theorie und Praxis der islamischen Bewegungen, in: Zeitschrift der Deutschen Morgenländischen Gesellschaft, Suppl. 10:

XXV. Deutscher Orientalistentag in München, Vorträge, 8.–13. 4. 1991, hg. von Cornelia Wunsch, Stuttgart 1994, S. 183–191. Seitdem ist vor allem aus den Kreisen ehemals militanter ägyptischer Islamisten in arabischer Sprache eine beachtliche Zahl kritischer Schriften zu Theorie und Praxis militanter Bewegungen einschließlich *al-Qa'idas* erschienen.

193 Aus der reichhaltigen Literatur vgl. Abu l-Hasan 'Ali an-Nadwi, At-tafsir as-siyasi lil-islam fi mir'at kitabat al-ustadh Abi l-A'la l-Maududi wa-sh-shahid Sayyid Qutb (Die politische Interpretation des Islam im Spiegel der Schriften von Abu l-A'la Maududi und Sayyid Qutb), Kairo ²1980; und die der ägyptischen Muslimbruderschaft nahestehenden Autoren Salim al-Bahnasawi, Al-hukm wa-qadiyyat takfir al-muslim (Die Regierung und die Frage der Exkommunikation des Muslims), Kairo 1977; Yusuf al-Qaradawi, As-sahwa al-islamiyya baina l-juhud wa-t-tatarruf (Das islamische Erwachen zwischen Erstarrung und Extremismus), Kairo/Beirut ²1984; vor allem aber 'Abdallah an-Nafisi (Hg.), Al-haraka al-islamiyya. Ru'ya mustaqbaliyya. Auraq fi n-naqd adh-dhati (Die islamische Bewegung. Ein Blick in die Zukunft. Schriften zur Selbstkritik), Kairo 1989.

194 Khalis Jalabi, Fi n-naqd adh-dhati. Darurat an-naqd adh-dhati lil-haraka al-islamiyya (Über Selbstkritik. Die Notwendigkeit der Selbstkritik für die islamische Bewegung), Beirut ³1985; Rashid al-Ghannushi, Maqalat (Aufsätze), Tunis 1988; *ders.*, Mahawir islamiyya (Islamische Achsen), Kairo 1989.

195 Breite Beachtung finden die ideologie- und gesellschaftskritischen Arbeiten des 2010 verstorbenen marokkanischen Philosophen Muhammad 'Abid al-Jabiri, darunter die dreibändige Studie: Naqd al-'aql al-'arabi (Kritik der arabischen Vernunft), Beirut 1984 ff.; Mohammed Abed Al-Jabri, Kritik der arabischen Vernunft. Naqd al-'aql al-'arabi. Die Einführung, Berlin 2009.

Die Kapitel dieses Bandes beruhen auf einer Reihe von Aufsätzen, die ich in Teilen neu bearbeitet und einander angeglichen habe. Ich danke Herrn Dr. Ulrich Nolte und Herrn Dr. Hans Cymorek für die kritische Durchsicht und konstruktive Anregungen.

1. Einheit und Vielfalt: Eine Einführung in den Islam: ersch. unter dem Titel: Einheit, Vielfalt und die Spannung zwischen diesen beiden. Eine Einführung in den Islam, in: Karl Kardinal Lehmann (Hg.), Weltreligionen, Frankfurt a. M./Leipzig 2009, S. 135–156.

2. Der islamische Staat: Vision und Kritik: ersch. unter dem Titel: Vision und Kritik des Staates im Islamismus, in: Peter Pawelka (Hg.), Der Staat im Vorderen Orient. Konstruktion und Legitimation politischer Herrschaft, Baden-Baden 2008, S. 167–183.

3. Wettstreit der Werte: ersch. unter dem Titel: Wettstreit der Werte: Anmerkungen zum zeitgenössischen islamischen Diskurs, in: Hans Joas/Klaus Wiegandt (Hg.), Die kulturellen Werte Europas, Frankfurt a. M. 2005, S. 469–493.

4. Religion, Recht und Politik: Säkularisierung im Islam: ersch. unter dem Titel: Zum Verhältnis von Religion, Recht und Politik: Säkularisierung im Islam, in: Hans Joas/Klaus Wiegandt (Hg.), Säkularisierung und die Weltreligionen, Frankfurt a. M. 2007, S. 172–193.

5. Islam, Menschenrechte und Demokratie: ersch. unter dem Titel: Islam, Menschenrechte und Demokratie. Anmerkungen zu einem schwierigen Verhältnis. Bertha-Benz-Vorlesung 20 (Ladenburg, Juli 2003); mehrere Wiederabdrucke.

6. «Kein Zwang in der Religion»? Religiöse Toleranz im Islam: ersch. unter dem gleichen Titel in: Matthias Mahlmann/Hubert Rottleuthner (Hg.), Ein neuer Kampf der Religionen? Staat, Recht und religiöse Toleranz, Berlin 2006, S. 141–160.

7. Antisemitismus in der arabischen Welt: ersch. unter dem Titel: Anti-Semitism in the Muslim World. A Critical Review, in: Die Welt des Islams 46,3 (2006), S. 243–276.

Aus dem Verlagsprogramm